DER WEG ZU LIEBE UND WEISHEIT

Sinn und Ziel auf dem Lernplaneten Erde

Devanando Otfried Weise

DER WEG ZU LIEBE UND WEISHEIT

Sinn und Ziel auf dem Lernplaneten Erde

von Devanando Otfried Weise

Tabula Smaragdina

Die Deutsche Bibliothek - CIP-Einheitsaufnahme
Weise, Otfried Devanando:
Der Weg zu Liebe und Weisheit. Sinn und Ziel auf dem Lernplaneten Erde / von Devanando Otfried Weise. -
1. Aufl. - Grafing: Weise, Tabula Smaragdina, 2001
Einheitssacht.: Der Weg zu Liebe und Weisheit.
ISBN 3-931138-04-6

1. Auflage Juli 2001

Marktplatz 4, 85567 Grafing
Tel. von Dr. Weise privat in Wien: 0043 1 804 2974

Layout und Titelfoto: Otfried D. Weise
Printed in Slovakia
ISBN 3-931138-04-6

Inhalt

Vorwort

Liebe Leserin, lieber Leser,
wonach sehnen sie sich am meisten?

- *Wollen sie geliebt werden?*
- *Wollen sie verstanden werden?*
- *Wollen sie angenommen werden, so wie sie sind?*

Wenn sie diese Fragen mit Ja beantworten, dann finden sie sich in einem Boot mit den meisten Menschen auf diesem Planeten. Offensichtlich sind lieben und verstehen die Hauptthemen auf dieser unserer Erde und die meisten Menschen möchten in Freiheit über sich selbst bestimmen. Doch was finden sie in allen Ländern zu allen Zeiten?

**DIE MENSCHEN SIND MISSTRAUISCH UND EGOISTISCH.
DIE MENSCHEN SIND VERURTEILEND UND ABWERTEND.
DIE MENSCHEN SUCHEN DIE SCHULD STETS BEIM ANDEREN.**

Liegt das alles nur an der Unfähigkeit des Menschen, an seinem natürlichen, unentwickelten Status? Ist es wirklich normal und unserem Bewusstseinsstand entsprechend, dass auf diesem Planeten pausenlos Kriege wüten, Hass und Zwietracht herrschen und jeder gegen jeden antritt? Könnten wir nicht längst weiter sein?

Betrachten wir die Angaben von Religionsvertretern und Politikern, die unserer Erziehung zugrunde liegen, dann könnte man meinen, dass der Zustand der Menschheit, in der einige wenige Superreiche den Rest bevormunden und beherrschen, völlig normal und angemessen ist.

Das trifft jedoch nicht zu!

Ich beobachte die Situation seit geraumer Zeit und habe den Menschen und die Schriften der Zeitlosen Weisheit studiert, welche die Grundlage aller wesentlichen Religionen und Weltanschauungen darstellt. Ich bin ohne wenn und aber zu dem Schluss gekommen, *dass sie hier und jetzt geliebt und verstanden werden können und dass es ihnen hier und jetzt zusteht, so akzeptiert zu werden, wie sie sind.* Niemand hat das Recht, sie unter Androhung von Strafe verändern zu wollen.

ES IST IHR GEBURTSRECHT, FREI ZU SEIN!
DAS KONZEPT VON SCHULD UND SÜNDE IST KEIN NATURGESETZ.
ES WURDE VON MENSCHEN ERFUNDEN, UM SIE ZU BEHERRSCHEN.
DER MENSCH IST NICHT VON GRUND AUF SCHLECHT.
WIR SIND KEINESFALLS GETRENNTE EINZELKÄMPFER.

Wenn Sie sich ihre Herzenswünsche erfüllen möchten, wenn sie geliebt, verstanden und angenommen werden möchten, sollte es ihnen erst einmal gelingen, sich selbst zu lieben und für die eigenen Wünsche, Bedürfnisse und Handlungen einzustehen, anstatt sich selbst mit Schuldzuweisungen fertig zu machen. Wie aber schaffen sie das? Das erfahren sie in diesem Buch, das die Quintessenz meines bisherigen Lebens darstellt.

Wenn ich mir ansehe, wie die weisen Meister, die spirituell Erleuchteten dieses Planeten - allen voran Jesus - die Menschen erreichen, dann stelle ich immer wieder fest, dass ihre Methode ganz einfach war und ist:

SPIRITUELLE MEISTERINNEN LIEBEN IHRE MITMENSCHEN.
SIE AKZEPTIEREN SIE BEDINGUNGSLOS.
SIE NEHMEN SIE SO AN, WIE SIE SIND.
SIE ACHTEN SIE ALS GOTTES TÖCHTER UND SÖHNE.

"*Kommet her, alle die ihr mühselig und beladen seid, ich will euch erquicken*". So sprach Jesus; das steckt dahinter.

Er hat uns bedingungslos angenommen. Er sprach nicht nur mit den Oberen der Welt, mit den Reichen und Mächtigen. Er akzeptierte Zöllner und Dirnen in seiner Gefolgschaft. Und sein oberstes Gebot war die Liebe - *ohne wenn und aber.*

Viele von uns haben das bereits am eigenen Leibe erfahren: Wir sind es gewohnt, dass Eltern, Lehrer, Priester und sogar Ehegatten und Partner uns pausenlos vorhalten, was wir alles falsch machen und was wir ändern müssten, wenn wir gute Menschen und geliebt werden wollten.

Doch dann stehen wir eines Tages vor einer weisen Frau oder einem weisen Mann und erleben, wie wir mit all unseren vermeintlichen Mängeln *voll und ganz angenommen und geliebt werden. Es ist das tiefgreifendste, erschütternste, befreiendste Erlebnis, das wir jemals hatten. Es ist, als ob wir nach Hause gekommen sind.* Tränen schießen in die Augen. Die Transformation setzt ein - wir fangen an, uns endlich selbst so anzunehmen, wie wir sind. *Wir schenken uns selbst Liebe.*

Und je mehr uns das gelingt, um so mehr werden wir liebenswert und weise. Und das alles ohne Vorhaltungen, Verurteilungen, Ermahnungen, Schuldzuweisungen, Ver- und Gebote. Wir spüren zutiefst und elementar, dass diese alten Erziehungsmaßnahmen völlig versagt haben. Nicht nur das: wir wissen jetzt, dass sie den Menschen schaden. Und wir ahnen, dass sie den Herrschenden die Macht erhalten.

JE MEHR WIR DIE MITMENSCHEN OHNE ZU BE- UND VERURTEILEN SO AKZEPTIEREN UND LIEBEN WIE SIE SIND UND JE WENIGER WIR UNS ÜBER SIE STELLEN, UM SO NÄHER KOMMEN WIR DER WAHRHEIT ÜBER UNS MENSCHEN.

Jeder von uns ist einmalig, jeder hat eine andere Vergangenheit, eine andere Aufgabe; jeder von uns steht in der Entwicklung seiner Bewusstheit an einer anderen Stelle. Das, was sie in diesem Leben lernen wollen, können andere schon oder kommt für wieder andere erst später. Alles soll erfahren werden, nichts ist besser oder schlechter. Sie sind willkommen auf diesem Planeten und sie haben ein Recht und einen guten Grund hier zu sein - nicht mehr und nicht weniger als ihre Nachbarn.

EIN WEISER MANN HAT EINMAL GESAGT:
"DAS LEBEN IST KEIN PROBLEM, DAS ES MIT DEM KOPF ZU LÖSEN GILT, SONDERN EIN GEHEIMNIS, DAS GELEBT WERDEN WILL".

Diesen Ausspruch, den ich voll unterstütze, weil ich ihn aus eigener Erfahrung bestätigen kann, stelle ich diesem Buch voran und gebe damit bereits hier einen entscheidenden Hinweis auf die Frage nach dem Sinn und Zweck des Lebens.

Und die Worte "Lernplanet Erde" aus dem Untertitel des Buches sagen auch schon Entscheidendes: offenbar geht es auf diesem Planeten, der unsere Heimat darstellt, darum, dass wir hier lernen. Die Geheimnisse des Lebens enthüllen sich dadurch, dass es gelebt, erlebt und erfahren wird. Dieses Buch lehrt sie, die Welt mit neuen Augen zu sehen, *damit Liebe und Weisheit kein fernes Ziel bleiben.*

Wäre es nicht wünschenswert, dass sie im Laufe des Lebens erfahrener, reifer und weiser werden? Um dieses Ziel zu erreichen, muss man etwas lernen: über das Leben, mit dem Leben, durch das Leben. Diese grundlegende Erkenntnis durchzieht das vorliegende Buch.

IN DER ART UND WEISE, IN DER WIR ERFAHRUNGEN MACHEN UND WACHSEN, LIEGT ENTSCHEIDENDES, DAS VIELES KORRIGIERT, WAS BISHER ALS EINZIG MÖGLICH, JA ALS NATÜRLICH GALT:

- **WIR LERNEN ANDERS,**
- **WIR KONTROLLIEREN UNSERE LERNERFOLGE ANDERS,**
- **ES STEHEN UNS ANDERE ZEITRÄUME ZUR VERFÜGUNG, ALS WIR BISHER GLAUBTEN.**

Wir lernen Liebe und Weisheit nicht so wie das kleine Einmaleins in der Schule. Das Leben auf diesem Planeten beschert uns ein Lernen, während wir das tun, was wir lernen wollen. Es ist, wie man im Englischen sagt, "*learning on the job*", oder "*learning by doing*". Wir lernen und wachsen durch die Aufgaben während wir sie erledigen.

Besonders im bürokratischen, auf "Sicherheit" gebuchten Deutschland, sind wir es gewohnt, erst zu lernen, dann eine Prüfung abzulegen und schließlich eine Stelle anzutreten, in der wir das Gelernte anwenden. Man sollte das, was man tut, also schon können, bevor man den Job bekommt - nicht in allen Feinheiten versteht sich, aber zumindest in den wesentlichen Grundzügen.

Im wirklichen Leben ist dies jedoch völlig anders. In Kindheit und Jugend und häufig noch in Teilen des sogenannten Erwachsenenseins, kennen wir häufig weder die Grundzüge noch die Feinheiten. Ja, wir fragen uns häufig noch nicht einmal nach Sinn und Zweck. Diese Frage ist für sehr viele Zeitgenossen offensichtlich überflüssiger Luxus. Manche stellen diese Frage erst, wenn alles schief läuft oder wenn sie durch die Tretmühle des Alltags völlig genervt fast zusammenbrechen. Dann jedoch fällt eine Antwort schwer, weil die negative Grundstimmung ihren Tribut verlangt.

Ich möchte sie mit diesem Buch auffordern die Frage nach dem Sinn und Zweck so bald als möglich zu stellen. Sie werden sehen, dass das unschätzbare Vorteile bietet. Sie können dann nämlich zielgerichteter vorgehen und eine Lebensweise entwickeln, die ihnen am ehesten entspricht.

Sie werden dabei bald feststellen, dass es zwar im Groben für alle die selbe Antwort gibt, dass wir uns in den Einzelheiten aber stark von einander unterscheiden. Jeder von uns hat seinen eigenen Lebensplan, hat eigene Aufgaben zu erledigen, Lernprogramme zu erfüllen, Potentiale einzusetzen.

Liebe und Weisheit sind die alles durchdringenden Qualitäten, das Sehnen nach ihnen stellt die Triebfeder dar. Häufig haben wir die beiden ganz aus den Augen verloren obwohl wir gerade an ihrer Verwirklichung arbeiten ohne es zu merken.

DIE LERNEFFEKTE WERDEN NACH DEM GESETZ VON URSACHE UND WIRKUNG KONTROLLIERT. ES GIBT KEIN UNGERECHTES, BESTRAFENDES SCHICKSAL. SCHULD UND SÜNDE SIND REINE FIKTION. WAS UNS ZUSTÖSST, HABEN WIR UNS MEIST SELBST "ANGELACHT".

Alles, was wir erleben, jedes Ereignis, jeder Unfall, jede Krankheit, jedes Problem ist eine Situation, die zum Wachstum genutzt werden kann, die zu Bewusstheit, Liebe und Weisheit führt. Wenn wir uns diese Chancen ausreden lassen und nicht nutzen, geht es uns schlecht und wir kommen nicht weiter; wenn wir sie nutzen, reifen und wachsen wir.

Die Zeiträume, die uns zur Verfügung stehen, um als Menschen so weit zu wachsen, dass wir diesen Planeten Erde nicht mehr bevölkern müssen, sind viel größer, als wir uns überhaupt vorstellen können.

ES IST EIN AUF NUR WENIGE RELIGIONEN BESCHRÄNKTER IRRTUM, DASS WIR NUR EINMAL LEBEN UND DANACH GEWONNEN ODER VERLOREN HABEN.

So grausam hat Gott diese Welt nicht eingerichtet: Trotz der Erlösungstat seines Sohnes fallen nach Ansicht vieler Kirchen, ja immer noch eine ganze Reihe von Menschen der ewigen Verdammnis anheim. Unsere Aussichten stehen erheblich besser, wie sie sehen werden. Viele dieser alten Angstmacher sind leicht zu durchschauen und zu widerlegen, wenn sie die Angst vor der ewigen Verdammnis überwunden haben.

Durch all die Vorhaltungen, Verurteilungen, Ermahnungen, Schuldzuweisungen, Ver- und Gebote wird die Entwicklung unseres Bewusstseins massiv aufgehalten. Wir sind dadurch in einer Falle gefangen, die uns entmutigt, lähmt und dazu verführt, den selben Fehler immer wieder zu machen, ohne daraus zu lernen.

MAN HAT UNS DAZU KONDITIONIERT, IMMER NUR AUF DAS ZU BLICKEN, WAS *ANGEBLICH* SCHADEN KÖNNTE, STATT AUF DIE ENTWICKLUNGSCHANCEN, DIE IN ALLEM STECKEN

Damit sie das Ganze nachvollziehen können, erläutere ich ihnen in den ersten Kapiteln die Grundsätze des Menschseins und seiner Aufgaben. Dann gehe ich auf psychologische und spirituelle Details ein und schließlich befasse ich mich mit einigen Aspekten der christlichen und anderen Religionen, die ebenfalls Antworten auf die angeschnittenen Fragen bereitgestellt haben. Bei dieser Gelegenheit habe ich einige ausgesprochene Knüller für sie bereit.

SIE WERDEN SEHEN, DASS EINE REIHE VERMEINTLICHER HILFEN, WELCHE DIE KIRCHEN ZU VERFÜGUNG GESTELLT HABEN UND DIE WIR UNHINTERFRAGT IN ANSPRUCH NEHMEN, UNSERE ENTWICKLUNG ALS MENSCHEN AUF DIESEM PLANETEN ERDE AUSGESPROCHEN BEHINDERN UND DEN GEWÜNSCHTEN LERNEFFEKT VERNICHTEN BZW. ERST GAR NICHT ZULASSEN.

Wir befassen uns mit Konzepten wie Karma, Reinkarnation, Gnade und Vergebung und sie werden staunen, was sich bei näherem Hinsehen dahinter verbirgt. Es ist von großem Nutzen, einschlägige Konzepte, Begriffe und Behauptungen gründlich zu untersuchen, es sei denn, sie wollten das Leben weiterhin wie durch eine Milchglasscheibe erleben.

Die Knechtung des Menschen durch das *kirchliche Schuldkonzept* z. B. entpuppt sich als eine durch nichts zu begründende Maßnahme, die das Gegenteil von dem verursacht, was sie vorgibt. Gott selbst hat uns niemals verurteilt.

**GOTT LIEBT ALLE MENSCHEN GLEICHERMASSEN -
UND DAS IN EINEM FÜR UNS UNVORSTELLBAREN AUSMASS.
DIE KIRCHENVERTRETER HABEN AUS DIESER TATSACHE
NUR IMMER NOCH NICHT DIE KONSEQUENZEN GEZOGEN.**

In der Darstellung lasse ich immer dann erleuchtete Spezialisten der angeschnittenen Fragen zu Wort kommen, wenn es sich um Probleme handelt, die ich nicht allein aus eigenem Erleben vollständig beantworten kann - etwa bei der berühmten Frage: "Was ist Erleuchtung". Ich selbst bin ja auch noch ein Suchender, auch wenn ich mich mit den angeschnittenen Fragen schon sehr, sehr lange befasse.

Ich wünsche ihnen viel Freude und kraftvolle Anstöße für eigene Erkenntnisse.

Wien, am 7. Mai 2001

Ihr *Devanando Otfried Weise*

1. Lernplanet Erde

Ich beginne gleich mit einem Paukenschlag ungewöhnlicher Stärke, der ihnen einige Fakten bringen möchte, die selbst den meisten Geistlichen der christlichen Kirchen wenig bis unbekannt sein dürften - diese beschäftigen sich vorsichtshalber erst gar nicht mit solchen Dingen.

Das Lehrgebäude der katholischen Kirche zum Beispiel, wie es sich heute präsentiert, war während der ersten fünf (!) Jahrhunderte nicht ansatzweise so bestückt wie heute. Die meisten Dogmen wurden sicherheitshalber erst formuliert, als der Einfluss der authentischen Lehre von Jesus so stark nachgelassen hatte, dass man nach Gutdünken die eigenen politischen Ansichten durchsetzen konnte.

In den ersten fünf Jahrhunderten beherrschte die junge, im Entstehen begriffene Kirche Ansichten, die uns heute mit großem Erstaunen erfüllen, weil sie mit vielem Übereinstimmen, das uns beim Studium der anderen großen Weltreligionen und der griechischen, ägyptischen, jüdischen, persischen und anderen alten Kulturen begegnet. Eine besondere Rolle spielt in der jungen Christengemeinde des ersten halben Jahrtausends der Kirchenvater Origines (185 - 254 n. Chr.).

Origines war ein Mann von glänzender Begabung, der größte Gelehrte und weitaus der fruchtbarste theologische Schriftsteller vor dem Konzil von Nicäa (553); er wurde daher der "Stählerne" bzw. "Eherne" genannt; er war der einflussreichste Theologe der frühen griechischen Kirche überhaupt und der bedeutendste der Gesamtkirche vor Augustinus.

Sein Hauptwerk "De Principiis" enthielt unter anderem folgende - aus heutiger Sicht ausgesprochen sensationelle - für dieses Buch und für ihr Leben bedeutende Details:

- *Die Erde ist eine Erziehungsstätte für den Menschen.*
- *Jedes Schicksal ist selbst verursacht; es hat die Funktion eines "Heilmittels" für frühere Verfehlungen. Die Lebensumstände auf der Erde bieten dem Menschen die Möglichkeit, zu lernen und sich zum Guten zu entwickeln.*
- *Bei jedem Schicksal muss man von der Gerechtigkeit und Güte des Schöpfers ausgehen.*
- *Ziel für den Menschen ist die Rückkehr in hohe (nichtmaterielle) Ebenen.*
- *Allgemeines Ziel in der Schöpfung ist die Rückkehr aller Dinge an den ihrer Natur entsprechenden Ort.*
- *Für den Menschen bedeutet das: "Ähnlich werden mit Gott"; und aus der "Ähnlichkeit" könnte "Einheit" werden, "weil in der Vollendung und am Ende ‚Gott alles und in allem' ist (vgl. 1 Kor. 15.28)."*
- *Diese Wiederherstellung vollzieht sich in vielen Etappen und Stufen. Für den Menschen bedeutet das: Durchwandern vieler Entwicklungsstufen.*
- *Aufgrund des Gesagten ergibt sich eine Art "Seelenwanderung": Vom Engel bis zum Menschen und wieder zurück zum Engel. In dieser "Seelenwanderung" liegt auch die Möglichkeit für den Menschen, mehrmals als Mensch auf die Erde zu kommen.*
- *die Seele ist "etwas Mittleres zwischen dem schwachen Fleisch und dem willigen Geist".*
- *Für die Mängel der Welt sind die Geschöpfe verantwortlich, nicht der Schöpfer.*
- *Auch Tiere haben eine Seele.*
- *Auch Gestirne sind beseelt.*

Origines hatte offensichtlich tiefe Einblicke in die Zeitlose Weisheit, das Urchristentum der Essener und in die griechische Philosophie; er kam jedenfalls der Originallehre Jesu erheblich näher als die römische Kirche das heute ist.

Es waren damals unruhige Zeiten und die religiöse Welt war ähnlich gespalten wie heutzutage. Im Konzil von Nicäa (553) wurde aus politischen Gründen der gesamte Komplex "Präexistenz der Seele, Seelenwanderung, Reinkarnation, Karma" verworfen und Origines zum Ketzer erklärt. Auch eine Reihe seiner anderen Ansichten wurde auf dem Konzil mit dem Bann belegt - *obwohl sie mehr als 400 Jahre lang zu den entscheidenden Grundlagen des Christentums gehört hatten.*

Ich gehe im folgenden kurz auf die einzelnen Punkte ein, Details sind jedoch den entsprechenden Kapiteln vorbehalten.

DIE ERDE IST EINE ERZIEHUNGSSTÄTTE FÜR DEN MENSCHEN.

Diesen Satz von Origines möchten wir in diesem Kapitel besonders herausgreifen, weil er nichts anderes bedeutet, als dass *die Erde einen Lernplaneten darstellt.*

Wir machen hier auf Erden einen Bildungsurlaub von der "Vollkommenheit" oder noch treffender: *wir sind hier auf einer Expedition, zu der wir uns freiwillig gemeldet haben,* weil Gott uns zu einer Art Rettungs- und Selbsterfahrungsaktion aufgefordert hat.

Wir lernen durch persönliche Erfahrungen am eigenen, materiellen Körper hier in der Materie dieses Planeten in einer Welt der Dualität, der Gegensätze. Wir nennen es: das Projekt Erde.

Die Erde selbst ist, wie Origines in Übereinstimmung mit der Zeitlosen Weisheit verkündete, ein Lebewesen. "*Allgemeines Ziel in der Schöpfung ist die Rückkehr aller Dinge an den ihrer Natur entsprechenden Ort*".

DIE GESAMTE SCHÖPFUNG IST BELEBT UND BESEELT - AUCH GESTIRNE. ALLES IM KOSMOS ENTWICKELT SICH IN RICHTUNG AUF EINE HÖHERE SCHWINGUNG UND HÖHERES BEWUSSTSEIN.

Vom Atom bis zur Galaxie hat alles im Kosmos Bewusstsein. Das Bewusstsein des Atoms ist zwar nur klein, aber vorhanden. Das gleiche gilt für die sogenannte "unbelebte" Materie. Das Bewusstsein der Pflanzen ist bereits höher und das der Tierwelt wiederum höher *("auch Tiere haben eine Seele".)*

Vom Menschen über die Engel und andere Geistwesen zum Planeten, zur Sonne, zum Sonnensystem usw. steigert sich das Bewusstsein und schwingt sich in ungeahnte, für uns Menschen nicht mehr verständliche Höhen auf. Dabei gelten nach dem altägyptischen Weisen Hermes Trismegistos die Sätze "*wie im kleinen, so im großen, wie innen so außen und wie unten so oben*". Das bedeutet nichts anderes, als dass ein Atom z. B. ein getreues Abbild eines Sonnensystems darstellt. Dabei brauchen selbstverständlich nicht alle Details übereinstimmen.

"JEDES SCHICKSAL IST SELBST VERURSACHT;
ES HAT DIE FUNKTION EINES "HEILMITTELS" FÜR FRÜHERE VERFEHLUNGEN. DIE LEBENSUMSTÄNDE AUF DER ERDE BIETEN DEM MENSCHEN DIE MÖGLICHKEIT, ZU LERNEN UND SICH ZUM GUTEN ZU ENTWICKELN. BEI JEDEM SCHICKSAL MUSS MAN VON DER GERECHTIGKEIT UND GÜTE DES SCHÖPFERS AUSGEHEN".

Diese beiden Sätze zeigen eindeutig, dass im Kosmos das Karma-Gesetz von Ursache und Wirkung herrscht. Gott würfelt nicht, es gibt keine Willkür - wir Menschen haben jedoch oft nicht den richtigen Durchblick und beurteilen die Vorgänge mit durch unsere Vorurteile eingeschränkten und mit Gefühlen wie Angst vermischten Denkvermögen. Wir werden dies noch ausführlich zeigen.

"*Diese Wiederherstellung vollzieht sich in vielen Etappen und Stufen. Für den Menschen bedeutet das: Durchwandern vieler Entwicklungsstufen*". Aufgrund des Gesagten ergibt sich eine Art "Seelenwanderung": vom Engel bis zum Menschen (eventuell sogar bis zum Tier) und wieder zurück zum Engel.

In dieser "Seelenwanderung" liegt die Möglichkeit für den Menschen, mehrmals als Mensch auf die Erde zu kommen".

DIESE "STUFENWEISE ENTWICKLUNG" DES MENSCHEN SPRICHT KLAR UND EINDEUTIG FÜR REINKARNATION, WIE SIE AUCH JESUS UND DEN ESSENERGEMEINDEN VOM TOTEN MEER VERTRAUT UND SELBSTVERSTÄNDLICH WAREN.

Erfahren sie in Kapitel 19 mehr darüber!

"*Die Seele ist etwas Mittleres zwischen dem schwachen Fleisch und dem willigen Geist*". Wir formulieren diesen Gedanken mit den Worten: Die Seele ist der Transformator zwischen der Persönlichkeit des Menschen und dem individuellen Göttlichen (der Monade). Die Seele ist zuständig für Intuition, die göttlichen Botschaften, die uns goldrichtig führen, denen wir immer vertrauen können. Sie dürfen jedoch nicht mit unserem anerzogenen Gewissen verwechselt werden, wie sie noch sehen werden.

"*Für die Mängel der Welt sind die Geschöpfe verantwortlich, nicht der Schöpfer*". Dieser Satz des Kirchenlehrers Origines weist nicht darauf hin, dass wir die Schöpfung mit Mängeln versehen haben, sondern dass wir durch unsere unrealistische, falsche Sicht der Welt Mängel sehen, wo keine sind, Probleme ausmachen, die es nicht gibt und Wertungen anbringen, die uns nicht zustehen. Dies alles geschieht, weil wir die Welt in Schwarz-Weiß-Manier betrachten und dann auch noch glauben, die Welt wäre in Wirklichkeit so.

Von Allem und Jedem glauben wir zwei Gegensätze zu sehen: hell und dunkel, warm und kalt, weich und hart etc. Wir nennen diese Weltsicht dualistisch, wir teilen alles in Polaritäten ein. Das ist unsere antrainierte Weltsicht mit der wir unbewusst die Welt anders sehen als sie ist. *Dies ist unser eigentliches Dilemma.*

Mit unserer falschen Weltsicht entfernen wir uns von der Welt und den Mitmenschen und werden zu Einzelkämpfern, welche die Welt aus der dualen Perspektive betrachten:
Ich und der Rest der Welt!
Wir stehen im Mittelpunkt und der Rest der Welt bildet einen feindlichen Kreis um uns herum.
Diese Sichtweise ist jedoch eine krasse Illusion.

Diese Fiktion erhalten wir durch unser falsches Denken aufrecht. *Statt zu beobachten, wie die Welt wirklich ist und läuft, stellen wir uns im Kopf vor, wie sie sein könnte.* Wir stellen sozusagen eine Arbeitshypothese auf, wie es Wissenschaftler tun. Und dann tun wir unbewusst alles, dass sich diese Hypothese auch bewahrheitet, weil das unser Selbstbewusstsein stärkt. Wir können dann sagen: Ich hatte Recht mit meiner Annahme.

Wir gehen in die gleiche Falle, in der ein Wissenschaftler gefangen ist, der seine Arbeitshypothese zu sehr liebt und sie unter allen Umständen als richtig beweisen möchte. Es geht nicht ohne Arbeitshypothese, wir können nicht wahllos einfach drauflos arbeiten. *Aber es ist völlig egal, ob sie sich am Ende als falsch oder richtig herausstellt.* Wenn wir ganz ehrlich sind: die Wahrscheinlichkeit, dass sie sich am Ende als falsch herausstellt, ist unendlich groß! Wenn wir schon alles wüssten und richtig beurteilen könnten, hätten wir hier ja gar nicht inkarnieren brauchen.

Wir sind noch in der Lehre! Und es kommt nicht nur auf Einzelergebnisse an, mit denen wir uns bisher immer herumgeschlagen haben. Es geht um den ganzen Vorgang, die Art und Weise, wie wir lernen und Erfahrungen machen - *wie wir denken!* Erleuchtete Meister aller Couleur sagen uns ohne Umschweife in ihrer direkten Art:

Wir denken falsch! Die Dualität ist eine Fiktion!

Wir stellen uns lediglich etwas vor und glauben so fest daran, dass wir alles andere ausblenden, was diese Vorstellung erschüttern könnte. Meher Baba sagt:

"Ihr denkt Vorstellung, statt euch Selbst zu denken".

Vorstellungen sind Krücken aber nicht die Ergebnisse. Sie sind Hilfsmittel, um die Welt zu begreifen, aber sie sind nicht die Welt. Wenn wir uns z. B. darauf versteifen, dass unsere Beziehung so zu sein hätte, wie wir sie uns vorstellen, dann sind dem Leiden Tür und Tor geöffnet. Warum beobachten wir nicht einfach, *wie sie wirklich ist* und akzeptieren das erst einmal?

Das ist nämlich der einzige wirklich gangbare Weg, damit die Beziehung den Beteiligten ein gemeinsames Wachstum ermöglicht. Es geht also nicht nur um das Akzeptieren von uns und unseren Mitmenschen, sondern von allem, was ist und was nicht ist. Wir gehen weiter unten noch näher darauf ein.

Aufgrund dieses falschen Denkens gehen die meisten unserer Aktivitäten daneben und deshalb wird das Leben so anstrengend. Aus dem immensen Leidensdruck dieser vergeblichen Anstrengungen erwachsen schließlich nach hunderttausenden von Inkarnationen die Erfahrungen, die uns über das duale Erfahren dieser Welt hinaustragen.

Unsere Sicht der Welt ist eine Illusion - wenngleich letztlich eine nützliche. Sie ermöglicht den Lerneffekt. Wie lange möchten Sie in dieser Illusion leiden ?

2. Freud und Leid, Lachen und Weinen

Alice A. Bailey, eine weltbekannte Autorin anspruchsvoller spiritueller Literatur hat ihren tibetischen Meister Djwhal Khul, auf den der Inhalt ihrer Bücher zurückgeht, einmal gefragt, was das Wichtigste auf dem spirituellen Pfad der Bewusstseinsentwicklung sei. Er hat geantwortet: *Humor. Und das zweitwichtigste, hakte sie nach. Antwort abermals: Humor. Und das drittwichtigste: nochmals Humor.*

Die moderne Schulmedizin schließt sich unbewusst dem an; sie hat jüngst ein neues Fach gegründet. Es nennt sich: Neuro-Immuno-Psychologie. Sie hat unter anderem das entdeckt, was die Bäuerin in Niederbayern schon vor 5000 Jahren wusste: nämlich, dass die Menschen gesund sind, wenn sie sich freuen, wenn sie glücklich sind.

FREUDE STIMULIERT DAS IMMUNSYSTEM; ALSO MUSS FREUDE ETWAS EXISTENTIELLES, SEHR BEDEUTUNGSVOLLES AUF DEM LEBENSWEG DARSTELLEN.

Osho Rajneesh definiert den Menschen als "das lachende Tier. Kein Computer lacht, keine Ameise lacht, keine Biene lacht. Wenn du einen lachenden Hund triffst wirst du Angst bekommen! Oder wenn ein Wasserbüffel plötzlich lacht, könntest du einen Herzanfall bekommen. Nur der Mensch lacht. Die Fähigkeit zu lachen stellt die Spitze des Wachstums dar."

DAS LEBEN AUF DIESEM PLANETEN ERDE IST KEIN PROJEKT, DAS MAN MIT TRAURIGEM GESICHT VERRICHTET UND DAS MAN RASCHESTMÖGLICH HINTER SICH BRINGT.

Es ist ein Geschehen, das sie mit Freude leben sollten, weil sie wissen, dass sie im göttlichen Plan eine besondere Aufgabe spielen.

Der Mensch als Krone der Schöpfung muss etwas besonderes leisten. Wir können nicht die Krone sein und keine Verantwortung tragen. *Und man trägt diese Krone im Idealfall mit totaler, freudiger Hingabe an die Sache.* Es geht dabei *nicht* darum, besonders unter den anderen Menschen herauszuragen. Es geht darum, dass der Plan begeistert erfüllt wird. Außer uns kann niemand unsere Rolle übernehmen - schließlich sind wir Jahrmillionen darauf vorbereitet worden und haben schon viele Erfahrungen gesammelt.

Die Kirchen und die meisten anderen Sekten haben uns mit nur wenigen Ausnahmen glauben machen wollen, Religion sei eine *ernste* Sache, der man mit langen Gesichtern nachgeht. Das ist keinesfalls so! Der Weg ins Licht führt zwar über steinigen Boden und ist begleitet von Schmerz und Leid, was unser großes Vorbild Buddha zu betonen nicht müde wurde. Er lehrte uns aber auch den Weg heraus aus dem Leid: den Weg der Bewusstwerdung. Keiner nach ihm hat so viel über Weisheit gesprochen, über abgrundtiefes Verstehen, das selbstverständlich in letzter Konsequenz zu bedingungsloser Liebe führt.

BUDDHA WAR EBENFALLS FÜR HUMOR. ALLE ERLEUCHTETEN SIND DAFÜR. DER WEG AUF DER ERDE KANN OHNE HUMOR, WITZ UND FREUDE, OHNE LACHEN, SPIELEN UND EIN FRÖHLICHES HERZ NICHT ERFOLGREICH GEGANGEN WERDEN.

Krishna alias Christus hat den Weg zurück zur Quelle "Leela", das göttliche Spiel genannt. Er wird als Flötenspieler mit Tänzerinnen dargestellt und den "ersten Aspekt der Gottheit" von Willen und Macht, Shiva, sieht man oft als "Nataraj", als Tänzer abgebildet!

Dieser Gedanke fällt uns angesichts der Millionen Toten der beiden letzten Weltkriege und des Elends in anderen Kriegs- und Krisengebieten sowie von Leid, Schmerz und Tod durch Hungers- und Naturkatastrophen einigermaßen schwer, wenn nicht sogar unmöglich. Vielen von uns fehlt es jedoch zur Zeit noch an dem nötigen Durchblick.

OB ES IHNEN BEWUSST IST ODER NICHT, SIE KÖNNEN DARAUF VERTRAUEN, DASS SICH DAS UNIVERSUM WIE VORGESEHEN ENTFALTET.

Es geht nichts wirklich schief. Es sieht zwar manchmal so aus und auch die Mitglieder der Hierarchie, (die erleuchteten Meister, welche über die Geschicke von uns Menschen wachen), wissen dann vorübergehend nicht, wie und wann der Plan gelingt. Die Menschen guten Willens sind dann besonders herausgefordert, für das Gute, Wahre und Schöne sogar zu kämpfen.

GOTT IST NICHT DARAUF AUS, UNS DAS LEBEN HIER BESONDERS SCHWER ZU MACHEN!

Das wäre eine abwegige Idee! Er würde das niemals tun! *Es erscheint uns nur manchmal so.* Sie können davon ausgehen, dass sie jedes Erlebnis weiterbringt - gerade auch, wenn es furchtbar zu sein scheint und besonders schmerzt. Wir dürfen diese Schmerzen und Tränen annehmen und gegebenenfalls auch ausdrücken. Wenn wir Schmerz und Leid verdrängen und vertuschen, vermeiden wir den Leidensdruck, der zuzeiten segensreich ist, weil er uns zwingt im Leben das zu ändern, was nicht mehr zu uns passt.

Nutzen sie im Leben jede sich bietende Gelegenheit, die ihnen Freude macht. Es gibt Menschen, die immer nur vernünftig sind und dabei das Beste verpassen. Spontan und spielerisch mit Freunden genießen - auch wenn nichts materiell Messbares dabei herauskommt. Einen Clown erleben, eine Kabarettvorstellung durchlachen, einen Nonsensfilm ansehen. Auch das kann zuzeiten helfen.

Freude ist im Leben außerordentlich wichtig, weil Freude das Immunsystem des menschlichen Körpers immens kräftigt.

Lachen und sich Freuen sind die beste Medizin!
Wir schöpfen Freude, wenn wir:

- mit uns und der Umwelt in Einklang sind
- im Hier und Jetzt leben und agieren
- unser Gegenüber als liebevollen Spiegel annehmen
- unseren Mitmenschen in Liebe und Verstehen begegnen
- aufhören, zu urteilen und zu verurteilen
- aufhören, andere verständnislos zu kritisieren
- aufhören, im anderen einen Feind und Übeltäter zu sehen
- aufhören, auf andere Schuld zu projizieren
- aufhören, uns selbst runterzumachen
- aufhören, andere zu belächeln und schlecht zu machen
- aufhören, eifersüchtig andere zu beneiden
- aufhören, Teile von uns zu unterdrücken und damit ins unbewusste Schattenreich abzudrängen
- anfangen, höhere Werte anzupeilen
- anfangen, das zu sehen und zu akzeptieren, was ist und das was nicht ist
- die Ordnung und den Rhythmus des Lebens und seiner Formen beachten

3. Die Grundbedürfnisse des Menschen.

Was sind unsere Triebfedern, hier auf Erden Erfahrungen zu machen? Es sind unsere Wünsche und Begierden. Deshalb dürfen wir sie nicht unterdrücken - und sie sind deshalb schon gar keine Sünde.

Wünschen und Begehren richten sich anfangs auf materielle Dinge. Zunächst kennt der Mensch nichts besseres, als Materielles zu ersehnen. Erst wenn er alles hat: Geld, Macht, Sex etc. begreift er, dass das alles nicht wirklich glücklich macht, und dass wahre Erfüllung immateriell sein muss. Aber auch der Reichtum an Gefühlen und angelerntem Wissen kann auf Dauer nicht voll befriedigen

Des Menschen Begehren wurzelt letztlich in der Sehnsucht nach höherer Erfüllung. Es ist im Grunde genommen der Wunsch, zur Quelle zurückzukehren, nach Hause zu kommen. Wir beschreiben dies in Kapitel 4 ausführlicher.

WAHRE ERFÜLLUNG BERUHT DARAUF, WILLEN UND ABSICHT DER SEELE ZU ENTSPRECHEN, DAS EIGENE POTENTIAL ZU LEBEN, DAS WIR UNS FÜR UNSERE ERDENREISE VORGENOMMEN HABEN.

In einem Naturkostladen in einem kleinen Ort in Oregon/USA las ich auf einem Schild: "*Sie erhalten hier vielleicht nicht das, was sie wünschen, aber mit Sicherheit das, was sie brauchen*". So ist das auch allgemein im Leben auf diesem Planeten. Wünsche und Begierden sind die untersten Stufen von Aspiration (dem Streben nach höheren Zielen). Sie müssen erkannt, zugegeben, gelebt und können schließlich transformiert werden. Dies alles hat nichts mit Sünde zu tun!

Werden sie unterdrückt schwindet die damit gekoppelte Wachstumsenergie. Im sportlichen Training gilt der Satz: "*Use it or lose it*". Benutze deine Körperteile, sonst verlierst du sie.

Alles was wir an Gaben potentiell besitzen, aber nicht nutzen, verlieren wir. Und nicht nur das! Die vernachlässigte Energie kehrt sich gegen uns! Oder anders ausgedrückt: unsere Seele schickt uns ein Problem, das Schmerz und Leid verursacht, dessen Art auf das vernachlässigte Potential hindeutet, damit wir entsprechend reagieren. Wir müssen "nur" die Sprache unseres Körpers lernen.

HÖHERES STREBEN KANN VORÜBERGEHEND ODER LANGFRISTIG SEIN. ES IST DESHALB ZUZEITEN KAUM SPÜRBAR. URTEILEN SIE NICHT ÜBER DEN ENTWICKLUNGSSTAND IHRER MITMENSCHEN, SIE KÖNNTEN ETWAS WESENTLICHES ÜBERSEHEN HABEN.

Auch Selbstsucht und Habgier bringen nur flüchtige Befriedigung, vorübergehende Vergnügungen, zeitlich begrenzte Errungenschaften und Besitztümer. Diese erzeugen jedoch eine tiefsitzende Verlustangst: Verlust durch Abnutzung, Zerstörung, Entwertung, Übersättigung und Tod. "*Das letzte Hemd hat keine Taschen*".

Der Tod bringt den Verlust aller irdischen Güter mit sich und erscheint als der endgültige Verlust aller Freunde, Feinde und Bekannten, aller Gelegenheiten und Entwicklungschancen der Persönlichkeit - nicht nur des physischen Körpers! Er kann von tiefstem Bedauern begleitet sein, weil die Menschen in der Regel nicht wirklich existentiell wissen, was sie im Jenseits erwartet und ob sie in weiteren Leben neue Chancen wahrnehmen können und ob sie ihre Angehörigen und Freunde wiedertreffen werden. Sie sterben in dieser Depression obwohl sie doch freudig auf die andere Seite gehen könnten. Das alles muss der Mensch aber erst einmal durchlebt haben, bis er es schließlich durch den Leidesdruck unter dem Einfluss der göttlichen Unzufriedenheit umdenkt.

Was behalten wir im Tod? Unsere bisherigen Erfahrungen und eine Liste, aus der sich ergibt, was uns noch fehlt. Diese beiden charakterisieren die Grundzüge unserer Persönlichkeit;

sie stellen eine Bilanz dar über Gelerntes und nicht Gelerntes. Sie spiegeln unsere Entwicklungsreife wieder. Sie zeigen auch unser Guthaben auf unserem himmlischen "Bankkonto". Dieses Bankkonto wird in Bewusstheitseinheiten geführt und in gewonnenen Erfahrungen - also nicht in sogenannten guten Werken und ob und wie viel alten Menschen wir über die Straße geholfen haben. Diese guten Werke sind nämlich in vielen Fällen antrainiert und erfolgen aus eigennützigen Motiven.

WÜNSCHE UND BEGIERDEN ENTPUPPEN SICH BEI ENTSPRECHENDER REIFE ALS "HEIMWEH NACH GOTT" ODER "DIE SEHNSUCHT, AN DIE QUELLE ZURÜCKZUKEHREN".

Wir sind dann mit den materiellen Befriedigungen nicht mehr zufrieden und streben nach etwas anderem, höherem. Osho Rajneesh hat die Religion im positiven Sinne (= religio, sich rückverbinden) deshalb als *den höchsten Luxus* bezeichnet, *den sich der Mensch gönnt.*

Elementarste Wünsche äußern sich in dem Bestreben nach Anerkennung und Liebe, nach Wärme und Geborgenheit, nach verstehen und verstanden werden. Wir möchten geliebt werden und suchen all das im Außen: in der Welt, bei unseren Mitmenschen, bei Tieren, in der Natur. Je nach Entwicklungsstufe gelingt uns das eine oder andere und intensive Erlebnisse verändern nach und nach das Leben. Doch stets fehlt am Ende des Lebens Entscheidendes.

Die Suche geht weiter und weiter, Leben für Leben. Das alte Lustempfinden durch Genuss verliert mehr und mehr an Bedeutung, weil wir erkannt haben, dass der Lustgewinn über den physischen Körper und über Fühlen und Denken immer begrenzt und z. Tl. sogar gesundheitsschädlich ist. *Schließlich erkennt der Mensch, dass die ersehnte Erfüllung nur über die Seele im göttlichen Bereich zu finden ist. Hier liegen Sinn und Zweck des Lebens und davon handelt das vorliegende Buch.*

4. Die Stellung des Menschen

Warum leben die Menschen hier auf Erden und was sind ihre Aufgaben? Als erstes möchte ich ihnen etwas mitteilen, was ihnen sicherlich neu ist: Die Menschen leben nicht auf der Erde. Sie leben in der Erde. Die Lufthülle gehört ja auch zur Erde. Wenn das nicht so wäre, dann würde uns ja ständig die Luft um die Ohren pfeifen nur weil sich dieser Planet dreht. Die Lufthülle gehört dazu und dreht sich mit.

DIE MENSCHEN SIND EIN WESENTLICHER TEIL DIESER ERDE. DIE ERDE WÜRDE EINEN ENTSCHEIDENDEN TEIL VERLIEREN, WENN DIE MENSCHEN VERSCHWÄNDEN.

Das ist ein revolutionärer, ungemein spannender Ansatz: Die Menschheit ist Teil des Planeten. Das ist nicht nur ein Ansatz, das ist eine Tatsache!

- Wenn die Menschen die Umwelt verschmutzen, verschmutzen sie sich selbst.
- Wenn sie Menschen oder Tiere töten, töten sie etwas in ihnen selbst.
- Wenn die Menschen die Erde plündern, plündern sie sich selbst.
- Wenn die Menschen ihren Lebensraum vernichten, beseitigen sie langfristig sich selbst.

Welche Rollen spielen die Menschen im Körper der Erde?

DIE MENSCHHEIT STELLT DAS KEHLZENTRUM DES PLANETEN ERDE DAR.

Das bedeutet, dass die Menschheit als ganzes ein Energiezentrum (ein Chakra) im Lebewesen Erde darstellt. Auch wir Menschen haben solche Chakren. (Sie werden in Kapitel 6 kurz beschrieben). Es gibt bei Erde und Mensch sieben Haupt-Energiezentren. Das Kehlzentrum ist dem Materie-, Mutter- und Intelligenz-Aspekt zugeordnet.

DAS KEHLZENTRUM STEHT FÜR KREATIVITÄT. DIE MENSCHHEIT SOLL DURCH DEN INTELLIGENTEN UMGANG MIT DER MATERIE DES PLANETEN KREATIV WERDEN.

Der Mensch soll lernen, wie er sich *zum allgemeinen Nutzen* des gesamten Lebewesens Erde optimal und intelligent an die Materie anpasst, um sie genau kennenzulernen und mit ihr und in ihr Erfahrungen zu machen. *Sein Ziel besteht darin, auf diese Weise den Planeten inclusive sich selbst weiterzuentwickeln.*

Wenn der Mensch begreift, dass er ein Teil der Erde ist, wird er einsehen, wie unsinnig es ist, sich als Teil gegen das Ganze zu wenden. Wenn der Hals nicht auf ihren Kopf hört und ständig dummes Zeug herausbrüllt, dann wird es sehr bald eine Halsentzündung und Heiserkeit geben und schließlich wird die Stimme ganz ausfallen. *Kooperation mit dem Ganzen ist gefragt.*

DIE MENSCHEN SOLLEN AUF ERDEN ERLEUCHTET WERDEN UND DAMIT ZUR GRUPPE DER SPIRITUELLEN MEISTER MUTIEREN, ZU DER CHRISTUS, BUDDHA, MEHER BABA, ZARATHUSTRA, KRISHNA UND VIELE ANDERE GEHÖREN.

Diese Gruppe, auch Hierarchie genannt, stellt das planetarische Herzzentrum (Herzchakra) des Planeten dar. Sie besteht aus ehemaligen Menschen wie sie und ich, die in ihrer Entwicklung etwas schneller waren und jetzt nicht mehr körperlich auf der Erde inkarnieren müssen. Dieses Zentrum ist dem zweiten göttlichen Aspekt von Liebe und Weisheit und damit dem Sohn und dem Christusprinzip zugeordnet. In Kapitel 23 werden wir auf die drei Aspekte der Gottheit noch näher eingehen.

Man unterscheidet folgende fünf Naturreiche:
1. das Mineralreich
2. das Pflanzenreich
3. das Tierreich
4. das Menschenreich
5. das Geistesreich (z. B. erleuchtete Meister und Engel)

Der Mensch steht als Mittler zwischen Tier und Meister/Engel. Es ist dieser Spagat - mit einem Bein mit seinen Instinkten noch Tier und mit dem anderen Bein mit seiner Intuition schon ein wenig erleuchtet - der ihm das Leben nicht einfach macht.

Die Mitglieder der Hierarchie sind gar nicht so sehr verschieden von uns Menschen. Sie sind ganz einfach *eine Gemeinschaft besonders erfolgreicher Menschen*. Sie haben sich einst den reinigenden Feuern des täglichen Lebens unterworfen und ihre Erleuchtung "auf dem Marktplatz" erarbeitet; sie waren Eheleute, Geschäftsleute, Bauern, Arbeiter, Soldaten und Herrscher. Sie kennen das irdische Leben mit all seinem Auf und Ab. Sie haben alle Verlockungen des irdischen Lebens ausgekostet und damit überwunden. Diese Meisterinnen und Meister haben die meisten Einweihungen durchgemacht, die ich später beschreiben werde. An der Spitze der Hierarchie steht Christus.

Sie sind aber immer noch Menschen? Sie sind Menschen im Sinne seiner höchstmöglichen Ausprägung: ihnen ist es zu verdanken, dass der Mensch die Krone der Schöpfung bezeichnet wurde.

**CHRISTUS UNTERSCHEIDET SICH VON DEN ANDEREN MEISTERN DADURCH, DASS ER DER ÄLTESTE IST, MEISTER ALLER MEISTER UND LEHRER DER ENGEL UND DER MENSCHEN.
ER HAT ALS ERSTER MENSCH AUF DEM PLANETEN ERDE SÄMTLICHE EINWEIHUNGEN DURCHLAUFEN.**

Er wurde für so rein, so heilig und so erleuchtet erachtet, dass ihm erlaubt wurde, für uns Menschen das große kosmische Prinzip der Liebe zu verkörpern. So offenbarte er uns zum erstenmal die *Natur des Herzens Gottes.*

Buddha hat schon auf einem anderen Planeten sozusagen Vorarbeit geleistet und dann auf dieser Erde noch vor Christus die allerhöchste Einweihung erreicht. Er befindet sich noch im Energiefeld dieses Planeten, hätte aber längst zum Siriussystem überwechseln können. Er unterstützt Christus in seinem Amt als höchstem Weltenlehrer, wie Alice Bailey schreibt.

Die Menschheit will sich in ihrer Funktion als Kehlzentrum dieser Erde bewähren und schließlich zum Herzzentrum transformieren. Auf seinem Weg dorthin, sehnt er sich nach den schönsten, erhabensten Gefühle, die ein Mensch haben kann, also nach Liebe.

**DIE ERDE IST EIN LERNPLANET FÜR LIEBESFÄHIGKEIT.
WIR TRANSFORMIEREN UNS ÜBER INTELLIGENTE KREATIVITÄT
IM UMGANG MIT DEN PROBLEMEN DES ALLTAGS.**

Der Planet Erde ist für uns tatsächlich eine Schule, aber es ist eine besondere Art von Erziehung. Sie ist nicht so wie diejenige, die wir in Kindheit und Jugend "genossen" haben. Auswendiggelerntes Buchwissen nutzt hier gar nichts. *Hier geht es einzig und allein um tiefgreifende Erfahrungen.* Wir sollen die Tatsachen tief in unserem Inneren spüren. Nur dann sind sie wahr und wir werden weise.

Für die Menschen ist die Erde also eine Art Kreativitäts-Training, es ist eine Art Workshop mit Abenteuerzulage. Und wenn in der Bibel Gott sagt: "Macht euch die Erde untertan", dann meint er damit nicht: "beutet die Erde aus" sondern "lasst die Liebe euren höchsten Maßstab werden".

Das ist nicht nur ein schöner Gedanke für die Umweltschützer. Das ist mehr als ein Gedanke. Das ist einer der Kernpunkte des göttlichen Plans. Der persische Dichter Ferdowsi hat gesagt: "*Die Liebe überwindet alles, was der Verstand als allzu schwer gedacht*". Ist es das? Ja, das ist es.

Die Liebe besiegt im Laufe der Entwicklung alles. Auch die materiellen Wünsche und Begierden, die uns zum Teil dieser Erde machen und die wir als Antriebsfeder benutzen, die jedoch nicht das Ziel sind. *Mit und in Liebe machen wir uns die Erde, die Materie untertan, d. h. wir befreien uns von ihrem Einfluss.*

LERNEN AUF DIESEM PLANETEN FÜHRT ZU IMMER MEHR FREIHEIT. DIE LIEBE WIRD IMMER DANN ZUR ALLES BESIEGENDEN KRAFT, WENN SIE DURCH EIN VERSTEHENDES HERZ GEREINIGT UND IN FREIHEIT VERTIEFT WIRD.

Wie man das macht? Der Avatar des 20. Jahrhunderts Meher Baba sagt: "*Ihr achtet auf eure Motive*! So lange, ihr für eure guten Taten noch etwas haben wollt, und sei dies noch so subtil, dann ist die Liebe noch nicht rein. Ihr erweitert sukzessive den Kreis derer, denen ihr eure Liebe entgegenbringt - denen ihr ohne euch aufzudrängen selbstlosen Dienst erweist. Das kann in sehr verschiedenen Lebensumständen sehr Unterschiedliches sein. Eure niederen Wünsche werden dabei allmählich umgewandelt, wenn ihr mehr für andere und weniger für euch selbst lebt."

Was genau sollen wir lernen? Es gibt zweierlei zu erfahren:

Erstens sollen wir etwas über den Planeten und über uns als Teil des Planeten erfahren und zweitens sollen wir uns daran erinnern, was wir im Grunde sind und von Anbeginn schon wissen, aber zur Zeit nicht parat haben. Nur die Kombination von beidem bringt uns weiter. Wir werden das weiter unten noch ausführlich besprechen...

Wo aber waren die Menschen ursprünglich, bevor sie das erste mal auf die Erde kamen? Das ist schwer zu formulieren bzw. zu sagen - außer wir verwenden die alten Bezeichnungen und sagen: *sie lebten als Monaden (hohe Geistwesen) bei Gott - vielleicht beim Logos des Sonnensystems.* Das ist die spirituelle Wesenheit, die unser gesamtes Sonnensystem "beseelt". Diese Monaden bei Gott (wir!) wussten zwar bereits, was göttliche Liebe ist; wir lebten sie ja. Aber wir sollten uns bewähren. Es ist eine Sache liebevoll dort zu sein, wo alle liebevoll sind, nämlich im "Himmel", bei Gott. Es ist eine andere Sache, liebevoll zu sein auf diesem Planeten, in dieser Materie, dort, wo ein sehr niedriges Bewusstseinsniveau herrscht und dort, wo wir glauben, wir müssten uns behaupten, um nicht unterzugehen.

ENGEL KÖNNEN UNSERE ERFAHRUNGEN NICHT MACHEN, DENN SIE HABEN KEINEN PHYSISCHEN KÖRPER. UND DER IST DER CLOU IN UNSEREM SELBSTERFAHRUNGSPROJEKT ERDE.

Es gibt übrigens viele Lebewesen - einige Engel eingeschlossen - die den Menschen um seinen physischen Körper "beneiden", in dem so außerordentlich starke Erfahrungen möglich sind - noch dazu auf einem so besonders schönen Planeten. Es ist also eine besondere Bevorzugung die wir genießen, wenn wir am Projekt Erde teilnehmen.

Es kommt jedoch noch etwas dazu. Es geht hier auf Erden in diesem Sonnensystem nicht nur allgemein um Liebe. Es geht auch um die praktische Verwirklichung aller sieben Varianten von Liebe, um *tätige Liebe:* Liebet euren Nächsten wie euch selbst!

Die folgende Aufzählung gibt die Eigenschaften der "*Sieben Kosmischen Strahlen*" wieder, welche die Grundenergien des gesamten Kosmos darstellen. Deshalb prägen sie auch den Menschen. Wenn Sie darüber mehr erfahren wollen, dann empfehle ich ihnen mein Buch gleichen Titels bei Goldmann.

Tätige Liebe (love in action) drückt sich aus durch:

- den ersten Strahl: indem wir liebevoll und doch willensstark sind, indem wir in Liebe streng sind oder aus Liebe etwas zerstören, um Menschen zu befreien.
- den zweiten Strahl: indem wir Verstehen, Weisheit und Liebe als ein organisches Ganzes begreifen und leben.
- den dritten Strahl: indem wir Liebe mit Intelligenz verbinden, um unsere Liebesgaben effizient unter den Menschen zu verteilen. Was nutzt ein Opfer, das nicht ankommt, das zu aufwendig geplant ist, um jemals wirken zu können?
- den vierten Strahl: indem wir erforschen, wie sich Liebe in Gegensätzen ausdrückt, diese aber auch in Harmonie verbindet und schließlich durch Schönheit und Kunst ausdrückt.
- den fünften Strahl: indem wir als Naturwissenschaftler forschen und zugleich Liebe für die Forschungsobjekte empfinden; indem wir über die Erkundung der Schöpfung zurück zu bedingungsloser Liebe gelangen, oder über die Beherrschung der Technik für eine Verbesserung der Lebensqualität der Mitmenschen arbeiten.
- den sechsten Strahl: indem wir in totaler Hingabe an Ideale, Menschen oder Projekte wirken; wir können dabei eher passiv oder feurig aktiv sein. Dieses Thema war im Fischezeitalter besonders bestimmend für viele Lebensbereiche. Es ist das Grundthema von Jesus.
- den siebten Strahl: indem wir die höchsten Ideale auf den Boden bringen und im Alltagsleben umsetzen. Wir haben im Fischezeitalter sehr viele Ideale erkannt und proklamiert - jetzt müssen sie eine Form annehmen, die uns allen nutzt: Liebe, Freiheit, Gleichheit, Brüderlichkeit etc.

Ist das nicht ein grandioses Programm für unsere Erdenreise? Wir können davon ausgehen, dass es einiges Aufsehen erregt hat, als es erstmals bekannt wurde.

Das, was wir unter Sieben genannt haben, nennt man magisch arbeiten. Was bedeutet das? Das Wort Magie stammt aus dem Persischen und bedeutet: *etwas bewirken;* und hier auf Erden sollen wir das natürlich mit Liebe tun. Und wie kann man etwas bewirken? Man muss "nur" zur rechten Zeit, am rechten Ort mit den richtigen Leuten auf genau die richtige Weise das Richtige tun - und zwar liebevoll oder besser: mit liebevollen, uneigennützigen Motiven.

Es gibt zwei verschiedene Arten von Magie: weiße und schwarze. Schwarze Magie versucht die oben genannte Wirkung dadurch zu erreichen, dass sie z. B. Dinge, Ereignisse und Menschen von außen kommend einzufärben, zu manipulieren und zu disziplinieren sucht. Es wird dabei sozusagen eine äußere Tünche angebracht, die Symptome werden beseitigt und der Mensch verhält sich dann so als ob - z. B. so als ob er schon gesund oder womöglich heilig sei. Es ist aber alles nur Show.

Der Schwarzmagier verfolgt dabei eigennützige, egoistische Zwecke, will für sich Vorteile (Macht, Geld, Prestige) herausschlagen. Es geht ihm nicht um das Wohl und Wehe des Menschen, des Klienten, des Patienten, des Gläubigen. Ich überlasse es Ihnen, selbst herauszufinden, wer in unserer Gesellschaft schwarzmagisch arbeitet.

Und wie arbeitet weiße Magie? Weiße Magie transformiert einen Gegenstand, ein Geschehen oder einen Menschen von innen heraus.

DER WEISSMAGIER SCHAFFT EINE SITUATION, IN WELCHER DER MENSCH SEINER INNEWOHNENDEN GÖTTLICHKEIT NÄHER KOMMT.

Durch dieses zutiefst erspürte und erschütternde Erlebnis wird er von Grund auf umgewandelt (transformiert). Seine Wandlung ist echt und nicht einmal durch äußere Gewalt wieder rückgängig zu machen.

EIN WEISSMAGIER HAT KEIN INTERESSE AN DEN SYMPTOMEN. ER IST OKKULTIST: ER INTERESSIERT SICH FÜR DIE TIEFEREN URSACHEN HINTER DEN ÄUSSEREN PHÄNOMENEN (SYMPTOMEN).

Er schafft Situationen, in denen ihnen die wirklichen Ursachen selbst bewusst werden. Ein weißer Magier führt sie zu ihrer eigenen innewohnenden Wahrheit, zu Weisheit und Liebe. Er hat die Gabe, durch seine Präsenz *in ihnen einen Erinnerungsprozess auszulösen.* Er ist der wahre Erzieher (E-ducator); er zieht aus den Schülern das heraus ans Licht, was bereits in ihnen schlummert.

DAS EIGENE ERKENNEN DER INNEREN WIRKLICHKEIT LÖST DIE TRANSFORMATION IN DIE LIEBE AUS.

Und auf einmal verhalten sie sich liebevoll ohne ein einziges weltliches Gesetz zu kennen bzw. ohne dass sie sich bemühen müssen.

DER WEISSMAGIER NIMMT IHNEN DAS WEG, WAS UNECHT IST, DAMIT SIE DAS ERKENNEN UND LEBEN KÖNNEN, WAS ECHT IST.

5. Entwicklungsstadien der Menschheit

Wie sind wir Menschen auf die Erde gekommen?

In der Nacht der Zeit, als wir noch mit der göttlichen Quelle eins waren, erscholl der Ruf:

"*Wer will mitkommen zu einer Expedition auf den berühmten blauen Planeten Erde*".

Der Planet wurde mit leuchtenden Farben geschildert, es wurde aber auch darauf verwiesen, dass die Verhältnisse dort völlig verschieden von denen der Quelle sind. Wir - sie und ich - haben uns freiwillig zu dieser Expedition gemeldet.

Was war das für ein Projekt? Es wurde ein Forschungs- und Entwicklungsprojekt mit Selbsterfahrung der Forscher ausgeschrieben. Vielleicht dachten sie, dass man bereits alles weiß und erfahren hat, wenn man an der Quelle sozusagen zu Füßen Gottes sitzt. Wozu soll man sich dann melden für einen Trip auf einen Planeten, auf dem sich das Leben in den niedrigst möglichen Schwingungen der Materie abspielt; Schwingungen, die für hochschwingende Monaden bei Gott eher unerträglich und leidvoll sind.

Gott hat uns auf seine aufmunternde Art herausgefordert. Er hat uns versprochen, dass das Projekt zeitlich limitiert ist und dass wir letztendlich wieder zu ihm zurückkehren dürfen.

Sonst nichts?

Wenn Gott in seinem Plan voll unendlicher Weisheit und Güte etwas vorgesehen hat, dann sind bei ihm lebende Monaden immer bereit, an dem Plan mitzuwirken. Diese Monaden haben ihren eigenen Willen dem göttlichen völlig untergeordnet. Sie sind stets bereit, wenn es darum geht, dass ihre Hilfe gebraucht wird.

Und wem sollten sie helfen? - Dem Planeten Erde!

Diese Expedition sollte dazu dienen, dass sie kreative Erfahrungen mit der Materie machen, aber auch dass der Planet Erde sich besser weiterentwickeln kann. Erinnern sie sich an das Eingangskapitel, in dem ich ihnen erklärt habe, dass im Kosmos alles belebt und beseelt ist und dass sich alles ständig weiterentwickelt - weiter zu immer höheren Schwingungen, zu mehr und mehr Bewusstheit.

Aber warum geht es dann den Menschen so schlecht, hier in diesem Planeten? Der Haken an der ganzen Sache ist der, dass die Monaden, kaum dass sie hier auf Erde angekommen waren und einen stofflichen Körper angenommen hatten, völlig vergessen hatten, woher sie kamen, wer oder was sie waren, was sie hier sollten. *Sie erschienen in völliger Umnachtung und Ignoranz.*

Das klingt furchtbar und muss sehr schmerzhaft gewesen sein. Es klingt wirklich wie ein Opfer - und es war auch eines. Und das Vergessen war notwendig.

> **DAS LEBEN AUF DIESEM PLANETEN IST KEIN KINOFILM, IN DEM ALLE NUR IHRE ROLLE MIMEN. DIE DARSTELLER SIND MIT IHRER ROLLE EINS GEWORDEN, ALLES IST ECHT.**

Es ist anders als im Theater. Wenn jemand geköpft wird, dann wird er wirklich geköpft. Anders kann man nicht lernen. Wenn es auf der glühenden Ofenplatte nicht wirklich schmerzt, verbrenne ich mir die Hand. Vergessen sie das nicht. In diesem unserem Spiel findet alles "wirklich" statt. Es ist eine Realityshow. *Und es ist keine Aufzeichnung, wir sind sozusagen ständig live auf Sendung!*

Am Anfang war es besonders entsetzlich und es vergingen Jahrmillionen, bis sich die Menschen auch nur einigermaßen sammeln konnten. Sie schafften es schließlich auf dem damals auf diesem Planeten vorhandenen einzigen Kontinent mit Namen Lemurien, dass sie immerhin fast wie wilde Tiere vegetierten. Ich übertreibe nicht. Es war ein großes Opfer. Djwhal Khul hat uns darüber berichtet.

Es gelang ihnen schließlich, ihren physischen Körper aus Fleisch und Blut und ihren steuernden Lebenskörper, den Vital oder Ätherkörper, zu integrieren. Das war entscheidend für die weitere Entwicklung. Im Energiefeld des Vitalkörpers, der den physischen Körper durchdringt wie Radiowellen eine Mauer, steckt nämlich der Bauplan des Menschen. Mit ihm können Pflanzen, Tiere und Menschen die Energien aus dem Kosmos aufnehmen und an den physischen Körper weitergeben. Die Inder nennen diese Energien "Prana", die Chinesen "Chi", manche Menschen sprechen von Lebensäther etc.

Über dieses Prana gab es auch damals immer eine Verbindung zur Quelle. Die lemurischen Tiermenschen waren sich dieser Verbindung aber nicht bewusst. Sie waren auch nicht sich selbst bewusst. Sie waren überhaupt sehr unbewusst.

Damit haben wir etwas angeschnitten, was mich immer besonders interessiert hat: *das Bewusstsein.* Es ist das A und O.

DER GANZE WEG AUS DEN TIEFEN DER MATERIE AUF DIESEM PLANETEN ZURÜCK ZUR QUELLE IST EIN RÜCKWEG DER IMMER GRÖSSEREN BEWUSSTWERDUNG.

Da wir aber Teil dieses Planeten geworden sind, ist es zugleich auch eine Bewusstseinserhöhung des gesamten Planeten mit all seinen Teilen; *letztlich geht es um die Vergeistigung der Materie.* Wenn wir hier unser Pensum gelernt haben und zurück zur Quelle können, dann ist auch der Planet, der ja ein im Vergleich zu uns sehr hoch entwickeltes Lebewesen darstellt, reicher an Erfahrungen.

Wie bitte - werden sie vielleicht fragen, dieser Materieklumpen Erde soll wesentlich höher entwickelt sein als sie? Und damit kommt ihre naturwissenschaftlich geprägte Weltsicht zum

Vorschein. Die Erde ist aber kein unbelebter Materieklumpen. Die Erde ist ein Lebewesen, das haben sogar Wissenschaftler inzwischen erwogen. Sie sprechen in diesem Zusammenhang von der *Gayahypothese.* Und dieser Planet Erde ist der Körper einer hochspirituellen Wesenheit. Ist das nicht spannend?

Und jetzt frag` ich sie: Wer hat mehr Bewusstheit: sie oder ihre Kehle? Wer hat mehr Bewusstheit: Die Erde oder ihre Kehle (die Menschen)? Verstehen sie? Sie müssen radikal umdenken! Wir kommen in Kapitel 27 näher darauf zu sprechen:

DIE ERDE HAT SOGAR EINE MONADE - ODER RICHTIGER AUSGEDRÜCKT: ES GIBT EINE SPIRITUELLE WESENHEIT, DEREN PHYSISCHER KÖRPER DIE ERDE DARSTELLT, DESSEN KEHLZENTRUM DIE MENSCHHEIT UND DESSEN HERZZENTRUM DIE SPIRITUELLEN MEISTER DER HIERARCHIE SIND.

Es geht den Menschen als Teil dieses Planeten Erde also nicht nur ums Lernen bzw. Erfahren sondern vor allem auch darum, *dass wir und der Planet durch die gemeinsamen Erfahrungen transformiert werden.* Beide werden am Ende höher schwingen - jeder auf seiner Schwingungsebene.

Für die meisten Menschen ist das schwer verständlich, weil sie diesen Blickwinkel noch nie eingenommen haben. Sie sehen nur, wie schlecht es vielen Menschen geht und fragen, wie Gott einen solch sadistischen Plan aushecken konnte. Viele Menschen sind schon an Gott verzweifelt, wenn sie z. B. das Leid sahen und erlitten, das die Weltkriege angerichtet haben.

Vielleicht hilft es ihnen, wenn wir sagen, dass die Menschen auf Erden lernen sollen, wie es sich als geistige Wesen, die wir sind, in der dichten Materie dieses Planeten anfühlt und lebt. Wir sollen herausfinden, welche Gesetze hier herrschen, wie die Materie aufgebaut ist, wie wir sie verwenden können, damit wir uns das Leben hier freudvoller gestalten können.

Und das geht zunächst nicht ohne Leid ab.

LEID IST EIN WICHTIGES BEGLEITSYMPTOM. ES IST NICHT NUR EINE UNERWÜNSCHTE NEBENWIRKUNG. WIR SOLLEN ERFAHREN, WIE ES SICH UNTER DEN ZUGEGEBENERMASSEN SCHWIERIGEN VERHÄLTNISSEN DIESES PLANETEN LEBT? JA, ABER MIT DER ERSCHWERNIS, DASS WIR MENSCHEN VERGESSEN HABEN, WER WIR SIND UND WOHER WIR KOMMEN.

Um das ganze ein bisschen zu illustrieren, gebe ich ihnen ein Gleichnis: Eine Gruppe Wissenschaftler wird auf eine Expedition in den unberührten Dschungel Zentralafrikas geschickt zu einer Zeit als es weder Karten, noch Funkverbindung gab. Sie sollen herausfinden, wie es dort ist und ob und gegebenenfalls wie man dort leben kann. Während der Fahrt dorthin geschieht aber ein traumatisches Ereignis und die Expeditionsteilnehmer kennen nach Ankunft vor Ort ihren Auftrag nicht mehr. Sie wissen auch nicht, wer sie geschickt hat und sie haben ihren Ursprung und ihre Identität vergessen. Auch ihre Expeditionsausrüstung haben sie eingebüßt und ihre Verstandeskräfte sind mitsamt Gedächtnis dahin.

Sie integrieren sich in der Folgezeit mehr schlecht als recht in den Urwald und kämpfen zunächst um nicht viel mehr als um`s nackte Überleben. Im Laufe von Jahrzehnten wachen Sie aufgrund der Erfahrungen mit der Natur und mit den Genossinnen und Genossen allmählich auf. Sie wissen, wie sie sich verhalten müssen, es dämmert, dass sie nicht von dort stammen, sie werden sich selbst bewusst und ersinnen Strategien, wie sie - getrieben von der Sehnsucht nach ihrem Ursprung - wieder aus diesem Urwald herauskommen. Sie können das aber erst, wenn sie sich und den Urwald gründlich erforscht haben. Auf diese Weise erwerben sie sich die nötigen Erkenntnisse.

Und da ist niemand der ihnen hilft? Gelegentlich tauchen Besucher aus der Außenwelt auf, welche die Expeditionsteilnehmer ermuntern, weiterzugehen, weiter zu lernen und zu forschen. Da die Wissenschaftler sich aber nicht selbst an ihre

Herkunft und ihr wirkliches Ziel erinnern, haben es die Ermunterer von außen sehr schwer. Sie werden nicht selten getötet oder mit Schimpf und Schande weggejagt, weil man sagt, sie verbreiteten nur Lügen. Wenn dieses Expeditionscorps eines Tages den Urwald verlassen kann, dann ist auch der Urwald verändert. Die Forscher haben das bewirkt.

Wie ging die Entwicklung des Menschengeschlechts nach Lemurien weiter?

In Atlantis lernten die Menschen ihre Gefühle zu entwickeln. Sie brachten sie dabei im Verlaufe von Jahrmillionen zu erheblicher Perfektion und begannen auch, sich darin zu üben, diese Gefühle weise zu verwenden. Ihr Denkvermögen war jedoch erst in Ansätzen vorhanden und ein Selbstbewusstsein gab es noch nicht. Es herrschte ein eher unbewusstes Gruppenbewusstsein vor.

Einige Vertreter von ihnen waren schon ein wenig weiter, verwandten ihr Wissen jedoch für eigene Zwecke und nicht zum Wohl des Ganzen. Auf diese Weise kam es durch Missbrauch zur Katastrophe und Atlantis und damit ein Großteil seiner Bewohner verschwanden von der Bildfläche. Genauer gesagt: die Atlantier waren erst einmal nicht in einem physischen Körper und warteten auf erneute Inkarnation, um weiter lernen zu können, z. B. im alten Ägypten.

Wir sind hier in das Thema Reinkarnation (Wiederverkörperung) hineingeraten, das im 19. Kapitel behandelt wird. Ich habe es erwähnt, damit ihnen klar wird, dass man die Erfahrungen auf diesem Planeten Erde nicht durch eine einmalige Stippvisite (eine einzige Inkarnation) erledigen kann. Die Kirchenväter auf dem Konzil von Konstantinopel (553 n. Chr.) waren schlecht beraten, als sie die Reinkarnation kurzerhand per Mehrheitsbeschluss aus den Schriften strichen.

Die Atlantier besaßen eine Technik, die der unsrigen weit überlegen war. Wie war das möglich, da sie ein nur wenig entwickeltes Denkvermögen besaßen? Diese Techniken waren nicht von ihnen entwickelt worden. Sie nutzten sie nur - so wie Oma und Opa den Computer nutzen, um ins Internet zu gelangen, ohne zu verstehen, wie er arbeitet und ohne ihn jemals selbst bauen zu können. Diese höchst anspruchsvollen Techniken waren der Menschheit von Außerirdischen gegeben worden.

AUCH DAS DENKVERMÖGEN MIT DEM TRANSFORMATOR, DEN WIR SEELE NENNEN, HAT SICH NICHT VON ALLEINE ENTWICKELT. WESENHEITEN VON UNSEREM ELTERNSONNENSYSTEM SIRIUS, HABEN DIE SEELE JEDEM EINZELNEN EINGEPFLANZT.

Es verlief in etwa so wie ein Vater seinem Sohn einen Taschenrechner schenkt, damit der besser rechnen kann oder wie er mit ihm gezielte Übungen macht, damit er sein Gedächtnis verbessert.

Die junge Menschheit hat übrigens oft Hilfe von außen erhalten - das gilt auch heute noch. Außerdem steht sie heute vor allem unter dem Schutz von erleuchteten Meistern wie Christus oder Buddha und der gesamten Hierarchie. *Alle diese Wesen, die sich um den Planeten Erde und seine Menschen kümmern, tun dies freiwillig - aus Liebe.* Und es fällt ihnen nicht leicht. Es ist auch für sie schmerzhaft, aus den Gefilden der göttlichen Glückseligkeit in die Niederungen dieses Planten hinabzusteigen.

Man nennt diese Wesen deshalb auch die "*Herren*" *des Opfers.* Sie treten als Retter auf. *Ja, aber nicht um der Menschheit die Arbeit an den Erfahrungen abzunehmen, sondern nur um sie dabei zu unterstützen.* Zuzeiten hatten sich die Menschen so sehr in ihre Affären verliebt, in ihr menschliches Drama und in ihre materiellen und emotionalen Wünsche und Begierden, dass die Entwicklung nur ganz langsam, ja überhaupt nicht mehr voran ging. Dann kamen die Helfer, die Avatare, damit der Plan auf Erden wiederhergestellt werden konnte.

Vollkommene spirituelle Meister wie Meher Baba, Jesus, Christus, Krishna oder Buddha kommen vor allem deshalb, um die Entwicklung der Menschheit zu *beschleunigen*? Nicht nur. Es stimmt zwar, dass die Wesenheiten, die den Menschen allerlei Errungenschaften brachten und sie an ihre Aufgabe hier auf diesem Planeten erinnerten, dadurch die Menschheitsentwicklung hin zu höherer Bewusstheit *beschleunigten*. Es liegt aber mehr dahinter. Zeit ist ja auch eine sehr relative Angelegenheit.

Durch ihr Opfer haben die hohen Helfer die Menschen eindringlich daran erinnert, dass die gesamte Menschheit mit ihrer Anwesenheit in diesem Planeten ein Opfer für den Planeten bringt, indem sie ein Teil von ihm wurde.

Und Opfer sind keine Opfer, wenn sie nicht zuzeiten weh tun. Den letzten, gegenwärtigen Akt des großen Menschheitsdramas haben wir noch nicht erwähnt: die nahe Vergangenheit und die Gegenwart. Die Menschheit ist seit Ende der letzten Eiszeit vor ca. 10 000 Jahren darauf aus, einen weiteren Bereich zu entwickeln und in ihr Leben zu integrieren: den Bereich des Denkvermögens (das Mentale). Dabei geht es zunächst um das konkrete Alltagsdenken und dann um das abstrakte Denken der Physiker und Philosophen.

Darüber wartet noch ein weiteres Feld noch höheren abstrakten Denkens auf Entdeckung. Das ist das Feld der Seele, des Transformators.

Es geht dabei um intuitives Denken, um das "Denken mit dem Herzen", um die "Intelligenz des Herzens"; hierbei steht das Wort Herz für Seele. Wenn man in tiefer Meditation ist, dann denkt man mit dem Herzen.

Im Projekt Erde gibt es so etwas wie Regeln, nach denen man sich richten kann, wenn man maximal effizienten Lernerfolg verbuchen möchte. Sie sind in einem uralten, nur Eingeweihten zugänglichen, Buch enthalten (dem sogenannten "Alten Kommentar" von dem Djwhal Khul bei Alice A. Bailey spricht) und nennen sich: "Die sechs Regeln für den Pfad". Wir können hier nicht alle besprechen, ich möchte jedoch eine herausgreifen. Sie lautet:

"AUF DIESEM WEGE WANDERT MAN NICHT ALLEIN. ES GIBT KEINE HAST UND KEINE EILE. UND DOCH IST KEINE ZEIT ZU VERLIEREN".

Hier werden zwei bedeutsame Dinge zusammengefasst: erstens, dass wir diesen Weg nicht allein, sondern als soziale Wesen zusammen mit unseren Brüdern und Schwestern gehen, was während des Wassermannzeitalters von ganz besonderer Bedeutung sein wird und zum anderen, dass es nicht um Aktivität um ihrer selbst willen geht, sondern um Effizienz.

Das alte Sprichwort trägt: "*Eile mit Weile*". Hier kommt also der eben erwähnte Zeitfaktor ins Spiel - auch wenn Zeit, so wie wir sie hier auf Erden sehen und erleben - eine Illusion darstellt. Aber: es ist eine sehr nützliche Illusion. Also lasst uns diese Illusion lieben, genießen und Glück und Freude daraus erleben - nicht nur immer Schmerz, Kummer und Leid.

6. Das Wesen Mensch

Haben sie sich schon einmal Gedanken darüber gemacht, ob der Mensch mehrere Körper hat? Viele Menschen behaupten, dass sie diese - zumindest zum Teil - sogar sehen oder spüren können.

> *Machen wir ein Experiment: Setzen sie sich ruhig und entspannt aufrecht auf einen Stuhl und schließen die Augen. Reiben sie die Handflächen aneinander bis sie warm sind. Dann bewegen sie die Handinnenseiten sehr langsam von einander weg und auf einander zu. Konzentrieren sie sich auf Ihre Hände. Was spüren sie?*

Viele Menschen stellen fest, dass sich zwischen den beiden Handinnenflächen eine Art weiches Kissen ausbildet, das sich gegen geringen Widerstand zusammendrücken und wieder auseinanderziehen lässt. Es ist ein bisschen das Gefühl, das man hat, wenn man mit zwei Magneten spielt und abwechselnd die Anziehungskraft und die Abstoßungskraft spürt - nur viel schwächer. Sie werden feststellen, dass das Gefühl am stärksten ist, wenn die Hände eng beieinander sind - ohne sich zu berühren - und dass es schwächer wird, je weiter sie sich von einander entfernen.

Erinnern sie sich bitte an den Versuch im Physikunterricht, bei dem der Lehrer auf einem Karton Eisenfeilspäne gleichmäßig verteilte und dann durch einen Magneten unterhalb des Kartons zu einem Muster strukturierte. Es wurde ein zweidimensionales Energiefeld sichtbar. Was wir mit zwei Magneten in den Händen oder zwischen unsern beiden Handflächen erleben ist ein dreidimensionales Energiefeld.

Dieser Versuch ist ein deutlicher Hinweis, dass auch den physischen Körper des Menschen, den wir alle sehen und begreifen können, ein Energiefeld umgibt. *Es wird Aura genannt.*

Es gibt zunehmend Menschen, welche diese Aura sehen können, genauso wie es Menschen gibt, die mit diesem Energiefeld arbeiten: sie "*massieren*", ohne den physischen Körper zu berühren und erzielen dabei erstaunliche Ergebnisse.

Jedem von uns ist noch ein weiteres Phänomen bekannt: sie sehen einen Menschen, erkennen, dass er sauber gewaschen und gepflegt gekleidet ist, er hat vielleicht sogar untadelige Manieren und eine angenehme Sprache - und doch, irgend etwas stimmt nicht. Sie fühlen sich unbehaglich in seiner Nähe, sie fühlen sich abgestoßen oder sie haben das Gefühl, sie können in der Gegenwart dieses Menschen nicht mehr richtig atmen. Es kann auch sein, dass Sie spüren, wie sie auf einmal traurig werden oder aggressiv, wenn ein anderer Mensch in Ihre Nähe kommt. Sie kennen auch das Phänomen, dass sie spüren, dass jemand anders im Raum ist, auch wenn sie von der Gegenwart dieses Menschen nichts wissen.

DER MENSCH IST NICHT DURCH DIE FORM SEINES PHYSISCHEN KÖRPERS BEGRENZT, SONDERN VON ENERGIEFELDERN UMGEBEN UND DURCHZOGEN. ER KANN DIESE AURA ANDERER MENSCHEN - ABER AUCH VON TIEREN, PFLANZEN UND SOGAR VON "LEBLOSER" MATERIE - ETWA VON KRISTALLEN - ERSPÜREN.

Auch sie können die Aura wahrnehmen! Vielen von ihnen wird inzwischen klar geworden sein, dass auch sie zu denen gehören, welche die Aura anderer Menschen - wenn schon nicht sehen - so doch zumindest fühlen können.

Der nächste Schritt besteht darin, dass Sie sich bewusst machen, dass nicht nur Sinneswahrnehmungen wie sehen, hören, tasten, riechen und schmecken sich mit der Realität befassen. Sie können auch Phänomene wahrnehmen, die Naturwissenschaftler noch nicht messen oder erklären können. Trotzdem existieren diese wirklich! Die Wissenschaft wird neue Untersuchungsmethoden finden und ihr Weltbild erweitern und dann auch Teile der paranormalen Welt erkennen.

Die "Zeitlose Weisheit" gibt folgende Gliederung der Konstitution des menschlichen Körpers an:

- Der physische Körper, so wie er allen von uns bekannt ist und wie er von der Schulmedizin behandelt und von den Naturwissenschaften verstanden wird.
- Der Vitalkörper (auch ätherischer Körper oder Ätherkörper genannt), der Sitz der Lebenskraft. Er durchdringt den physischen Körper und umgibt ihn in dünner Schicht (das "ätherische Doppel").
- Der Emotionalkörper (auch Astral- oder Gefühlskörper genannt).
- Der niedere Mentalkörper, der das Denken beinhaltet.
- Der Persönlichkeitskörper, eine Synthese der Energien aus den vorangegangenen Körpern.
- Der höhere Mentalkörper, der die Seele (das höhere Selbst, die Essenz) beinhaltet, die erhalten bleibt, wenn der Mensch durch aufeinanderfolgende Inkarnationen seine unteren Körper wechselt. Seele und höhere Bereiche werden oft auch als der transpersonale Bereich bezeichnet.
- Bereiche, die weit über das bekannt Menschliche hinaus gehen und zu dem gehören, was wir als göttlich bezeichnen. Zu ihnen gehören die göttliche Triade und die Monade (ihr spiritueller Wesenskern). Mit diesen Bereichen wollen wir uns hier jedoch nicht näher befassen.

Die genannten Körper (Energiefelder) sind "rund" um den Menschen angeordnet und vernetzen sich, beeinflussen sich gegenseitig. *Der jeweils höhere Körper durchdringt alle unter ihm stehenden Körper vollständig.* Von 1 bis 7 ist eine ständige Zunahme der Schwingungszahl zu verzeichnen.

Die Energiefelder sind mit dem physischen Körper über Energiebahnen und sogenannte Kraftzentren, den Chakren verbunden, die ich weiter unten kurz charakterisieren werde.

Der für den Gesamtzusammenhang und alles, was in den weiteren Kapiteln folgt, entscheidende Punkt ist nun folgender:

DIE AURA IST DAS PRIMÄRE UND DER PHYSISCHE KÖRPER DAS SEKUNDÄRE. ZUERST ENTSTAND DIE AURA UND DANN DURCH WEITERE VERDICHTUNG DER ENERGIE (DURCH ERNIEDRIGUNG DER SCHWINGUNGSFREQUENZ) DER PHYSISCHE KÖRPER.

Das ergibt sich schon daraus, dass die höheren ("feinstofflichen") Energien jenseits der Lichtgeschwindigkeitsschranke die tieferen Energien unterhalb der Lichtgeschwindigkeitsschranke und selbstverständlich auch die Materie vollständig durchdringen.

NICHT DER KÖRPER ERZEUGT EIN STRAHLUNGSFELD UM SICH HERUM (DIE AURA), SONDERN DER KÖRPER IST EIN STARK VERDICHTETES (GROBSTOFFLICHES) PRODUKT DER AURA.

Die Strahlung, die der physische Körper abgibt, ist mit Ausnahme der Wärmestrahlung Energie der ihn durchdringenden Aura.

Das bedeutet: *der physische Körper diktiert nicht, ihm wird diktiert. Er ist das Instrument, ein Automat, ein Biocomputer, der auf die Impulse der höheren Körper reagiert.*

Der Zustand des physischen Körpers ist stets durch nicht materielle Ursachen begründet, er ist niemals selbst eine Ursache. Er ist das Instrument der Seele, mit dessen Hilfe sie hier auf dieser Erde in dieser Materie Erfahrungen machen möchte. Im Kapitel 16 gehe ich ausführlich darauf ein.

Der *Vitalkörper* (Ätherkörper, Gesundheitsaura) überträgt Lebensenergie (im Osten als Prana oder Chi bekannt) aus dem universellen kosmischen ins individuelle Feld des einzelnen Menschen. Anders ausgedrückt: der Vitalkörper verbindet den physischen Körper mit dem allgemeinen Meer der Lebensenergie, welche durch Verdichtung höherer Energie Materie schafft, belebt und erhält. Alle Lebewesen wie Pflanzen, Tiere und Menschen weisen einen Ätherkörper auf. Dieser Ätherkörper ist nicht nur Bauplan sondern zugleich ein Reservoir an Information, das die hochkomplexe Organisation z. B. des menschlichen Körpers aufrecht erhält. Dieses Reservoir an Lebensenergie muss ständig ergänzt werden (über den Informationsgehalt der Nahrung und über die direkte Strahlung aus dem Kosmos, ganz besonders von der Sonne).

Der *Astralkörper* ist der Sitz der Emotionen, Gefühle und der von Gefühlen bestimmten Gedanken (das Wunschdenken). Es ist eine sehr farbige, symbolträchtige Welt voller Phantasien und Bilder von der angenehmsten Art bis hin zum Alptraum, die viele Meter über einen Menschen hinaus wirkt. Die meisten Menschen sind mehr oder weniger stark von Gefühlen beherrscht und ihre Handlungen werden in so großem Maße davon bestimmt, dass man sagen kann, dass der Mensch noch immer überwiegend astral polarisiert (bestimmt) ist.

Der Astralleib ist der zur Zeit am weitesten entwickelte Energiekörper und empfängt deshalb den Hauptteil an Lebensenergie, die als ein Strom von der Seele herabkommt. Er ist der Körper, in dem die meisten Menschen heute ihre Bewusstheit konzentriert halten. Die Astralebene hat für fast alle Menschen eine fundamental bestimmende Wirkung.

Im Astralkörper sind alle Erlebnisse, alle Empfindungen, Gefühle, Enttäuschungen, Freuden etc. unseres Lebens aufgezeichnet. Hier liegen unsere Verhaltensmuster, verwirklichte Potentiale, unerfüllte Möglichkeiten. Sie alle kennen die Berichte von Sterbenden, bei denen in Sekundenschnelle das gesamte Leben vor dem geistigen Auge vorüberzieht. Die Quelle dafür ist der Astralkörper.

Der *niedere Mentalkörper* ist der Sitz der Gedanken (des "Geistes" in seiner niederen Definition); seine Ausprägung bestimmt, wie sie denken: eher analytisch, zergliedernd, linear-logisch oder vielleicht mehr synthetisch, vereinigend, in großen Zusammenhängen, vernetzend oder kausal in Ursache und Wirkung oder abstrakt oder in Begriffen. Er ist verantwortlich für ihre Denkmuster, ihre begriffliche Qualität, ihren Zahlensinn, ihr Kombinationsvermögen, für Subtilität und Originalität aber auch für falsche Schlussfolgerungen und Selbsttäuschungen, wenn sie sich etwas vormachen, etwas wegdiskutieren oder kopfig verschleiern.

Die *Persönlichkeit* (von griechisch "persona" = Maske) stellt das individuell unterschiedliche Zusammenspiel der drei Energien physisch-vital, astral und niedrig-mental dar. Sie stellt ein eigenes Kraftzentrum dar, welches das Aussehen des physischen Körper wesentlich prägt. Es muss in der Entwicklung des Individuums über viele Inkarnationen hin erst gebildet werden. Der bewusstseinsmäßige Fortschritt des Menschen liegt darin, in wieweit die Persönlichkeit die drei anderen Körper integriert, ohne dass der eine oder andere die Überhand gewinnt. Über diese Integration lesen sie in Kapitel 12.

Ein Überwiegen des Vitalkörpers würde zu einem betont triebhaften Verhalten führen, bei einem Überwiegen des Astralkörpers könnte der Mensch in einem Meer von Gefühlen untergehen und ein Überwiegen des Mentalbereiches würde einen Menschen zu weit weg vom praktischen Alltagsleben und zu einer Unterdrückung seiner vitalen und emotionalen Bedürfnisse führen.

ERSTES ZIEL IST ES DESHALB, DASS DER MENSCH SEINE VERSCHIEDENEN ENERGIEN IN DEN GRIFF BEKOMMT, SICH MIT KEINER VON IHNEN IDENTIFIZIERT UND ZU EINER HARMONISCHEN, INTEGRIERTEN PERSÖNLICHKEIT WIRD. SOLCHE MENSCHEN HANDELN, FÜHLEN UND DENKEN GLEICHZEITIG, HARMONISCH INTEGRIERT. MAN SAGT, SIE HABEN EINEN STARKEN CHARAKTER.

Im Laufe der Weiterentwicklung des Bewusstseins kommt diese integrierte Persönlichkeit dann - wenn sie sich ausgelebt hat, wenn sie stark geworden ist - in zunehmendem Maße unter den direkten Einfluss des nächsten "Körpers", der Seele. Dazu muss allerdings vermerkt werden, dass die Seele auch schon vorher immer einen gewissen Einfluss hat. Der Mensch wird dann zu einer *seelendurchdrungenen Persönlichkeit*.

In der Literatur wird die Persönlichkeit auch als Ego (Ich) bezeichnet, im theosophischen Gedankengut und bei Alice A. Bailey wird der Begriff Ego für die Seele benutzt.

Im Laufe der Weiterentwicklung des Menschen verliert das Kraftzentrum Persönlichkeit immer mehr an Bedeutung bis diese ganz an das Kraftzentrum Seele übergegangen ist. Die Persönlichkeit hat dann die Zügel abgegeben und ist ihrerseits Befehlsempfänger geworden. Sie dient dann als perfektes Instrument der Seele. Über diesen Prozess lesen sie in Kapitel 17.

Im normalen Alltagsgespräch sind es die meisten Leute gewohnt, davon zu sprechen, dass sie ein Mensch sind, womit sie ihren physischen Körper meinen, und dass sie eine Seele haben. Die Wirklichkeit sieht anders aus:

SIE SIND EINE SEELE UND HABEN MEHRERE KÖRPER.

Die meisten Probleme rühren daher, dass wir dies nicht richtig sehen und uns *statt mit der Seele mit unserem physischen Körper identifizieren,* mit etwas Vergänglichem statt mit etwas Unsterblichem. Sie Seele ist der Transformator, der höhere göttliche Energien heruntertransformiert und sie so der Persönlichkeit erst zugänglich macht.

BEWUSSTSEINSWACHSTUM HEISST, DASS WIR UNS DIESES TRANSFORMATORS BEWUSST WERDEN - DER WIR SIND - UND IHN IMMER KLARER UND VOLLSTÄNDIGER ERLEBEN.

Die Energien der Aura (der feinstofflichen menschlichen Körper) wirken im Menschen über *Kraftzentren.* Der ätherische Körper setzt sich vollständig aus Kraftlinien zusammen und aus Punkten, an denen sich diese Kraftlinien kreuzen. Dort wo sich viele der Kraftlinien kreuzen entstehen 29 kleinere und sieben größere Kraftzentren, die man auch Chakren (Sanskrit "Rad") nennt. Letztere wurzeln entlang der Wirbelsäule und im Kopf und öffnen sich kelchförmig nach vorne und hinten bis zur Oberfläche des Ätherkörpers (bzw. nach oben vom Kopfzentrum aus). Diese Zentren werden außer vom Vitalkörper auch von den übrigen Körpern benutzt, um deren Energien im physischen Körper wirksam werden zu lassen. Akupunktur und Akupressur benutzen die Energiebahnen und Kraftzentren des Ätherkörpers für Heil- und Harmonisierungszwecke.

Man unterscheidet nach Alice Bailey die folgenden Kraftzentren, wobei sie bitte beachten, dass in verschiedenen esoterischen Traditionen Unterschiede in der Nummerierung, Benennung und damit auch in der Zuordnung der Eigenschaften vorkommen:

1. Das Wurzelchakra
Es liegt an der Basis der Wirbelsäule und unterstützt alle anderen Zentren (Chakren). Ihm werden das Element Erde, die Farbe orangerot, die äußeren Organe der Fortpflanzung und Ausscheidung, die Nebennieren und das Männliche zugeordnet.

2. Das Sakralchakra
Es beginnt im unteren Teil der Lendengegend. Ihm werden das Element Wasser, die Farbe rot, die inneren Organe der Fortpflanzung und Ausscheidung, die Keimdrüsen, der Tod und das Weibliche zugeordnet. Es ist sehr mächtig, da es das Geschlechtsleben beherrscht.

3. Das Solarplexus-Chakra
Es beginnt hinter dem Nabel bzw. ein ziemliches Stück unterhalb der Schulterblätter an der Wirbelsäule. Ihm werden das

Element Feuer und die Farben hellrot und grün, die Ernährungsorgane, vor allem die Bauchspeicheldrüse (Pankreas) und in zweiter Linie Magen und Leber, die Gefühle und das Männliche zugeordnet.

Wegen der oben erwähnten starken astralen Polarisierung der meisten Menschen ist bei diesen das Solarplexus-Chakras wichtigste und aktivste. *Hier liegen Aggression, Wut, Hass, Ärger* u. a. Der Solarplexus (das Sonnengeflecht) ist quasi das Ausfalltor des Astralkörpers in die äußere Welt und das Instrument, durch das die emotionale Energie strömt. Es ist das Organ des Verlangens und der Begierde. Das Solarplexus-Zentrum ist der große Unruhestifter im Körper, und es ist eine Grundursache für die meisten Magenleiden und Beschwerden, die mit der Leber zusammenhängen. Die ganze Region unmittelbar unter dem Zwerchfell ist bei den meisten Menschen ständig in Aufruhr, was auf individuellen und kollektiven Ursachen beruht.

4. Das Herzchakra
Es wurzelt in der Mitte zwischen den Schulterblättern. Ihm werden das Element Luft, die Farbe goldgelb, das Gefäßsystem, die Thymusdrüse, Vertrauen, Liebe, Mitgefühl und das Weibliche zugeordnet.

5. Das Kehlchakra
Es liegt an der hinteren Seite des Halses auf Höhe des Kehlkopfes. Ihm werden das Element Äther, die Farbe silbrigblau, das Atmungssystem, die Schilddrüse, Kreativität und das Männliche zugeordnet. Bei den meisten Menschen ist es außerordentlich kraftvoll und gut entwickelt. Es ist das Organ für die Verteilung schöpferischer Energie durch geistig überdurchschnittlich entwickelte Menschen.

6. Das Stirnchakra
Es sitzt in der Stirnmitte zwischen den Augen. Ihm werden die Farben rosa-gelb und blau-purpur, das verlängerte Rückenmark, die Hypophyse (Hirnanhangdrüse), das unwillkürliche

Nervensystem, schöpferische Imagination und Wahrnehmung und das Weibliche zugeordnet.

7. Das Scheitelchakra
Sein Sitz ist am Scheitel des Kopfes. Ihm sind die Farbe violett, das Gehirn, die Zirbeldrüse und das willkürliche Nervensystem zugeordnet. Dieses Chakra wird gewöhnlich als letztes erweckt. Wir kennen es von den Abbildungen der Heiligen, die einen sogenannten Heiligenschein zeigen und von den Buddhastatuen, die auf dem Kopf einen Hügel, wie einen Haarknoten tragen.

Die soeben geschilderten Bereiche des Menschen - seine feinstofflichen Körper und sein physischer Körper und seine feinstofflichen Energiezentren sind den verschiedenen Menschen nicht gleichermaßen zugänglich bzw. bewusst. Man unterscheidet mit Roberto Assagioli, einem italienischen Psychologen und Schülers Djwhal Khuls, folgende Bereiche, wie sie auf der Graphik auf der nächsten Seite dargestellt sind.

Zu 1) Dieser Bereich ist dem Menschen nur in besonderen Situationen zugänglich, etwa im Augenblicken kurz vor dem Tode, wenn wie in einem Film das ganze Leben noch einmal vor seinen Augen abrollt, mit Details und einer Sinnhaftigkeit, die ihm nicht bewusst war.

Zu 2) Das mittlere Unbewusste tritt in Träumen zutage und lässt sich durch Psychotherapie bewusst machen. Es ist normalerweise jedoch verborgen und hat seinen eigenen, sehr beherrschenden Willen.

Wenn sie mit ihrem Tagesbewusstsein etwas planen und wollen, so funktioniert das nicht, wenn im Unbewussten Verhinderungsprogramme laufen. Sie können z. B. niemals reich werden, wenn sie unbewusst den Glaubenssatz haben, dass Reichtum gefährlich ist, dass er nicht glücklich macht und dass er ihrem spirituellen Wachstum im Wege steht etc.

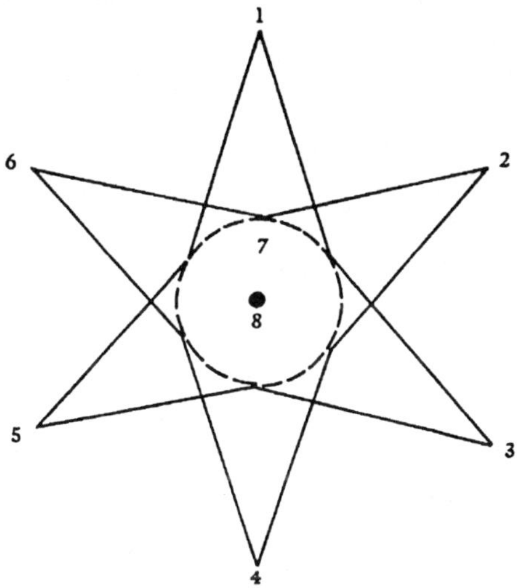

ASSAGOLI: der Stern der Psychologischen Funktionen

1. Sinneseindrücke
2. Gefühle, Emotionen
3. Impulsivität, Begierden
4. Vorstellungskraft, Phantasie
5. Denken
6. Intuition
7. Wille
8. Persönlichkeit, niederes Selbst

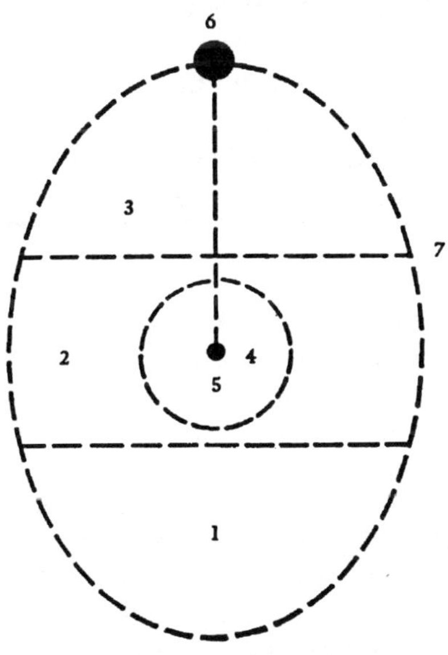

Die „Psyche“

1. „niederes“ Unbewußtes
2. mittleres Unbewußtes
3. Überbewußtes, Superbewußtsein
4. Tagesbewußtsein
5. Persönlichkeit (niederes Selbst)
6. Seele (höheres Selbst)
7. kollektives Unbewußtes

Zu 3) Das Überbewusste ist ihnen ebenfalls unbewusst, lässt sich aber über die Intuition anzapfen. Meditation bereitet den Weg. Bewusstseinswachstum macht das unterbewusste bewusst und öffnet gleichzeitig die Tore zum Superbewusstsein.

Zu 4) Das Tagesbewusstsein ist ihnen gut bekannt. Das ist das, was sie von sich sehen können, wenn sie es "bewusst" betrachten. Mit diesem Bewusstsein können sie etwas "bewusst" tun ohne zu merken, dass der Impuls aus dem Unbewussten kam.

Zu 5) Hier liegt der Bereich, den wir als Persönlichkeit oder Charakter oder niederes Selbst oder Ego bezeichnen, eine Synthese aus physischem Körper und den Punkten 1 bis 7 aus dem "Stern der psychologischen Funktionen" von Assagioli.

DIE PERSÖNLICHKEIT IST IN IHRER GESAMTAUSBILDUNG IMMER FREMDBESTIMMT: SIE BILDET SICH UNTER DEM EINFLUSS DER ERZIEHUNG IN EINER BESTIMMTEN GESELLSCHAFT, WOBEI DIE EIGENE GRUNDANLAGE UM SO WENIGER DURCHSCHEINT, JE WENIGER SIE BEWUSSTSEINSMÄSSIG ENTWICKELT SIND. DEN FREIEN WILLEN LEBEN LEIDER DIE WENIGSTEN , OBWOHL SIE DURCH SEINEN EINSATZ BESONDERS VIEL LERNEN KÖNNEN.

Zu 6) Das ist die Seele, das höhere Selbst, unser Transformator für die göttlichen Energien aus der Monade (unserem Anteil am Göttlichen), damit wir diese Informationen in einem dichten Materiekörper überhaupt wahrnehmen können - wenn wir entsprechend entwickelt sind und uns öffnen.

Zu 7) Dies ist der Bereich, den Freud und Jung schon das kollektive Unbewusste nannten. Hier liegen archetypische Muster und Bilder, die wir mit dem Kollektiv der Menschheit auf diesem Planeten gemeinsam haben, die unser Verhalten bestimmen, derer wir jedoch kaum jemals bewusst werden. Über Bilder und Symbole kann man diesen Bereich gleichwohl ansprechen und in der Therapie sogar beeinflussen.

Um es noch einmal klar zu stellen (weil in diesem Punkt bei verschiedenen Autoren Unklarheiten bestehen): Instinkte, Gefühle, Gedanken, Willensabsichten, Impulse, Phantasien und Begierden - sie alle können bewusst und/oder unbewusst sein. Sie können auch zum Teil bewusst und zum Teil unbewusst sein. Dies alles erschwert unser Leben, ist jedoch Bestandteil des Erfahrungsweges bis eines Tages alles bewusst ist und wir voll an das Göttliche in uns angeschlossen sind.

7. Instinkt, Gewohnheit, Gewissen

Der Instinkt, den wir mit Pflanzen und Tieren gemeinsam haben, steuert das angeborene, zwanghaft-triebhafte Verhalten. *Er funktioniert unter Ausschaltung von Fühlen und Denken.* Seine Eigenschaften sind im Vitalkörper gespeichert und sind dementsprechend weitgehend unbewusst. Der Instinkt hat seinen Ursprung in starken Ängsten.

Die Psychologen unterscheiden fünf Grundinstinkte:

- den Selbsterhaltungsinstinkt - basieren auf der Furcht vor dem Tode
- den Geschlechtsinstinkt - basierend auf der Furcht vor dem Getrenntsein
- den Herdeninstinkt - basierend auf der Furcht vor dem Alleinsein
- den Selbstbehauptungsinstinkt - basierend auf der Furcht vor Nicht-Anerkennung
- den Forscherinstinkt - basierend auf der Furcht vor dem Unbekannten.
- Darüber hinaus gibt es noch andere Instinkte wie z. B. den Nahrungsinstinkt, den Mutterinstinkt etc.

INSTINKTE KÖNNEN NUR DURCH ERHÖHTE BEWUSSTHEIT ÜBERWUNDEN WERDEN.

Dazu ein Beispiel: Es kommen zu mir zuzeiten esssüchtige Menschen, etwa mit Magersucht oder mit Essbrechsucht. Sie wollen dann von mir Speisepläne, wollen genau wissen, was sie tun sollen etc. Ich spreche dann mit ihnen neben den ganz praktischen Dingen über die Entwicklung ihres Lebenspotentials und erinnere sie an ihren göttlichen Ursprung. Diesen erahnen viele von ihnen und sie sind dann dazu zu bewegen, regelmäßig zu meditieren. Auf diese Weise erhöhen sie ihre Bewusstheit und so kommen sie - wenn auch sehr, sehr langsam - aus der Krise heraus. Ein ganzheitlicher Ansatz! Anders geht es nicht.

NEBEN DEM INSTINKT MACHEN UNS GEWOHNHEITEN ZU SCHAFFEN. DIESE ENTSTEHEN UNTER DEM EINFLUSS VON INSTINKT, ERZIEHUNG UND DEN INDIVIDUELL VERSCHIEDENEN GRUNDANLAGEN.

Sie weisen bestimmte Muster auf und werden regelmäßig wiederholt. Gewohnheiten kommen unbewusst, automatisch zum Einsatz und machen uns zu *reagierenden Zombies, zu dressierten Affen, obwohl wir die Anlagen zu frei agierenden Göttern haben.* Viele Menschen sind stolz auf ihre Gewohnheiten. Sie sagen, das wären die vorteilhaften Reaktionen, die sich aus Erfahrungen ergeben. Pustekuchen!

Wenn die Erfahrungen bewusst gemacht worden wären und die Menschen bei jeder Wiederholung einer Gewohnheit sich dessen voll bewusst wären, dann würde ich ihnen Recht geben. Das ist aber beides nicht der Fall.

GEWOHNHEITEN FÜHREN FAST IMMER ZU UNANGEMESSENEM VERHALTEN, DAS DEN JEWEILIGEN SITUATIONEN *NICHT* GERECHT WIRD.

Auf diese Weise verpassen wir unendlich viele Lernmöglichkeiten und zögern unser Wachstum unnötig, fahrlässig lange hinaus. Das gleiche gilt übrigens auch für das geschätzte und häufig vehement verteidigte Handeln "aus Prinzip".

PRINZIPIEN VON UNBEWUSSTEN MENSCHEN FÜR UNBEWUSSTE MENSCHEN KÖNNEN IMMER NUR DER BEHERRSCHUNG DER MENSCHEN DIENEN. WERDEN SIE FREI! ZUM TEUFEL MIT DEN VERLOGENEN PRINZIPIEN.

Viele Menschen fragen mich: Wie wird man schädliche Gewohnheiten los? Das ist eine falsche Frage. Sie suggeriert, dass es auch gute Gewohnheiten gibt. Gewohnheiten sind immer schlecht, weil sie *unbewusst* sind. "Gute" Gewohnheiten sind nur scheinbar gut ...

Gewohnheiten setzen sich fort, bis sie durch neue Erfahrungen, Bewusstwerden oder Willenskraft verändert werden. Das geht so extrem langsam vonstatten, weil Gewohnheiten scheinbar Sicherheit bieten, weil man sie kennt und weil man glaubt, dass sie sich täglich bewähren.

BEKANNTES WIRD ABER AUCH DANN GEWÄHLT, WENN ES AUF EINER EBENE - ETWA DER KÖRPERLICHEN - SICHTLICH SCHADET. DAS IST AUS DER PERSPEKTIVE DER SEELE REINE DUMMHEIT.

Es ist nur so, dass es der Persönlichkeit zumindest als sicher gilt, weil es einschätzbar ist und weil es auf einer anderen Ebene - etwa der emotionalen - nutzt. Wenn es einem Menschen schlecht geht, bekommt er eher Zuneigung.

Gewohnheiten sind aber nicht wirklich sicher und auf Dauer nützlich. Die Menschen haben nur häufig gar nichts anderes ausprobiert; dabei hätten sie feststellen können, dass es auch anders und häufig besser geht. Am meisten hängen die Menschen an ihren sogenannten *schlechten* Gewohnheiten oder an Gewohnheiten mit denen sie sich schaden. Wir brauchen nur ans Rauchen oder Trinken denken.

Im Grunde sind Gewohnheiten Süchte. Eine Sucht ist ein Ersatz für die Suche nach etwas. Wonach? Für die Suche nach dem rechten Weg, der über die unzufriedenstellende Materie hinausgeht; für die Suche nach der Quelle, für die Suche nach Gott.

Kann man Süchte und Gewohnheiten durch Willenskraft aushebeln, wie immer wieder gefordert wird?

MIT WILLENSKRAFT GEGEN GEWOHNHEITEN VORGEHEN - DIE IM GRUNDE INNERE ZWÄNGE DARSTELLEN - IST EIN KAMPF GEGEN WINDMÜHLEN, WILL SAGEN GEGEN DAS UNBEWUSSTE UND DEMENTSPRECHEND AUSSICHTSLOS.

Neue Erfahrungen, welche die alten Verhaltensmuster aushebeln, sind leider selten und so hilft es wieder einmal vor allem, bewusster zu werden. Bewusstseinswachstum ist die Lösung für alle unsere gegenwärtigen Lebensprobleme. Meditation ist gefragt. Und liebevoll zu sich selbst und anderen zu sein, weil wir zunehmend verstehen, dass wir nicht getrennt sind.

Unbewusstheit erzeugt unangemessenes Reagieren, ja sogar Überreagieren aufgrund "schlechter" Erfahrungen. Bewusstes Verhalten jedoch ist *angemessenes Agieren* - wir tun dann das, was der jeweiligen Situation wirklich angemessen ist und nicht das, was wir bisher schon immer taten. Jede Situation ist verschieden. Es ist unsere Aufgabe, *jeweils herauszufinden was ist und was nicht ist,* wie Meister Osho Rajneesh aus Indien das formuliert hat. Üben sie täglich, durch bewusstes Beobachten die jeweilige Situation unvoreingenommen exakt einzuschätzen, um angemessen agieren und ihre Handlungen gegebenenfalls *laufend* korrigieren zu können.

ES IST WENIG SINNVOLL, ALLGEMEIN GÜLTIGE VERHALTENSMASSREGELN AUFZUSTELLEN UND ZU VERLANGEN. ES GIBT IM LEBEN KEINE PATENTREZEPTE, KEIN PRINZIPIELL RICHTIG UND FALSCH. JEDE SITUATION VERLANGT *INDIVIDUELLES* HANDELN.

Machen Ethik und Moral keinen Sinn? Diese beiden sind relative, kulturbezogene, von sogenannten wohlmeinenden Menschen aufgestellte Regeln, die den Menschen *unecht* machen. Die Erfinder und Verkünder dieser Regeln halten sich selbst niemals daran, weil sie wissen, dass sie reine Erfindungen sind. Sie verhindern mit diesen Regeln, dass die Menschen sich selbst als das erkennen, was sie sind.

Gilt dies auch für den berühmten kategorischen Imperativ: *Handle stets so, wie du selbst behandelt werden möchtest,* wie er sich sinngemäß in vielen Religionen findet? Diese Forderung klingt gut (wenn man nicht weiter darüber nachdenkt) und lässt immerhin beträchtlich viel Spielraum. Wie aber, wenn sie es mit einem Masochisten zu tun bekommen?

Was gibt es sonst, wonach kann man sich richten? Es gibt etwas, das man Situationsethik genannt hat. Das drückt aus, dass man sich jeweils an die Situation angepasst verhalten muss, *dass es keine immer und überall gültigen Regeln gibt. Das ist das, was ich favoritisiere. Eine solche Verhaltensweise führt viel rascher zu höherer Bewusstheit.*

Wie kann ich herausfinden, was mir selbst in einer gewissen Situation frommt? Ich würde meine innere Stimme fragen, würde dabei aber darauf achten, statt dessen nicht meinem antrainierten Gewissen zum Opfer zu fallen. *Das Gewissen hat nämlich diese verlogenen, schädlichen Regeln von gut und böse verinnerlicht.* Meiner inneren Stimme, der Stimme der Seele, der Botschaft, die über meinen Transformator aus dem göttlichen Bereich zu mir kommt, ihr würde folgen.

Es genügt nicht, unangemessenes Handeln (reagieren) zu bereuen und im nachhinein oder beim nächsten mal zu korrigieren. *Im Nachhinein ist es zu spät.* Es muss uns gelingen, so meditativ zu werden, d. h. so aufmerksam im Beobachtungsstatus zu sein, dass wir in jeder Situation jeweils wissen, was dabei wirklich abgeht, welche Rolle wir gerade spielen und welches unsere Motive sind - ein schwieriges Unterfangen, das wir über unzählige Leben hin üben.

Und es nützt nichts, wenn man sich etwas ganz fest vornimmt? Wie sollte es? Das nächste mal sind sie wieder genauso unbewusst wie das letzte mal. Im entscheidenden Moment haben sie ihre Vorsätze vergessen *oder sie erscheinen ihnen nicht beachtenswert, zwingend.* Sie haben sich wieder einmal ausgetrickst!

8. Gefühl, Emotion, Verstand

Wir wollen uns im folgenden etwas näher mit dem Verstand beschäftigen, dem heutzutage wichtigsten Instrument des Menschen. In der Kuschelesoterik-Szene wird der Verstand gering geachtet. Es gilt das Motto: "*Folge deinen Gefühlen*". Diese Anleitung gilt jedoch nur für herzlose, kopfige Intellektuelle. Wer dieses Stadium schon überwunden hat und Herz und Verstand gleichermaßen einsetzt, sollte das niedere Denken ausweiten um zum höheren Denken zu gelangen, wie ich das in Kapitel 17 erläutere.

Man unterscheidet zwei Arten von Verstand: den niederen und den höheren. Den niederen Verstand nennt man auch Intellekt; er ist dualistisch, er ist analytisch und kann Gegensätze verarbeiten. Er unterscheidet den Beobachter und das Beobachtete, er denkt in Begriffen, er benennt und ordnet. Es ist der wissenschaftliche Verstand mit dem abstrakten Denken der Mathematik ebenso wie der Alltagsverstand mit dem konkreten Denken, wie wir es für die Bewältigung der täglichen Routine benötigen. Er ist darin durchaus geschickt; deshalb feiert die Wissenschaft ja auch einen "Triumph" nach dem anderen.

IM HINBLICK AUF LANGFRISTIGE SPIRITUELLE ZIELE IST DER NIEDERE VERSTAND JEDOCH IGNORANT UND VERURTEILEND, WEIL ER PERSÖNLICHKEITSZENTRIERT IST. ER NIMMT DIE WELT FÄLSCHLICHERWEISE SOZUSAGEN ALS EINEN KREIS WAHR, IN DESSEN MITTELPUNKT ER SELBST STEHT.

Er überschätzt sich deshalb ständig und erniedrigt die anderen Menschen, von denen er sich getrennt und angegriffen fühlt. Eine verhängnisvolle Illusion, wenn sie sich dessen nicht bewusst werden. Diese führt in letzter Konsequenz zu Unterdrückung, Krieg und Tod.

Gibt es noch etwas, was das niedere menschliche Denken einschränkt? Ja. Denken und Fühlen sind verzahnt. Das zeigt sich im Englischen über das Wort "mind", das nicht nur den Verstand sondern auch das Fühlen beinhaltet. Im Deutschen gibt es den etwas poetisch klingenden Ausdruck "Gemüt", der ebenfalls beide Bereiche vereinigt. Im Sanskrit spricht man von "Kama-Manas" (Gefühl-Verstand).

DAS MENSCHLICHE DENKEN IST FAST IMMER GEFÜHLSMÄSSIG EINGEFÄRBT (Z. B. IM WUNSCHDENKEN).

Ein wenig entwickelter Wilder aus dem Busch z. B. und ein großer Gelehrter haben beide ein Gemüt. Der Verstand des Wilden umschließt viele Wünsche und wenig Intellekt, das Gemüt des Gelehrten weniger und höhere Wünsche und viel Intellekt, Gedankenkraft.

Ich hab die Vermischung von Fühlen und Denken früher auf den Geografentagen beobachtet. Da gab es Kollegen, die glaubten, sie wären rein mental und hätten keine persönliche Regung in ihr wissenschaftliches Arbeiten hineingebracht. Wissenschaftler erachten das als schwerwiegende Störung, die sie daran hindert, objektiv zu sein. Wehe aber, wenn in der Diskussion ein Redner die Ergebnisse eines Kollegen angezweifelt hat. Auf einmal schlug das bis auf den Forscher durch, weil er sich mit seinen Ergebnissen emotional identifiziert hatte: "*Herr Hövermann hat nicht zur Sache, sondern zur Person diskutiert; das ist nicht zulässig!*"

Fühlen und Denken sind fast immer mehr oder weniger unbewusst und unklar mit einander vermengt. Das macht vieles schwerer als es ist. Wenn man Menschen fragt, wie sich eine Situation *anfühlt*, dann antworten sie häufig mit: "ich denke ... ich fühle", manche auch mit: "ich glaube, ich denke ... ich fühle". Die fühlen dann nicht. Sie denken. Sie glauben nur sie fühlen. Ihr Versprecher erlaubt diesen Rückschluss.

Wie hängen Gefühl, Emotion und Verstand zusammen? *Gefühle* sind das zunächst unbewertete Wahrnehmen von Stimmungen, im Gegensatz zur Sinneswahrnehmung von z. B. heiß - kalt, feucht - trocken etc. Von bewussten Menschen, die sich - wie man sagt - in ihrer Mitte befinden, können diese Gefühle unabhängig ihres Charakters *mit innerer Gelassenheit mitgeteilt werden.*

EMOTIONEN SIND INNERE GEFÜHLSWALLUNGEN ODER ÄUSSERLICHE GEFÜHLSAUSBRÜCHE, DIE SICH AUS DER BEWERTUNG VON GEFÜHLEN DURCH DEN VERSTAND ERGEBEN.

Es ist dabei gleichgültig, ob es sich um freudige Anerkennung oder verurteilende Ablehnung handelt. Emotionen entstehen also durch die Interaktion aus Fühlen und Denken - offenbar ein gefährliches Gemisch! Dieses Gebräu entsteht häufig unbewusst, kann aber gelegentlich auch bewusst aufschäumen.

Das Verurteilen von Instinkten, Handlungen, Geschehnissen, Verhältnissen, Gefühlen, Stimmungen, Gedanken und vor allem auch Menschen (den Verurteilenden selbst eingeschlossen!), stellt unseren derzeit stärksten Hemmschuh in unserer Entwicklung dar.

**WENN WIR *VERURTEILEN* ERHEBEN WIR UNS ÜBER GOTT.
DER MENSCH HAT GANZ EINFACH NOCH NICHT DAS ZEUG DAZU, WIRKLICH VERURTEILEN ZU KÖNNEN UND ZU DÜRFEN.**

Besonders krass sieht man das jetzt in den USA, wenn man beobachtet, was die Rechtsanwälte dort für eine Show abziehen. Wie soll da Recht gesprochen werden?

Es kann weiterhelfen, wenn man weiß, dass es grundsätzlich zwei verschiedene Arten von Emotionen gibt: feurige und wässrige. Die feurigen Emotionen betreffen impulsives und aggressives Verhalten "*aus dem Bauch heraus*". Sie sind eher plötzlich und zielgerichtet, schlagen ein wie ein Blitz, wirken kurzfristig sehr heftig und zuzeiten auch zerstörerisch, aber auch sehr ermutigend, anstachelnd und Neues initiierend. Ihre Energie lässt rasch nach, man sagt auch "*sie verpufft*" und die endgültige Wirkung hängt davon ab, ob die Angelegenheit mit Ausdauer verfolgt werden kann. Falls dies nicht der Fall ist, ist die Luft bald wieder rein - wie nach einem Gewitter, die Grenzen sind klar abgesteckt und die Sonne scheint wieder.

Wenn man nicht zu empfindsam ist, kann man mit dieser Art der Konfliktbewältigung auf Dauer besser fahren als mit unterschwelligen, unklaren und manipulativen Energien. Hier finden wir den cholerischen Chef, der seine Sekretärin wegen einer Nichtigkeit zur Schnecke macht und ihr eine halbe Stunde später Blumen überreicht.

ÄRGER UND HASS SIND DIE WICHTIGSTEN NEGATIVEN FEURIGEN EMOTIONEN. AM MEISTEN ÄRGERN WIR UNS (UND HASSEN DANN AUCH UNSER GEGENÜBER), WENN ES UNS SELBST BETRIFFT, WEIL WIR DIE SITUATION FALSCH EINGESCHÄTZT HATTEN, NICHT RICHTIG HANDELTEN.

Ich erinnere mich an Einkäufe im Teheraner Bazar, wo ich mich furchtbar geärgert habe, wenn mich ein Händler übers Ohr gehauen hatte. Dabei war ich nur nicht aufmerksam genug gewesen.

Der Mensch ärgert sich auch ganz besonders, wenn er etwas tut, *was er nicht wirklich wollte.* Diese Art von Ärger ist segensreich, weil sie zur Umkehr zwingt. Wer will sich schon andauernd ärgern? Man kann auch so tun, als ob man sich *nicht* ärgert. Man bekommt dann Kopfschmerzen.

Ärger ist die Reaktion auf (subjektiv empfundene) Ungerechtigkeit, auf Schmerzen, Verletzungen und unfaire Behandlung, auf die Angst, die bei Gefahr hochkommt und auf Angst aufgrund eines Ohnmachtsgefühls. Der Ärger würde nicht entstehen, wenn wir diese Ereignisse akzeptieren könnten, *ohne sie zu verurteilen.* Man hat uns jedoch von Kindesbeinen an etwas ganz anderes, schädliches eingetrichtert. Der Ärger entsteht also durch die falsche Erziehung. Die können sie ablegen - *dann schwindet der Zwang, sich zu ärgern.*

Ärger und Hass sind intensive Gefühle der Abneigung. Sie erzeugen Gefühle der Polarisation - die illusionäre Dualität und scheinbare Trennung wird dadurch extra betont! Dies wiederum führt zu Aggression, Gewalttätigkeit, Zerstörung und deren karmischen Folgen: Vereinsamung, Ohnmachtsgefühle, Mangel an Sicherheit. Fühlen sie in sich hinein und beobachten sie, was mit ihnen geschieht, wenn sie sich an vergangene Situationen erinnern. Fühlen sie den Schmerz. Fühlen sie die Ohnmacht. Verdrängen sie nichts. Wenn es nicht schmerzt, können sie nicht loslassen!

Das größte Problem liegt hier in der Tatsache, dass es so schwer ist, mit Ärger umzugehen, wenn er erst einmal da ist. *Ärger verstärkt sich nämlich egal ob er ausgedrückt oder unterdrückt wird* - die armen Leute wissen oft gar nicht, was sie tun sollen.

Ausgedrückter Ärger strahlt nach außen und kann so andere gefährden; er kann eine Reaktion hervorrufen, die den Ärger noch verstärkt, denn er kann auch den anderen ärgerlich machen. Die Angelegenheit kann schließlich eskalieren und Schaden anrichten.

Unterdrückter Ärger führt andererseits zu Ohnmacht und Minderwertigkeitsgefühlen und verstärkt das Gefühl, ungerecht behandelt zu werden. Er nagt im Inneren und lauert darauf, doch auszubrechen! Längere Zeit aufgestauter - akkumulierter - Ärger kann wie ein Vulkan explodieren.

Das haben viele von uns schon selbst erlebt und an anderen gesehen. Intensiver Ärger macht den Verstand starr und selbstgerecht und erzeugt ein extremes Gefühl der Trennung. Das führt unweigerlich zu dem Gefühl, der Verlierer zu sein.

Der Betreffende erleidet Höllenqualen; dies verstärkt den Wunsch nach Vergeltung, die jedoch ebenfalls nicht zum Ziel führt.

Wie kann erlittene (vermeintliche) Ungerechtigkeit umgewandelt werden? Indem die Situation *bewusst gefühlt* und dann aus *höherer Sicht betrachtet* wird. Auch Aggressivität ist im Grunde nichts als Energie, eine progressive Energie, die leicht in *Kreativität* münden kann, wenn man sie so sieht und *ein Projekt findet, was in den eigenen Lebensplan passt.*

Was heißt das "*aus höherer Sicht betrachten*"? Sie treten sozusagen einen Schritt hinter sich selbst zurück oder verlassen die übliche Froschperspektive und erheben sich in die Adlerposition (des Beobachters, der Seele); von dort aus können sie alles mit Abstand betrachten. Sie können von dort aus erwägen, was ihnen wirklich entgangen ist (wahrscheinlich nichts Wesentliches) und sie werden überraschend entdecken, wie sie die neue Situation vorteilhaft nutzen können. Es geht also um den kreativen Umgang mit der Situation.

INDEM MAN DIE PROBLEM-SITUATION ANNIMMT UND ALS PLATTFORM FÜR NEUE, POSITIVE, ZUKUNFTSORIENTIERTE AKTIONEN SIEHT, KANN MAN SIE AM BESTEN FÜR LERNAUFGABEN NUTZEN.

Und wie äußern sich die wässrigen Emotionen? Wässrige Emotionen äußern sich in Tränen, Missachtung, Manipulation durch Liebesentzug, Launenhaftigkeit etc. und generell in einem trägen Verhalten. Die Menschen zeigen sich entmutigt und Zweifeln am Leben. Es mangelt ihnen an Perspektiven, sie haben Angst vor der Zukunft. Selbstzweifel quälen sie und Selbstmissachtung; sie neigen dazu, sich in Abhängigkeit zu begeben oder entwickeln eine übertriebene Unterstützungs- und Anlehnungsbedürftigkeit. Sie lassen sich leicht verunsichern und ihr Denken ist so stark vom Fühlen eingefärbt, dass es unklar und konfus erscheint. Sie reagieren langsam, am liebsten gar nicht; Selbstmitleid ist typisch.

Feuer jedoch ist ein Aspekt von Licht; es geht um Zielgerichtetheit, die Klarheit für alle Beteiligten widerspiegelt. Klarheit führt zu Verstehen, Verstehen führt zu Weisheit, Weisheit ergibt Mitgefühl und Liebe, dies führt zu göttlicher Glückseligkeit. Was für Aussichten!

Das Feuer, mit dem die Persönlichkeit in dieser Welt ihre Erfahrungen macht, nennt man "*Feuer durch Reibung*". Es ist das Feuer der Form, der Körper, der Materie. Es steht für den dritten göttlichen Aspekt (den dritten Strahl) und symbolisiert aktive Intelligenz und Anpassungsfähigkeit an die Materie, das Mutterprinzip. Diese Energie ist eher offen und empfänglich.

Die meisten Menschen möchten sich aber an den Mitmenschen nicht reiben! Dadurch provozieren sie jedoch zuzeiten besonders heftige Reibung, weil sich alles aufstaut! Sie sollten diese Reibung aus freien Stücken regelmäßig zulassen, wenn es die Notwenigkeit erheischt!

WAHRE HARMONIE KOMMT ERST NACH DEM KONFLIKT!
(DAS BESAGT DER 4. STRAHL)

Alles muss auf den Tisch und nicht unter den Teppich. Erst wenn man mit dieser Art des Feuers genug Erfahrungen gemacht hat, kann man sich im Sonnenfeuer der Seele baden. Diese göttlichen Eigenschaften offenbaren sich erst, wenn man die Eigenschaften der niederen Natur der Persönlichkeit mit ihren Instinkten, Emotionen und Denkeskapaden *akzeptiert, geliebt, gelebt und genossen* hat.

Feuer hat viel mit Risiko und freiem Willen zu tun. Dieses sind unsere Hauptwerkzeuge, um Erfahrungen zu machen, um weiterzukommen. Lernen sie, es zu lieben!

Welches ist die zweite Art von Feuer? Es ist das Feuer der Seele. Dieses Seelenfeuer wird in der Zeitlosen Weisheit auch "Sonnenfeuer" (Solarfeuer) genannt. Es steht für den zweiten göttlichen Aspekt (den 2. Strahl): den Sohn, Bewusstsein, Liebe-Weisheit und für ausbalancierte Energie.

Die dritte Art von Feuer nennt man "Elektrisches Feuer" oder Geist. Es steht für den ersten göttlichen Aspekt (den 1. Strahl): den Vater, den Lebens- und Willensaspekt, den göttlichen Zweck, die göttliche Absicht. Es ist eine Energie, die aktiv etwas bewirkt.

Überall in der Schöpfung trifft man immer wieder auf die drei Aspekte der Gottheit, welche die Dreifaltigkeit ausmachen, von der wir in Kapitel 24 noch hören werden.

Auf unserer Erdenreise überschätzen wir nicht selten unsere eigene Großartigkeit: wir sind übermäßig fasziniert von unseren Eigenschaften wie Intelligenz, Genialität, Macht, Kraft, Schönheit, Tugendhaftigkeit und merken zunächst gar nicht, dass wir uns wieder einmal in eine Verblendung verrannt haben.

Stolz und Hochmut sind Eigenschaften des niederen Selbst`s und übersteigerte Selbsteinschätzung (eine Art Glamour). Sie verdecken unsere angeborene Einheit mit der Schöpfung und führen zu Vereinsamung und Trennung. Häufig werden sie erst durch harte Schicksalsschläge geheilt. Die eigene Ohnmacht muss erst existentiell gefühlt werden, dann kann sie sich in Hingabe (an die Seele) verwandeln.

Auf der gleichen Linie liegen die Emotionen von Eifersucht und Neid. Sie entstehen, wenn wir etwas begehren, das jemand anderem gehört: einen Partner, eine Familie; sozialer Status, Anerkennung, günstige Gelegenheiten, einen Posten, Reichtum und Schönheit, Können und Wissen. Sie sind begehrlich und besitzergreifend; sie enthalten ein habsüchtiges Element, sind jedoch aggressiver als Habsucht, weil sie die gewünschten Dinge anderen wegnehmen möchte (und nicht rechtmäßig erwerben).

Auch Eifersucht und Neid sind Emotionen, die wir bewusst akzeptieren sollten, wenn sie uns heimsuchen, *denn Eifersucht könnte der Beginn höheren Strebens sein*. Eifersucht ist Feuer und Wasser, Impulsivität und Begehren. Wenn diese richtig genutzt werden, *können sie sehr kreativ sein*: ein höheres Ziel und zielgerichtetes Tun sind gefragt! Dann kann es zu wirklichen Errungenschaften kommen. Das ichzentrierte niedere Selbst muss jedoch außen vor bleiben!

Hinter Neid und Eifersucht lauert der Stolz. Der Mensch glaubt, wertvoller zu sein als er ist, bzw. als er nach außen zu zeigen imstande ist. Dies beinhaltet Arroganz; Stolz und Arroganz trennen uns von unseren Mitmenschen und verhindern so mitfühlende Nähe.

Kreatives Feuer fühlt sich himmlisch an. Hier können die Menschen den Himmel auf Erden erleben! Leider entscheiden sich viele Menschen aber lieber für die vielgerühmte "Bayerische Bierruhe". Hinterher rufen sie bei mir an und beklagen sich, dass das Leben so langweilig ist und dass nichts vorangeht!

Apropos anrufen. Da fällt mir eine Begebenheit ein. Ich muss vorweg schicken, dass viele Schüler ihren jeweiligen Meister für eine Art Gott halten, was im Falle von wirklich erleuchteten Meistern wie bei Jesus ja auch Sinn macht. In einer Mystikschule und Weisheitskommune eines bekannten erleuchteten Meisters war eines Tages ein hoher Regierungsvertreter zu Besuch. Er konferierte mit der Sekretärin des Meisters über rechtliche Fragen der Siedlung, welche die Anhänger des Meisters aufbauten.

Zum Schluss fiel sein Blick auf ein vergoldetes Telefon auf einem extra Tischchen neben dem Schreibtisch. Er fragte: "Was ist das für ein Telefon". Die Sekretärin antwortete: "Das ist mein ganz privater, direkter Draht für Gespräche mit Gott". Der Gast war verblüfft und erstaunt. Schließlich fing er sich und machte, wie er glaubte, einen Witz: Er sagte: "Haben Sie da nicht enorm hohe Telefonkosten?" Die Sekretärin antwortete darauf trocken: "Nein, im Gegenteil. Das sind bei uns hier alles Ortsgespräche".

Welche Eigenschaften hat kreatives Feuer? Es kann Pläne schmieden und Strategien entwickeln, es visualisiert die Zukunft und lässt sie geschehen, es handelt mit Klarheit, Zielgerichtetheit und Gewissheit, ist mutig aus Überzeugung, optimistisch und selbstsicher. Kreativität kommt aus dem Inneren als Ausdruck von Überfluss; sie benötigt gebündelte, tiefe, Aufmerksamkeit, erfordert Vorbereitung und angemessenes Handeln.

VISIONÄRE IDEEN EXISTIEREN IN HÜLLE UND FÜLLE IM OZEAN DES WISSENS, IN DER REGENWOLKE ERKENNBARER DINGE, WIE ES DIE ZEITLOSE WEISHEIT FORMULIERT. DIESE KANN BEI INNERER BEREITSCHAFT ÜBER DIE REGENBOGENBRÜCKE DER INTUITION ANGEZAPFT WERDEN.

Bereit sein erfordert Stille, Meditation, Gebet, Bewusstheit. Zur Umsetzung der Ideen gehört Geschicklichkeit und Können. Kreativität führt zu mehr Kreativität - die Quelle fließt ...

Die Regenbogenbrücke; welch schöner Ausdruck. Was ist das? Man nennt sie auch Antahkarana. Sie ist die Verlängerung des Rückenmarkes hinauf zur Seele und weiter zur Monade. Über diese Leitung fließt die Intuition und wir haben Anschluss ans Göttliche. *Das ist unser kostenloses kosmisches Telefon.* Wir brauchen es nur einrichten und die Informationen fließen.

Kommen wir schließlich zur Angst. *Angst ist die heutzutage am weitesten verbreitete Emotion.* Man sieht das nur nicht so in der Öffentlichkeit, weil so viele Menschen regelmäßig Beruhigungsmittel (Psychopharmaka, Tranquilizer) schlucken. Viele Menschen unterliegen regelrechten Angstattacken, die grundlos und irreal erscheinen. Man hat Angst und Sorgen, diese Mischung steigert sich zu Furcht und Unsicherheit.

Angst ist ein Kennzeichen von luftigen Menschen, die zu sehr im Kopf und zu wenig in ihren Gefühlen oder in ihrem physischen Körper verankert sind. Sie können sich nicht konzentrieren, vergessen (fast) alles, sind zerstreut und abwesend, sie geraten selbst bei harmlosen Situationen in Panik. Auf der körperlichen Ebene treiben Schwermetallvergiftungen hier ihr Unwesen.

Was ist Furcht? Furcht ist starke Angst, mit dem Überlebensinstinkt verbunden und liefert über die Hormone der Nebennieren Reserven zur Gefahrenbewältigung. Das Bewusstsein wird geschärft; Superwachsamkeit wird möglich!

ANGST UND FURCHT KÖNNEN DIE GROSSE CHANCE SEIN, DIE UNS NACH LANGEM LEID AUS UNSERER LETHARGIE AUFSCHEUCHEN, WEIL SIE GROSSE UNRUHE ERZEUGEN.

Sie ermöglichen dann rasche Reaktionen: die Wahrnehmung wird geschärft, wir sehen plötzlich bisher Verborgenes und können Änderungen einleiten. Angst kann jedoch auch lähmen... Im Alltag kann sie zum Chaos führen, was häufig vorkommt.

DAS RESULTIERENDE CHAOTISCHE VERHALTEN WIRD HÄUFIG MIT SOGENANNTER "SPONTANEITÄT" VERWECHSELT.

Vor lauter Änderung entsteht aber Unentschiedenheit und Konfusion - besonders wenn man damit als Führungskraft die ganze Abteilung nervt! Dabei mangelt es an der Unterscheidung zwischen real und irreal; eine große Rolle spielt auch die Angst vor Tiefe, Hingabe und Engagement, die heutzutage viele Partnerschaften zu früh spaltet.

Chaos im eigenen Leben führt zu einem Zerfall der eigenen Integrität, bis hin zur Persönlichkeitsspaltung; man hat keinen Sinn für die Realität, lehnt die kosmischen Ordnung ab.

Meist führt uns erst Leidensdruck zur Realität zurück. Ein chaotisches Leben ist meist verbunden mit ständiger Überstimulation; dies erschöpft die inneren Ressourcen, der Stress der Dissonanz brennt uns aus. Schließlich verlassen uns physische und mentale Kräfte. Ein Nervenzusammenbruch ist ein ernstes Warnsignal.

Wie stets ist es nötig, das innere Chaos erst einmal zu akzeptieren und (möglichst bewusst) zu leben, bis es einen so sehr nervt, dass man von sich aus, aus eigenem inneren Erkennen den berühmten Satz spricht und umsetzt: "*Genug ist genug!*"

ORIGINALITÄT WIRD HEUTZUTAGE HÄUFIG MIT EXZENTRIZITÄT VERWECHSELT. DIESE KOMMT ABER AUS DER PERIPHERIE STATT AUS DER EIGENEN MITTE (DER SEELE) UND LEBT DAVON, PARTOUT ANDERS SEIN UND AUFFALLEN ZU WOLLEN.

Sie ist nachahmend, chaotisch oder auf Abnormales fixiert. *Sie wird aus Unzufriedenheit und Angst vor dem Willen und der Absicht der Seele geboren.* Diese Menschen wollen anders sein als die meisten, *aber nicht das, was dem eigenen Potential entspricht!*

Wieso pocht unsere Gesellschaft so vehement auf ihre Urteile und Vorurteile? Diese Haltung bringt scheinbar Sicherheit ins Chaos dieser Welt.

WENN WIR VERURTEILEN, SPIELEN WIR GOTT, SIND ABER NUR DIE KLEINE PERSÖNLICHKEIT, DIE ALLES BESSER WEISS.

Es ist unglaublich und unverständlich zu gleich, woher der Mensch in seiner Unbewusstheit das Recht nimmt, ständig zu verurteilen. *Er ist sich seiner Unbewusstheit eben nicht bewusst!* Und wenn man ihn darauf anspricht, behauptet er das Gegenteil und beschwert sich wegen der "Unterstellung".

In der Schule und im Religionsunterricht werden wir zu diesem Fehlverhalten regelrecht erzogen, wenn nicht sogar mit Strafen "geprügelt".

Auf diese Weise geht uns - so paradox es klingen mag - ein gesundes Unterscheidungsvermögen verloren, mit dem wir - ohne Verurteilung - das auswählen, was wir für uns persönlich als gut erachten. Dieses mangelnde Unterscheidungsvermögen tritt im Esoterikbereich besonders krass zum Vorschein, wo viele Menschen nicht abschätzen können, was ihnen wirklich gut tut. Auf diese Weise kann es zu einer unnötigen Verzögerung ihres Bewusstwerdungsprozesses kommen, was viel Leid, Schmerz und Krankheit hervorrufen kann.

9. Gefühle und ihr Ausdruck

Viele Menschen haben keine rechte Freude im Leben, weil ihnen ständig Schuldgefühle im Nacken sitzen. Wie können diese Menschen das auflösen?

Die betreffenden sollten sich zuerst fragen, ob das Schuldgefühl aus ihnen selbst kommt oder nur von anderen eingeredet ist. Häufig trifft das letztere zu und sie können das Problem nur dadurch lösen, dass sie selbstsicherer und selbstbewusster werden, damit sie unabhängig und frei von den Meinungen anderer Menschen werden.

Die anderen sollten sich fragen, in welchen Bereichen und gegenüber welchen Personen sie billigerweise etwas auszugleichen haben. Wo steht es ihnen zu, aus vollem Herzen zu geben, ohne sich dadurch über die andere Person zu stellen? Die mutige Tat muss folgen, dass man das erleichterte Gefühl genießen kann, dass den Menschen für weitere Prüfungen stärkt.

DER MENSCH KANN OHNE SCHMERZ, LEID, UNGLÜCK UND KRANKHEIT NICHT WACHSEN. DIESE VIER SIND DIE WICHTIGSTEN LERNMETHODEN AUF DIESEM PLANETEN.
BUDDHA HAT DAS BESONDERS BETONT.

Schmerz, Leid, Unglück und Krankheit schlagen aber nur dann mit voller Wucht zu, wenn sie die Stimme ihrer Seele, die Intuition, *nicht* hören wollen. Das Gewissen bewahrt sie nicht vor Krankheit und Unglück. Es stürzt sie sogar hinein, weil dieses angelernte Gewissen die Intuition verhindert.

Sie können nicht mehr reagieren, weil die Erziehung die angeborene Intelligenz verhüllt hat. "Ein intelligentes Pferd reagiert aber schon auf den Schatten der Peitsche". Man muss ihm nicht erst Schicksalsschläge erteilen ...

Leiden ist häufig leichter als handeln, verändern. Manche Menschen terrorisieren ihre Familie über eine chronische Krankheit. Viele Menschen glauben, sie bekommen nur dann Liebe und Zuwendung, wenn es ihnen schlecht geht. Deshalb hängen sie an ihrem Leid und bekommen immer nur noch mehr dazu. So erschaffen sie sich ihre eigene Wirklichkeit und beklagen sich auch noch darüber.

Haben sie schon einmal beobachtet, wie fuchsteufelswild manche Menschen werden, wenn man ihnen Lösungsmöglichkeiten an die Hand gibt, die sie durch ihre Klagen herausgefordert haben? Vielen Menschen genügt es völlig, sich zu beklagen; sie trösten sich damit; unbewusst wollen sie häufig nichts ändern, weil die beklagten Zustände auch Vorteile für sie bieten! Sie möchten nur, dass man ihnen Aufmerksamkeit schenkt. Denken sie daran!

HÜTEN SIE SICH, MENSCHEN UNGEFRAGT RATSCHLÄGE ZU GEBEN.
AUCH RATSCHLÄGE KÖNNEN WIE SCHLÄGE WIRKEN.
HÖREN SIE IHNEN GEGEBENENFALLS NUR AUFMERKSAM ZU!

Manchmal geben wir auch deshalb Ratschläge, weil wir wollen, dass ein Problem abgestellt wird, das uns am anderen nervt. Diese unbewusste Motivation fordert beim anderen nicht selten ebenso unbewusst Widerspruch heraus. Die Beteiligten geraten dann in einen Streit und wissen nicht warum. Sie sehen, *es kommt immer auf die Motive an, wenn unsere Taten effektiv sein sollen.*

Unsere Gesellschaft lehrt uns, unsere Gefühle zu unterdrücken. Gibt es gute Gründe, sie *nicht* wahrzunehmen und auszudrücken? Das liegt an gewissen Glaubenssätzen, die wir verinnerlicht haben. Nach ihnen ist der Mensch in erster Linie ein denkendes Wesen - das Denken ist gegenüber den niederen Naturreichen - Mineral-, Pflanzen- und Tierreich - sozusagen sein Alleinstellungsmerkmal.

Viele Menschen sagen:

- Gefühle waren in früheren Entwicklungsstufen sehr bedeutsam.
- Gefühle haben jetzt aber an Bedeutung für das Wachstum verloren.
- Gefühle sind kein Zeichen von Intelligenz.
- Gefühle ändern sich ständig und sind deshalb nicht zuverlässig.
- Gefühle verleiten uns zu unzweckmäßigen und unmoralischen Handlungen.
- Der Ausdruck von Gefühlen ist unmännlich.
- Der Ausdruck von Gefühlen ist in den meisten Situationen unpassend.
- Durch Ausdrücken von Glück erregt man den Neid anderer.
- Durch Ausdrücken von Leid und Schmerz werden diese nur noch schlimmer.
- Gefühle ausdrücken ist unvernünftig und überflüssig.
- Pokerface und Gleichmut sind erstrebenswerte Ideale.
- Das Wahrnehmen und Ausdrücken von Gefühlen ist reine Zeitverschwendung und hält den Menschen nur vom Denken und Handeln ab.

Warum sollten wir trotzdem unsere Gefühle wahrnehmen und ausdrücken?

Der Mensch unterscheidet sich zwar vom Tier dadurch, dass er denken kann; er ist aber immer noch hauptsächlich astral polarisiert, d. h. sein Gefühlskörper hat am meisten Energie.

ES IST UNABDINGBAR, DASS WIR MÖGLICHST GENAU WISSEN, WAS IN UNS VORGEHT; NUR DANN ERFAHREN WIR UNSERE WAHREN MOTIVE UND PRIORITÄTEN.

Dies ist besonders deshalb bedeutsam, weil wir noch immer über 85% unserer Entscheidungen aus dem Bauch heraus, also gefühlsmäßig treffen.

DURCH UNTERDRÜCKEN VON GLÜCKSEMPFINDEN UND FREUDE UNTERDRÜCKEN WIR UNSERE VITALITÄT UND SCHÄDIGEN UNSER IMMUNSYSTEM. DURCH UNTERDRÜCKEN VON SCHMERZ UND LEID BZW. VON UNERWÜNSCHTEN EIGENSCHAFTEN ERWEITERN WIR UNSEREN UNBEWUSSTEN ANTEIL: DEN SCHATTEN, DER UNS ERHEBLICH ENERGIE RAUBT UND ZU FALSCHEN SCHLÜSSEN UND HANDLUNGEN TREIBT.

Das sind schon sehr schwerwiegende, ernst zu nehmende Gründe. Aber warten sie ab, was jetzt kommt:

DIE WAHRNEHMUNG UNSERER EIGENEN GEFÜHLE BEFREIT UNS VON DER UNGERECHTFERTIGTEN PROJEKTION DERSELBEN AUF ANDERE UND VON DER UNBEWUSSTEN ÜBERNAHME VON FREMD-GEFÜHLEN. DURCH AUSDRUCK UNSERER GEFÜHLE GEBEN WIR DEN MITMENSCHEN KLARE BOTSCHAFTEN ÜBER UNSEREN INNEREN ZUSTAND UND SOLIDARISIEREN UNS MIT IHNEN.

Das Ausdrücken unserer Gefühle hilft uns, kein einseitiger Rational-Mental-Krüppel, ein unerträglicher, unausgeglichener Nurkopf-Mensch zu sein.

Wir sollten unseren Gefühlen immer dann folgen:

- wenn sie häufig wiederkehren und sehr beeindruckend sind,
- wenn wir dadurch niemandem schaden,
- wenn es Mut kostet, den Gefühlen entsprechend zu handeln,
- wenn auch eine uneigennützige Komponente enthalten ist
- wenn die Stimme unserer Seele der Auslöser ist - man nennt das dann feierliche, erhabene Gefühle. Sie lösen meist Glück und/oder Freudentränen aus.

Wir sollten unseren Gefühlen nicht ohne weiteres folgen, wenn es sich um einen bequemen Ausweg handelt, wenn wir dadurch einer notwendigen Entscheidung aus dem Wege gehen, wenn wir dadurch die Freiheit anderer einschränken und wenn wir dadurch anderen schaden.

Bei alldem ist es äußerst bedeutsam, die eigenen Motive zu kennen. Viel zu oft machen wir uns etwas vor! Wir erkennen unsere wahren Motive durch genaue Analyse der verschiedenen Beweggründe: *wir suchen nach dem, was tatsächlich ist und nicht nach dem, was wir gerne hätten.*

Wir erkennen unsere Motive auch aus den Ergebnissen unserer Handlungen: erhalten die anderen wirklich das, was sie möchten oder benötigen oder nur das, was wir ihnen aufs Auge drücken?

Beobachten sie, wie andere auf sie reagieren: sind sie ehrlich erfreut und bereit, ihre Taten zu würdigen? Oder wird die Situation ebenso verworren wie ihr Fürwahrhalten ihrer eigenen Motive?

Wie lernt man, Prioritäten zu setzen? Bevor sie etwas Neues in ihr Leben hinein nehmen, sollte ihre "Tasse" erst geleert sein. Es muss erst Platz geschaffen werden. Alte Muster müssen schwinden, Angelerntes muss ausgeleert werden, damit Weisheit eindringen kann. Es kann notwendig sein, dass alte Projekte erst abgeschlossen oder bewusst unterbrochen oder gar ganz abgebrochen und entfernt werden.

Wenn sich anbahnendes Neues ständig mit dem Alten vermischt wird, dann kann es sich in der Regel nicht als neu entfalten; es könnte durch das noch in der "Tasse" Enthaltene bis zur Unkenntlichkeit verfälscht werden. Das gilt z. B. auch für den physischen Körper: wenn sie jahrzehntelang Industrienahrung und Junkfood vom Billigitaliener und vom Zuckerbäcker gegessen haben, dann liegt in ihren Därmen viel alter Kot, der durch eine Darmreinigung erst entfernt werden muss, bevor sie Rohköstler werden oder zumindest viel rohes Obst essen können. Es entsteht sonst Gärung und Fäulnis.

Fragen sie sich:

- Was liegt ihnen hier und jetzt am meisten am Herzen?
- Worin sind sie am besten, effizientesten, hilfreichsten?
- Welches sind ihre größten Begabungen, was wollen sie besonders entwickeln?
- Welche Wege führen dazu, dass sie ihre Begabungen optimal ausdrücken können?
- Welches sind zur Zeit ihre höchsten Ziele und Bestrebungen?

Wenn sie das umsetzen, dann handelt es sich mit Sicherheit um Aufgaben hoher Priorität.

Schließlich noch ein paar Worte zum Thema Verantwortung. Hier geistern auch erhebliche Irrtümer durch die Welt.

VERANTWORTUNG MUSS SICH ZUERST AUF SIE SELBST UND IHR LEBEN RICHTEN. SIE SIND FÜR IHR LEBEN EINZIG UND ALLEIN SELBST VERANTWORTLICH.

Sie sind *nicht* das Opfer der Welt, die sie wahrnehmen. *Sie haben täglich die Wahl, das Leben aus der Frosch- oder aus der Adlerperspektive zu sehen* (aus der Sicht des niederen oder des höheren Selbst`s, aus dem Blickwinkel der Persönlichkeit oder dem der Seele).

Echte Verantwortung übernehmen sie, wenn sie gemäß ihres eigenen Potentials handeln, wenn sie anderen nur dann Hilfe anbieten, wenn sie auch wirklich etwas zu geben haben - *sonst führen Blinde die Blinden!* - und wenn diese den Wunsch dazu geäußert haben. Wenn sie anderen Menschen ungefragt helfen, wie sollen diese armen Geschöpfe es jemals lernen, selbstverantwortlich und demütig um Hilfe zu bitten? Sie haben auch die Verantwortung, andere zu ermuntern, nach ihrem eigenen Potential zu leben; sie sind ihres Bruders Hüter - aber "nur" aus Liebe, nicht um ihn zu bevormunden oder auszunutzen.

Zum Ende dieses Kapitels führe ich ein taoistisches Sprichwort an:

"VERSUCHE NIE EINEM SCHWEIN DAS SINGEN BEIZUBRINGEN ...
DU VERTUST NUR DEINE ZEIT UND VERÄRGERST DAS SCHWEIN."

10. Der Willen

Das Thema Willenskraft und ihr Einsatz gehört zu den schwierigsten Problemen, denen sich der Mensch gegenüber sieht. Jeder von uns hat schon viele Male unter Willen und Macht anderer gelitten oder seine eigene Macht missbraucht. Deshalb scheuen sich viele Menschen willensstark aufzutreten. Sie halten das schlicht und einfach für zu gefährlich. Welcher Teil von uns besitzt Willenskraft? Ist es die Seele?

Wir sind dieser Transformator-Kanal, aber der Kanal bestimmt nicht über seinen Inhalt. Das ist die Natur dieses Kanals. Der Inhalt kommt von Gott bzw. von der Monade. Der Kanal sortiert die Botschaften nicht aus, lehnt nicht einzelne ab und verstärkt andere. Er hat *keinen* eigenen, freien Willen.

DIE SEELE HAT KEINEN FREIEN WILLEN.
DEN HAT NUR DIE PERSÖNLICHKEIT.

Die Persönlichkeit darf auf diesem Planeten damit experimentieren, forschen und lernen. *Der Mensch hat seinen "freien" Willen, nur für dieses Erdenprojekt erhalten.*

Eine Monade bei Gott braucht keinen "freien" Willen. Sie ist ständig in Harmonie mit Gott. Sie ist Teil der Gottheit. Sie ist Gott. Das ist jedoch intellektuell nicht zu verstehen.

Wie ist in diesem Zusammenhang Gehorsam zu bewerten?

Meher Baba unterscheidet vier Arten von Gehorsam:

- denjenigen des Soldaten, der gedrillt aus Pflicht gehorcht
- denjenigen des Angestellten, der gehorcht, weil er dafür bezahlt wird
- denjenigen des Sklaven, der aus Furcht vor Strafe gehorcht
- denjenigen des Liebenden, der aus Liebe gehorcht

Allein die letzte Art von Gehorsamkeit bringt uns spirituelle weiter.

Meher Baba kennt drei Arten des Gehorsams aus Liebe:

- Im ersten Fall schränken Intellekt und Unterscheidungsvermögen den Gehorsam ein. Das Gemüt gehorcht nur technisch, äußerlich, ohne innere Beteiligung. Wenn man sich z. B. einen Finger abschneiden soll, dann ritzt man den Finger nur ein bisschen mit einem stumpfen Messer, gerade so viel, dass ein wenig Blut kommt. Der Verstand manipuliert den Befehl indem er sagt: es ist nicht gemeint, den Finger ganz abzuschneiden sondern nur in den Finger zu schneiden.
- Im zweiten Fall handelt es sich um unwilligen, buchstabengetreuen Gehorsam; man folgt gegen seine eigenen Wünsche, wie man z. B. Rizinussöl trinkt oder einen Löffel Lebertran einnimmt.
- Im dritten Fall gehorcht man willentlich und tut genau das Verlangte; man schätzt sich glücklich und liebt es, die schwierigsten Befehle wörtlich auszuführen.

Menschen des letzten Typs sind sehr selten. Es sind Menschen, die kurz vor oder nach der Erleuchtung stehen. Man kann aber langsam auf den letzten Typ hinarbeiten. Spielt es dabei eine Rolle, wer die Befehle gibt? Theoretisch nicht. Praktisch ja. Einem spirituellen Meister kann man leichter gehorchen, weil er selbst Liebe ausstrahlt. Nur bei ihm macht bedingungsloses Gehorchen überhaupt einen Sinn. Es muss aber wirklich aus Liebe sein. Ansonsten ist es Selbstbetrug. Es ist eine Vorübung für den Zustand der Erleuchtung, des Seelengewahrseins. Als Seele gibt man den freien Willen auf.

Viele Menschen setzen ihren freien Willen kaum ein und gehen in vorauseilendem Gehorsam in Deckung. "*Nur nicht auffallen*" *ist das Motto.* "*Nach unten treten und nach oben buckeln*" stellt die anerkannte Verhaltensweise in Behörden und

Firmen dar: Willenlosigkeit und Machtmissbrauch zugleich. Irgendwo muss die Energie ja raus. Was steckt dahinter? Es ist die Angst, die sich aus mangelndem Vertrauen ins Leben ergibt. Man fürchtet, zu kurz zu kommen, wenn man willensstark auftritt. Auf der anderen Seite werden willensstarke Persönlichkeiten wieder bewundert, obwohl sie im Grunde das eigene Verhalten als Illusion erscheinen lassen.

Es ist wie immer im Leben in dieser selbstgewählten Illusion der Dualität: Wir leben ständig auf des Messers Schneide - ein falscher Tritt und alles scheint verloren. Alle Eigenschaften lassen sich unterdrücken oder übertreiben, womöglich abwechselnd.

Zu wenig Willenseinsatz:
Minderwertigkeitskomplex, mangelnde Abgrenzung, emotionaler Mülleimer für die Mitmenschen, wenig Energie, mangelnde Kreativität, Mutlosigkeit, Langeweile, Ausgenutztwerden, totale Erschöpfung, Zusammenbruch

Zu viel Willenseinsatz:
Überheblichkeitskomplex, zu wenig Hingabe und Verpflichtung, mangelnde Sensibilität und Sensitivität, Übergriffe und Missbrauch anderer Menschen, Vergeudung von Energie, Überaktivität, Waghalsigkeit, Sensationslust.

Über beide Schienen kann und *muss* der Mensch Erfahrungen sammeln und lernen. Beide sind nötig, denn sie bedingen sich gegenseitig. Die Frage ist wie immer, wie lange das Ganze dauern muss ...

Im Grunde läuft die Frage nach dem Willenseinsatz auf die Alternativen hinaus, das Leben aktiv anzugehen oder passiv zu erdulden - sein Potential leben oder sich den Anforderungen des Lebens entgegenstellen? Sein Potential zu leben, kann aber auch bedeuten, dass man ein Leben passiv erduldet. Hüten wir uns vor Wertungen.

11. Der Verstand: Freund oder Feind?

Man unterscheidet niederes und höheres Denkvermögen. Der niedere Verstand befasst sich mit der Welt, so wie sie uns erscheint, nämlich dualistisch. Alles erleben wir in Gegensätzen: Tag und Nacht, hell und dunkel, warm und kalt, feucht und trocken etc. Die Zeitlose Weisheit (und mit ihr ganz besonders die Advaita Vedanta Philosophie) lehrt jedoch, dass wir die Schöpfung nicht so erkennen, wie sie wirklich ist. Wir leben in der Täuschung.

NACH MEHER BABA IST "MAYA" DAS, WAS UNS DARAN HINDERT, ENT-TÄUSCHT ZU WERDEN, DIE SCHEINWELT ZU DURCHSCHAUEN. WAS IST MAYA DANN? ***MAYA IST UNSER FALSCHES DENKEN.***

Dieses falsche Denken gibt uns einerseits scheinbar Sicherheit in unserer als materiell und mechanisch gedeuteten Welt, andererseits hält es uns davon ab, in die Bereiche höheren Denkens (der Seele) einzudringen. *Allein dadurch aber würden wir unseres illusionären Denkens und verblendeten Fühlens gewahr werden und die Dualität der Schöpfung würde uns als etwas anderes erscheinen.*

NACH MEHER BABA HAT UNSER FALSCHES DENKEN DIESE ILLUSIONÄRE, DUALISTISCHE SCHEINWELT, IN DER WIR LEBEN, SELBST ERSCHAFFEN. MIT EINEM ANDEREN DENKEN ERSCHIENE SIE UNS GANZ ANDERS UND OHNE DENKEN KÖNNTEN WIR SEHEN, WAS SICH DAHINTER VERBIRGT.

Was ist falsch an unserem Denken? Wir denken nicht wirklich vorurteilsfrei; wir stellen uns nur vor, wie die Umwelt, unser Leben, die nächste Stunde etc. sein könnte oder zu sein hätte. Und dann begegnet uns auch genau das.

Erspüren sie "Das Nichts und das Alles" von Meher Baba!

WIE DENKT MAN RICHTIG? SIE SOLLTEN OHNE JEDE BEWERTUNG BEOBACHTEN - OHNE DARÜBER NACHZUDENKEN. DAS SOLLTEN SIE TÄGLICH ÜBEN - DAS IST MEDITATION.

Sie sollten ihre Seele denken (lassen)! Sie sollten das Denken ihrer Persönlichkeit auf das unbedingt Nötige beschränken, zur Bewältigung des Alltags, wenn sie z. B. Ingwer, Kardamom und Pfefferminz kaufen - die ihr Gehirn unterstützen.

Mein Freund und Lehrer Michael Robbins sagt:

"WAS ICH SEHE, KANN ICH NICHT SEIN - UND TROTZDEM BIN ICH!"

Das was sie sehen, nehmen sie normalerweise über falsches Denken war; sie sind aber nicht das, was sie sehen. Sie nehmen nur ein (falsches) Bild von ihnen wahr, eine Illusion. Trotzdem existieren sie.

Das zeigt eigentlich schon, dass unsere Wahrnehmung falsch ist. Sie ist durch unsere Denkmuster verfälscht. *Wir denken ständig Vorstellung statt uns Selbst* - wie es Meher Baba ausgedrückt hat.

Unsere von den Gegensätzen geprägte (dualistische) Weltsicht ist gleichwohl unsere Lernaufgabe, unsere Spielwiese. Sie ist zwar eine Täuschung - aber eine *notwendige*: Ohne sie könnten wir nicht wachsen. Wir wollen und sollen die Balance zwischen Himmel und Erde finden, wir sollen erfahren, wie es sich als Lichtwesen (Seele) in einem dichten Materiekörper anfühlt.

Wir entwickeln uns durch die reichen Erfahrungen auf diesem schönen blauen Planeten von der integrierten Persönlichkeit wieder hin zum reinen Bewusstsein (zur Seele, dem höheren Selbst und dann zur Monade) ... was wir vorher schon waren und immer sind, nur jetzt mit einem größeren Erfahrungsschatz.

Dabei lernen wir zwischen persönlicher Wahrheit (der Illusion, die in unserem falschen Denken fußt) und höherer Realität zu unterscheiden. Da unsere Entwicklung in die Entwicklung des gesamten Universums eingebettet ist, arbeiten wir im Rahmen unserer Entwicklung auch an der Durchgeistigung der Materie. Nach der Zeitlosen Weisheit ist ja alles belebt und beseelt und es entwickelt sich alles in Richtung auf höhere Schwingung und damit höheres Bewusstsein.

Das war eine - hoffentlich hilfreiche - Zusammenfassung; gehen wir aber noch einmal zurück zum Denken, denn damit haben viele Menschen erhebliche Probleme. Sie können zwar das Einmaleins und sie wissen auch wie man schreibt, so mancher kann das Geschriebene dann aber nicht mehr lesen. Sie meinen: Jetzt wird es albern? Warten sie ab!

Ich erinnere mich an einen Gottesdienst in der kleinen mittelalterlichen Wehrkirche in Steinbach am Wald auf der Wasserscheide im Frankenwald, wo ich meine Kindheit verbrachte. Eines Tages beim Gottesdienst sah ich einen unserer Nachbarn bei des Pfarrers Predigt eifrig mitschreiben. Dieser Mann war ein Außenseiter. Er hatte keine Arbeit, schlug sich durch; manchmal sah man ihn wochenlang nicht, dann tauchte er wieder in besonders kritischen Situationen auf und die Lage beruhigte sich häufig, nach seiner Ankunft sehr schnell, ohne dass er etwas tat.

Das Eigenartige war, dass dieser Mensch Analphabet zu sein schien. Nun sah der Pfarrer ihn mit zunehmender Nervosität von der Kanzel aus, wie er schrieb und schrieb. Es irritierte ihn. Er wurde unruhig. Nach dem Gottesdienst stellte er ihn barsch zur Rede. Er zischte ihn an und sagte: "Zeig her, was du da geschrieben hast". Der Mann reichte ihm seine Aufzeichnungen. Es war ein chaotisches Gekrakel, man konnte nichts lesen. Der Pfarrer sagte ärgerlich: "Das ist ja alles Blödsinn". Der Mann antwortete: "Das hab ich mir auch gedacht ... Deshalb habe ich es für sie aufgeschrieben."

Sehen sie? Oft versteht der Mensch seine eigenen Gedanken nicht mehr, wenn er sie aus einem gewissen Abstand betrachtet. Was uns einfach als Denken erscheint ist zudem häufig emotional geladen.

ERINNERUNG FUNKTIONIERT HAUPTSÄCHLICH DURCH EMOTIONALE BINDUNG. DAS MEISTE DENKEN IST GENAUGENOMMEN MENTALES FÜHLEN (ES SIND EMOTIONEN): WUNSCHDENKEN, TAGTRÄUMEN. UNSER VERSTAND IST NIEMALS FREI UND OBJEKTIV - SONDERN HOCHGRADIG KONDITIONIERT!

Diese - gefühlsmäßig verankerte - Konditionierung steuert den Körper. Das heißt unser Denken und Fühlen erfolgt innerhalb enger vom Entwicklungszustand des Einzelnen, vor allem aber von den Vorstellungen und Gebräuchen der Zivilisationen und Kulturen abhängigen Grenzen. Bewusstseinsmäßig Höherentwicklung jedoch *sprengt diese Grenzen.* Eine extreme Flexibilität im Denken ist gefragt und vor allem der Mut, die gewohnten, sicheren Wege zu verlassen und ständig Neues auszuprobieren!

Ich ermuntere sie zu viel, zu sehr viel. Sie sollten "das Unmögliche" Denken. Natürlich. Es ist dumm, wenn wir immer wieder das selbe Denken und noch dazu auf die selbe (falsche) Art und Weise. Das Leben wird dann wirklich langweilig. Keiner kann sich deswegen beklagen.

Das bedeutet aber nicht, dass wir jetzt jeden Schwachsinn denken, alles annehmen, zu leichtgläubig werden! Auf gar keinen Fall. *Besonders in der Esoterikszene wird häufig nicht das Unmögliche gedacht sondern das Unsinnige geglaubt.*

WENN ES UNS GELINGT, DAS UNMÖGLICHE ZU DENKEN ODER BESSER: WENN WIR AUF EINE ART UND WEISE DENKEN, DIE WIR AUS HEUTIGER SICHT ALS UNMÖGLICH BETRACHTEN, DANN KOMMEN WIR SEHR RASCH WEITER, ERHÖHEN WIR UNSERE BEWUSSTHEIT.

Zunächst einmal sind wir aber hier auf Erden, um mit unserem falschen Denken die nötigen Erfahrungen mutig zu machen; Schmerz und Leid sind dabei häufig nicht zu vermeiden. Als Persönlichkeiten hat uns der Schöpfer auf dieser Erde mit einem freien Willen ausgestattet, den er voll respektiert. *Er greift nicht ein!* Er würde ja sonst die Versuchsanordnung Erde wieder zerstören und wir könnten keine Erfahrungen machen. Wir brauchen uns an dieses falsche Denken aber auch nicht zu klammern. Es ist schon so schwer genug, davon los zu kommen.

Das klingt unlogisch für ihre Ohren? Gewöhnen sie sich daran, dass die Welt und alles was sich darin abspielt nur deshalb der Logik zu folgen scheint, weil sie das ganze Szenario mit logischen Augen betrachten.

SIE SEHEN NUR DAS, WAS IHREM SEHVERMÖGEN ENTSPRICHT.
ALLES, VON DEM SIE - MEIST UNBEWUSST - GLAUBEN,
DASS ES DAS NICHT GEBEN KANN, SEHEN SIE AUCH NICHT.

Es ist aber unzulässig, zu behaupten, dass es das nicht gibt, was sie nicht sehen oder verstehen. Arrogante Wissenschaftler machen häufig diesen Fehler. Dabei liegt es nur an ihrer Versuchsanordnung, die bestimmte Bereiche ausklammert, weil sie z. B. nicht fein genug ist, sie anzuzeigen. Auf diese Weise fallen fast alle Bereiche, die höher schwingen als die Lichtgeschwindigkeit für den Physiker unter den Tisch. *Die Esoteriker bezeichnen das als den feinstofflichen Bereich. Was es für die Physiker nicht gibt, ist für die Esoteriker ihr Tummelplatz.*

Wissenschaftler sind auch einfach deshalb zuzeiten arrogant, weil sie *Angst* haben, ihr ganzes sorgsam ausgebrütetes und gehütetes Gebäude stürzt zusammen und sie werden am Ende brotlos. Die Wissenschaft leidet unter der Tatsache, dass viele Wissenschaftler mit ihren Forschungsergebnissen verheiratet sind; mit anderen Worten sie identifizieren sich damit und gründen ihr Selbstwertgefühl darauf. Deshalb können sie die Kritik der Kollegen nicht ertragen und sie verspüren keine Lust, Fehler zu revidieren.

Sie sollten lernen, über die lineare Logik hinauszugehen und anders zu denken. Wenn sie in höhere, feinstoffliche Welten eindringen möchten, wie sie im Laufe ihrer Entwicklung von Einweihung zu Einweihung vor ihnen ausgebreitet werden, dann können sie diese nur beschreiben, indem sie *mit Widersprüchen (Paradoxa) leben und in Analogien denken.*

Ich gebe ihnen ein Beispiel. Ein Paradox ist z. B. die Tatsache, dass Licht einmal in Form von Korpuskeln, also Materieteilchen, Photonen, und ein andermal als Schwingung in Wellenform erscheint. Das passt eigentlich nicht zusammen, trifft aber beides zu.

Eine Analogie wäre z. B. zu sagen: Das Atom ist genauso aufgebaut wie das Sonnensystem und das wiederum wie eine Galaxie etc. Dabei sind grundlegende Übereinstimmungen vorhanden; es brauchen aber nicht alle Details zutreffen.

Und hier ist noch ein Beispiel für eine Analogie frei nach Djwhal Khul (bei Alice A. Bailey): Den physischen (ätherischen und grobstofflichen) Körper des Menschen kann man sich als ein modernes Haus vorstellen, das verschiedene Versorgungsleitungen aufweist: die Telefonleitungen bringen Informationen von außerhalb des Hauses heran und versehen den Dienst eines Haustelefons von Zimmer zu Zimmer; diese telefonische Vermittlung steht als Symbol des Denkvermögens. Die Licht-(Strom-)Leitungen sind das Symbol der Seele; die Wasserleitungen symbolisieren die Gefühle; und Gas ist das Symbol der Äthernatur (des Vitalkörpers).

Wenn wir nichts riskieren und den freien Willen nicht benutzen, wird es für viele erst so richtig "nett und gemütlich"! Sie sind aber *nicht* hier, damit sie es nett und gemütlich haben. Dieses Gefühl ist eine Illusion und existiert nur vorübergehend und vor allem, sie kommen als Mensch nicht weiter. Wenn das einer aber gar nicht will? Jetzt kommt wieder einmal der berühmte springende Punkt: Alles, was wir mitbekommen haben (die Talente des biblischen Gleichnisses!), aber *nicht* nutzen, kehrt sich eines Tages *gegen uns*. Der Mensch tut gut daran, weiterkommen zu wollen!

Schmerz und Leid erreichen uns also auf zwei Wegen. Erstens wenn wir unseren Willen (und die damit verbundenen anderen - individuellen - Begabungen) nicht nutzen und zweitens, wenn wir sie anders verwenden (vergeuden) als wir uns das als Seele vorgenommen hatten.

Wie werden die Erfahrungen unserer Erdenreisen gespeichert und wie werden sie von Leben zu Leben weitergereicht? Über die Seele.

DIE SEELE LEBT IN EINER ART GEFÄSS, DEM KAUSALKÖRPER. IN DIESEM WERDEN AUF EINER "FESTPLATTE" ALLE WESENTLICHEN INFORMATIONEN GESPEICHERT.

Diese Informationen stammen aus dem physischen Körper, aus dem Vitalkörper, aus dem Gefühlskörper und aus dem Mentalkörper. Für jeden dieser Körper gibt es eigene Partitionen auf dieser Festplatte. In den Schriften werden sie als "permanente Atome" bezeichnet.

Und *während* eines Lebens? "Negative" Erfahrungen resultieren in Wunden und Narben am "*inneren Kind*" und am Vitalkörper - woraus gesundheitliche Störungen resultieren. Es ist jedoch erheblich besser, "negative" Erfahrungen zu machen als gar keine! Wir lernen praktisch nur aus Fehlern! Wir nennen das "learning by doing".

WIR LERNEN, INDEM WIR DAS TUN, WAS WIR LERNEN WOLLEN. DEN ALLTAG INTENSIV "AUF DEM MARKTPLATZ" GELEBT IST DIE BESTE "THERAPIE" UNSERES UNBEWUSSTEN ZUSTANDES.

Der spirituelle Meister Osho Rajneesh, der im letzten Jahrhundert Millionen auf den Weg gebracht hat, sagte sinngemäß: "*Lebt das Leben so risikoreich - aber gleichzeitig so bewusst wie möglich.*" Jeden Fehler sollte man nach Möglichkeit nur einmal machen, den Lern- und Erfahrungsgewinn einstreichen und dann mutig zum nächsten Fehler weiter schreiten. Wer verhindert, dass sein Kind Fehler macht, der verhindert, dass es sich entwickelt und selbständig wird.

Wenn man sein Potential nicht nutzt und verhindert dass man Fehler macht, setzen häufig Depressionen ein. Man steht dann unter maximalem Einfluss der Schwere und Dichte dieser Erde. Depressionen sind im Grunde ein Mangel an Licht, sie sind eine Form tiefer Dunkelheit und Verzweiflung. Licht jedoch ist Begeisterung, Mut, Handlung; diese kommen dann zu kurz. Licht steht für die Fähigkeit zur Wahrnehmung und zur Gestaltung der Zukunft. In einer Depression sieht man keinen Silberstreifen am Horizont mehr. Alles ist furchtbar. Man sitzt zuunterst in einem maßlos tiefen Loch!

Heilung ist trotzdem immer möglich. *Die unterdrückte, festsitzende, stockende Energie muss wieder fließen.* Wenn die Energie im Körper fließt ist Transformation möglich; wenn sie nicht fließt gibt es bestenfalls Übergewicht und schlimmstenfalls Krankheit und Tod. Vertrauen heilt Furcht, Inspiration heilt Depression.

Übergewicht ist übrigens fast immer *ein Zeichen von stagnierender Energie* und als solches nicht selten mit Depressionen verbunden. Die Stagnation betrifft in diesem Fall auf der körperlichen Ebene das Lymphsystem und den Stoffwechsel insgesamt. Ein Zimmer-Trampolin kann hier Wunder wirken. Dahinter stecken meist Schwermetallvergiftungen, Pilzbefall und Allergien oder maskierte Nahrungsmittel-Unverträglichkeiten, die zu Ess-Süchten führen.

12. Die Entwicklung der Persönlichkeit

Wir kommen jetzt zu einem besonders wichtigen Punkt, nämlich zu dem, worum sich die Menschen all die Jahrhunderttausende am meisten bemüht haben: zur Persönlichkeit, auch Charakter, niederes Selbst oder Ego genannt (in manchen Büchern wird auch die Seele als Ego bezeichnet). Was ist das?

Die Persönlichkeit eines Menschen ist nach der griechischen Bedeutung *die Maske, hinter der er sich anderen gegenüber verbirgt*. Es ist die Show, die er abzieht, wenn er im Leben verschiedene Rollen spielt; es sind die ihm wertvoll und wichtig erscheinenden Grundcharakterzüge, die er kultiviert und ausdrückt, weil er sich gegenüber den Mitmenschen abgrenzen will, weil er fälschlich glaubt, getrennt zu sein.

Die Persönlichkeit setzt sich zusammen aus dem physischen Körper mit seinen Instinkten und Trieben, aus dem Vitalkörper mit dem Bauplan und der Verbindung zum Pranastrom aus dem Kosmos, aus dem Gefühlsbereich (dem Emotional- oder Astralkörper) und aus dem niederen Denkbereich (dem niederen Mentalbereich - konkretes und abstraktes Alltagsdenken).

Die Persönlichkeit des Menschen ist aber nicht der Ausdruck seiner Einmaligkeit, seiner Individualität. Die Leute sind zwar stolz auf ihre starke Persönlichkeit oder ihren einmaligen Charakter. Sie glauben, damit über die Mitmenschen hinauszuragen. Die Ausprägung der Persönlichkeit erfolgt aber hauptsächlich unter dem Einfluss der Erziehung; und die ist in ein und dem selben Kulturkreis zu einer bestimmten Zeit für alle Menschen weitgehend gleich. Alle erfahren ungefähr die gleiche Erziehung und werden nach den gleichen Werten, Regeln, Gesetzen und Maximen ausgerichtet und geformt. Es werden den Menschen die selben Masken übergestülpt und *die Individualität wird dabei unterdrückt bis ganz zerstört.*

Und das ist sehr schädlich. Die Menschen sind natürlich keinesfalls gleich. Jeder ist einmalig. Statt die Menschen gleich zu bügeln, sollte man ihre Individualität hervorkitzeln. Die einmaligen Anlagen der Menschen werden bei weitem nicht genügend gewürdigt; Regierung, Priester und Lehrer hätten es am liebsten, wenn alle Menschen in den gleichen Situationen immer gleich reagierten. Das ist aber nicht im Sinne des Schöpfers. Es ist nur für eine Regierung viel einfacher. *Die Menschen werden damit vorhersagbar.* Darauf kann man eine "vernünftige" Zukunftsplanung aufbauen, kann mit Statistiken prognostizieren und manipulieren. *Auf diese Weise unterdrückt man jede Spontaneität, Individualität, ja das Leben als solches. Menschen sind keine Maschinen.*

Gott sei dank gibt es trotz gleichförmiger Erziehung große Unterschiede zwischen den Menschen. Bei den etwas weiter entwickelten, bewussteren schlägt die individuelle Eigenart durch, die sie als Seelen mitgebracht haben. Sie färben die Konditionierung der Erziehung mehr oder weniger stark durch eigene Wesenszüge ein und setzen auf diese Weise langsam, langsam den Einfluss ihrer Seele durch. Bevor das möglich ist, muss die Persönlichkeit aber erst einmal zumindest ansatzweise integriert sein. Vorher ist das nur gelegentlich abgeschwächt möglich.

Was bedeutet "Integration" der Persönlichkeit? Keiner der oben genannten Teile der Persönlichkeit sollte eigenständig Aktionen starten, womöglich gegen die Interessen eines anderen. Es macht zum Beispiel keinen Sinn Gedanken in die Tat umzusetzen, wenn der Bauch etwas anderes will.

DENKEN UND FÜHLEN SOLLTEN GEMEINSAM AN EINEM STRANG ZIEHEN.

Welche Instanz, welcher Teil im Menschen bestimmt, wenn sich die Einzelteile nicht einigen können? Bei vielen Menschen setzt sich der am besten entwickelte Teil durch: der Gefühlskörper. Die Menschen gebärden sich zwar oft total intellektuell, wenn es aber um wichtige Entscheidungen geht, entscheiden sie plötzlich aufgrund von Gefühlen: auf einmal spielen Ängste, Wünsche, Begierden oder andere eher unvernünftige Bereiche eine entscheidende Rolle. Das heißt nichts anderes, als dass diese lieben Mitmenschen noch mit einem Bein im Tierreich stehen.

DAS IST DIE SCHWIERIGKEIT DES MENSCHSEINS: DER MENSCH STEHT MIT EINEM BEIN NOCH IM DRITTEN NATURREICH DER TIERE UND MIT DEM ANDEREN SUCHT ER BEREITS EINEN FESTEN STAND IM FÜNFTEN NATURREICH, DEM DER ERLEUCHTETEN MEISTER.

Sein Körper hier und jetzt ist aber auf der Erde im vierten Naturreich, dem des Menschen. Wodurch unterscheiden sich diese Reiche? Die Tiere haben so gut wie kein Denkvermögen. Die Menschen besitzen eines, und zwar in vollem Umfang das niedere, wie ich das oben beschrieben habe. Sie eignen es sich mehr und mehr an und integrieren es in ihre Persönlichkeit.

Welches sind überhaupt die Voraussetzungen, dass man spirituell wächst? Transformation erfordert Mut, Einsatz und Risikofreude. Transformation (echte Wandlung von innen heraus - nicht äußere Tünche!) ist oft verbunden mit Ent-täuschung, Schmerz und Leid, weil wir viel altes aufgeben müssen. Hier greift das kosmische Gesetz des Opfers: *wir opfern die niederen Freuden für höhere Errungenschaften.*

Die Schwierigkeit besteht darin, dass wir erst aufgeben und dann spüren, was wir dafür erhalten. Es gibt keine rational begründbare Sicherheit - allein Hingabe und Vertrauen helfen weiter. Transformation wird deshalb sehr oft vermieden; dies geht jedoch auf Kosten der Gesundheit, weil uns die Seele immer wieder Signale schickt, die uns aufwecken und auf den Weg weiterer Experimente und Lernaufgaben schicken möchte.

Es ist in etwa folgende Situation: Sie stehen in stockdunkler Nacht auf dem hintersten Trittbrett eines schnell fahrenden Zuges. Die eine Hand ist noch an der Haltestange, ein Fuß schwebt schon über dem Abgrund. Und dann erschallt die Stimme Gottes und ruft: "Lass fahren, ich habe etwas besseres für dich vorgesehen, meine Tochter!" Jetzt dürfen sie die "Sicherheit" der Situation opfern für etwas, das sie noch nicht kennen. Sie dürfen einen Quantensprung wagen. Ein schwerer Entschluss. Der Aufruf: "Sicherheit zuerst" gilt nicht mehr! Jeder Gedanke an Sicherheit ist doppelte Illusion.

DIE EINZIGE SICHERHEIT, DIE WIR HABEN, IST DIE, DASS WIR UNS DARAUF VERLASSEN KÖNNEN, DASS SICH ALLES STÄNDIG ÄNDERT.

Diese Tatsache wird eingeschränkt durch die Beobachtung, dass die Veränderung gerade dann am längsten auf sich warten lässt, wenn wir sie am meisten wünschen, und dann am schnellsten kommt, wenn wir uns davon fern halten möchten. Es hat allerdings auch keinen Zweck, tollkühn und impulsiv zu handeln und das mit intuitiv zu verwechseln - was häufig auch in "Esoterik"-Kreisen geschieht.

Weiter oben konnten sie lesen, dass der heutige Mensch sich von den Atlantiern vor allem dadurch unterscheidet, dass er ein Selbstbewusstsein aufweist. Was genau ist das und welche Varianten treten auf?

SELBSTBEWUSSTSEIN IST DAS BEWUSSTSEIN DES MENSCHEN VON SICH SELBST (ALS PERSÖNLICHKEIT), ALS EIN VON DEN MITMENSCHEN GETRENNTES, EIGENSTÄNDIGES, INDIVIDUELLES WESEN.

Mit dieser Eigenschaft grenzen wir uns auch von den Tieren ab, die kein Selbstbewusstsein besitzen, wie uns die Zeitlose Weisheit lehrt. Man unterscheidet verschiedene Arten von Selbstbewusstsein und es ist wichtig, zu wissen, worum es sich im Einzelnen handelt.

Da wäre als erstes die *Selbstgenügsamkeit.* Diese ist ein Zeichen von Introvertiertheit. Es genügt einem, was man selbst hat, kann und schafft. Man begnügt sich mit wenig, schränkt sich ein; dies wird oft mit asketisch-religiösen Argumenten verbrämt, gründet jedoch meist auf Angst vor Tiefe in Beziehungen. Selbstgenügsamkeit kann aber auch die berechtigte Konzentration auf eigene Fähigkeiten sein und vor Ablenkung schützen.

Selbstzufriedenheit dagegen ist ein Zeichen von egoistischer Selbstsicht und -Sucht. Diese Überheblichkeit führt zur Missachtung der Leistung anderer. Selbstzufriedenheit beinhaltet den Stolz, alles allein zu können, schließt den anderen aus; keiner macht es solchen Menschen recht! Dies führt zu Isolierung und Leid. Selbstzufriedenheit folgt aus falscher *Selbstgefälligkeit* und bläht die eigene Bedeutung auf. Man übersieht großzügig die eigenen Fehler und manipuliert die Umgebung durch Launen und Unberechenbarkeit.

ZUFRIEDENHEIT LÄHMT. WENN SIE ZUFRIEDEN MIT DEM LEBEN SIND, DANN KÖNNEN SIE SICH AUCH GLEICH ZUM STERBEN NIEDERLEGEN. BETEN SIE UM DIE GÖTTLICHE UNZUFRIEDENHEIT!

Nörglerische Unzufriedenheit hat jedoch ebenfalls ihre Vorteile. Es ist durchaus nicht nur schrecklich, wenn jemand herumnölt und nichts tut. Nörglerische Unzufriedenheit erwächst daraus, dass man nicht den Mut aufbringt, nach dem eigenen Plan zu leben und muss *nur bis zur Unerträglichkeit gesteigert werden.* Dann hat sie ihre Aufgabe erfüllt und die Menschen reißen das Steuer herum weil sie sich selbst nicht mehr ertragen können. Es ist viel ungünstiger, wenn jemand sein Bedürfnis nach Nörgelei unterdrückt oder es auf ein erträgliches Maß herunterschraubt. Seine Situation wird sich dann lange Zeit nicht ändern.

Eine meiner Hauptmaximen, die ich mit Osho teile, ist die, dass wir nichts im Leben nur lauwarm tun sollten.

GEHEN SIE IN ALLES, WAS SIE TUN, MIT MÖGLICHST VIEL INTENSITÄT, HINGABE UND BEWUSSTHEIT HINEIN.

Nur ein bisschen Nörgeln führt nicht zur Veränderung der Situation. Sie müssen die Unzufriedenheit zu tiefst spüren, nur dann wirkt sie heilerisch. Auch intensive Zufriedenheit nutzt dann: sie führt zu unerträglicher Langeweile ...

Selbstmissachtung ist ein wenig bewusster Zustand und beinhaltet einen erheblichen Minderwertigkeitskomplex. Diese Menschen *fühlen sich abhängig von den Urteilen anderer und verstricken sich in die Konditionierung der Gesellschaft.* Dieser Charakterzug wird oft verbrämt mit vorgeschobenen religiösen Motiven, dahinter steht der Wunsch, geliebt zu werden und die von Angst genährte Unfähigkeit, nein sagen zu können. Dies ist besonders weit verbreitet!

DIE TIEFSTE URSACHE VON SELBSTMISSACHTUNG BESTEHT DARIN, DASS DIE EIGENE GÖTTLICHKEIT NICHT ERKANNT UND DIE VERBINDUNG ZU ALLEN MENSCHEN UND ZUM KOSMOS NEGIERT WIRD. DAS FÜHRT ZUR VEREINSAMUNG.

Aus dieser Falle kommt man nur durch *Selbstverwirklichung* heraus. Sie sollten aber mehr als bisher darauf achten, dass es dabei um die Verwirklichung des höheren Selbst`s geht, also um *die Durchsetzung von Willen und Absicht ihrer Seele, zum leben ihres Potentials.* Für viele Menschen ist Selbstverwirklichung zunächst einmal eine Reaktion auf unbewusste Unterordnung und dementsprechend eher persönlichkeitszentriert. Sie erhält dann eine fallweise starke egoistische Komponente.

Selbsterfüllung schließlich äußert sich durch aus dem Herzen strahlende Tugenden wie Freundlichkeit, Sanftheit, Mitgefühl, Großzügigkeit und Freigebigkeit. Diese Menschen (be-)schützen, nähren und sorgen für den anderen - weil sie so viel Mitgefühl haben, aber nicht, weil der Herr Pfarrer sie angewiesen hat oder weil sie geliebt werden wollen! Wahre Selbsterfüllung kann in und außerhalb von Paarbeziehungen gelebt werden. Sie führt zu echter, verinnerlichter Weitherzigkeit. Diese entsteht durch Transzendenz eigensüchtiger Begierden und blüht aus Überwindung der Trennung und Einschließlichkeit. Sie kann niemals verloren gehen, denn sie gehört zur Seele.

AUF DEM BEWUSSTSEINSPFAD GIBT ES KEINE RÜCKFÄLLE, HÖCHSTENS PAUSEN. SIE BEGINNEN JEDE INKARNATION MIT DEN ERRUNGENSCHAFTEN DER VORHERGEHENDEN.

Kann es zu *Selbstverwirklichung* noch eine Steigerung geben? Immer: *Liebe!* Diese ist von Natur aus einschließlich, umfassend, schützend, nährend, bergend; sie nimmt den anderen so an wie er ist. Sie will ihn nicht ändern. Sie weiß, dass Transformation in einer liebevollen Umgebung ganz von allein passiert. Liebe bringt (Ver-)Bindung und Vereinigung; Verschmelzung ist die höchste Form der Vereinigung.

LIEBE LÖST DIE IDEE DES GETRENNTSEINS AUF, LIEBE ÜBERWINDET DIE DUALITÄT.

Echte Liebe ist selbstlos (altruistisch) - sie will nichts haben. Liebe ist die Grundeigenschaft der Seele - diese ist immer mit allen und allem verbunden!

13. Bedauern, Bereuen, Entschuldigen

Was ist Höflichkeit? Höflichkeit ist eine Ansammlung "süßer kleiner Lügen", wie ein Schlager singt. Sie liegt auf einer Linie mit Komplimenten - sie sind selten echt. Beides dient dazu, den Umgang zwischen menschlichen Persönlichkeiten zu schmieren, zu glätten, zu manipulieren. Auf höheren Bewusstseinsebenen, dort wo die erleuchteten Meister wie Jesus leben, braucht man so etwas nicht und auch darunter sollten sie mehr und mehr darauf verzichten. Die Zeit ist nahe, dass die meisten Menschen Gedanken lesen und Gefühle anderer sehen können. Wozu dann noch alberne, womöglich verlogene Nettigkeiten austauschen?

Leider hat man uns in Schule und Elternhaus eingetrichtert, immer hübsch bescheiden, nett und ehrfürchtig zu sein. Die Mitmenschen sind ja so empfindlich! *Wenn man ehrlich ist, dann heißt es gleich, man würde kein Fettnäpfchen auslassen.* Im vergangenen Fischezeitalter herrschten vor allem Hingabe und Idealismus. Im Alltag macht das viele Menschen mitleidend, sie verleugnen sich selbst und sind nicht selten ein wenig weltfremd. Das macht sie dann auch angreifbar und sie leiden mehr, als es eigentlich vorgesehen war. Höflichkeit soll das ausbügeln und dient doch nur als Nahrung für die Persönlichkeit.

Kann man sich durch höfliches Bedauern, Bereuen und Entschuldigen aus versiebten Situationen retten? Vielleicht ahnen sie schon, dass das so einfach nicht geht. Ein solches Verhalten ist ganz eindeutig eine Falle. Und was für eine. Über das Thema Bedauern, Bereuen und sich Entschuldigen gibt es verheerende Fehlurteile. Und heikel ist die Angelegenheit auch noch. *Alle drei haben nämlich mit dem Eingeständnis der eigenen Unvollkommenheit, mit Misserfolg und dem Konzept der Sünde zu tun, über das wir noch sprechen werden.*

Bedauern, Bereuen und sich Entschuldigen sind ein Angriff auf die Persönlichkeit und rufen *Schuldgefühle, Selbstwertminderung und Selbstzweifel* hervor. Auf diese Weise werden wir manipulierbar, verlieren unsere Integrität als Seelen und büßen unseren freien Willen ein, der allein es ermöglicht, auf diesem Planeten wirklich Erfahrungen zu machen. Ich möchte das noch etwas erweitern.

WIR HABEN DAS RECHT UND DIE PFLICHT, ALLES AUSZUPROBIEREN, WAS AUF DIESEM PLANETEN MÖGLICH IST.

Freilich werden wir bestimmte Dinge nur am Anfang unserer Bewusstseinsentwicklung tun und später nicht mehr. Deshalb kann man am Verhalten eines Menschen und den Ergebnissen seines Tun seinen Entwicklungsstand in etwa ablesen: "*An ihren Früchten werdet ihr sie erkennen.*"

Viele Menschen haben in früheren Leben anderen Menschen geschadet. Nachdem sie dies schmerzlich erfahren und daraus gelernt haben, sind sie jetzt dazu übergegangen, sich selbst zu schaden. Häufig wählen sie dazu einen weiblichen Körper. Sie "*opfern sich dann für andere auf*", machen sich aber selbst kaputt oder beuten sich z. B. als Inhaberin eines Naturkostladens selbst aus.

Wenn sie auch diese Erfahrung auf ihrer Karmaliste abgehakt haben kommt als nächstes dran, *harmlos* zu sein. Harmlosigkeit bedeutet, *niemandem* zu schaden. Dies ist bereits ein hoher Entwicklungszustand. Ich rufe deshalb alle Leser eindringlich auf:

WERFEN SIE DAS KONZEPT VON SÜNDE, SCHULD UND SÜHNE ÜBER BORD. ES BEHINDERT SIE MASSIV DARAN, ZU WACHSEN.

Es mag früher in den niederen Entwicklungsstufen zuzeiten genutzt haben, indem es notdürftig äußerlich Ruhe und Ordnung zu schaffen *schien;* aber reicht ihnen das noch?

Wenn wir überhaupt etwas bereuen und uns bei einem anderen entschuldigen wollten, dann könnte dies nur darin bestehen, dass wir einsehen, Fehler *unnötig oft wiederholt* und uns so in unserer bewusstseinsmäßigen Weiterentwicklung gebremst zu haben. Ein solches Pardon kann starke (positive) karmische Konsequenzen nach sich ziehen, wenn es mit einer tiefen Einsicht verbunden ist, die den Menschen gleichsam daran hindert, den Fehler noch ein weiteres mal zu wiederholen.

SÜNDENBEICHTE, BEREUEN UND DIE ABSOLUTION DER KIRCHE HABEN EINE NEGATIVE WIRKUNG, WEIL SIE IN UNS DIE ILLUSION DES GETRENNTSEINS VON GOTT ZEMENTIEREN.

Bereuen wird durch eine auf Unterdrückung basierende Erziehung verstärkt. Manche Leute verhalten sich zuzeiten wie bezahlte Klageweiber! Dieses unechte, unbewusste, eher theatralische Verhalten heftet den Menschen aber noch fester an das berühmte Rad der Wiedergeburt (Samsara) und öffnet immer nur noch weitere Bereiche des Leids.

Es ist völlig sinnlos, Energie an die Vergangenheit zu verschwenden. Was geschehen ist, ist geschehen und es war gut so, wenn auch nicht immer besonders nützlich oder effektiv.

JE MEHR WIR ENERGIE IN DEN AUGENBLICK INVESTIEREN, UM SO EHER SIND WIR DER BEOBACHTER , DER IN JEDEM MOMENT KORREKTUREN ANBRINGEN KANN, SO DASS IM NACHHINEIN NICHTS VERBLEIBT, WAS UNS LEID TUN KÖNNTE.

Man braucht sich dann auch für nichts mehr entschuldigen - man hat keine Schuld auf sich geladen. Auch an die Zukunft sollte man nicht allzu viel Zeit verschwenden.

Im täglichen Leben drängt es Viele - wie in der Schulmedizin - immer wieder auf den Weg des geringsten Widerstandes; sie ziehen Symptombeseitigung wahrer, ursächlicher Heilung vor.

Sie wollen dem Leid und der Enttäuschung (der Aufhebung der Jahrmillionen alten Täuschung) entfliehen. Es gibt aber kein Entkommen von der Wahrheit. Durch Leid bzw. ein Ende der Täuschung kehren wir auf den rechten Weg zurück. Wir geben unsere Torheiten auf, wir lassen von unserer Täuschung ab. Wir verstehen mehr und mehr den illusionären Charakter unserer Sichtweise der Welt.

DURCH LEID BZW. EIN ENDE DER TÄUSCHUNG FINDEN WIR AUS DEM ELEND HERAUS, WERDEN DEMÜTIG UND EMPFÄNGLICH, LASSEN DIE FÜHRUNG DURCH DIE SEELE ZU UND OPFERN DABEI UNSERE PERSÖNLICHKEIT.

Nach einer Ent-täuschung gibt es nichts mehr zu bereuen. Wir sind dann frei und freuen uns darüber. Wenn wir jemanden enttäuschen, dann tun wir ihm damit sogar einen Gefallen. *Das stellt alles auf den Kopf, was sie bisher gelernt haben.* Wir haben gelernt, zu unserem Wort zu stehen und niemanden zu enttäuschen! Wenn wir bei einem Menschen, dessen Täuschung über uns auflösen, dann verhelfen wir ihm jedoch zu Wahrheit über uns. Ist das etwa nicht in Ordnung?

Wir helfen ihm dadurch, die Illusionen und Projektionen zu zerstreuen, die er über uns hatte. Häufig begegnen wir dabei aber auch unseren eigenen Illusionen über uns selbst, z. B. wenn wir uns einbilden, der Tag hätte mehr als 24 Stunden und wir könnten allen Menschen helfen, denen wir den lieben langen Tag begegnen. Wenn wir dann zu viel versprochen haben und einen Großteil unserer Versprechungen nicht einhalten können, ent-täuschen wir den Nächsten wie uns selbst.

Die schmerzlichste Ent-täuschung ist diejenige, die wir über uns selbst haben. Der Schleier wird für uns aber erst dann gelüftet, wenn wir alle Erfahrungen gemacht haben. Es gibt keine Abkürzungen, keine Auswege und kein Aussteigen aus dem Projekt Erde. Es geht nicht darum, dass wir diesen Planeten so schnell als möglich verlassen.

14. Ist der Mensch gut oder schlecht?

Vor einigen Tagen nahm ich an einer Messe in Wien in einer alten Dorfkirche teil, in welcher ein bekannter österreichischer Kardinal einer Gruppe von fünfzehnjährigen Mädchen und Jungen die Firmung erteilte. Zu ihnen zählte auch der Neffe meiner Partnerin - deshalb war ich dort. Der Kardinal, mittlerweile 96 Jahre alt und sehr rüstig, erklärte den Firmlingen das Sakrament. Bei dieser Gelegenheit konnte man - wenn man genau hinhörte - etwas über das Menschenbild des Kardinals erfahren, das ein getreues Abbild des Menschenbildes der Kirche darstellt. In einem Nebensatz sagte er sinngemäß: "Die jungen Leute sind gar nicht so *schlecht*, wie immer behauptet wird", was nichts anderes bedeutet, als dass sie doch eben schlecht sind - nur nicht *so* schlecht - was immer das bedeuten mag. In einem anderen Nebensatz kurz darauf sagte er: "Man kann mit den Erwachsenen ja sowieso nicht über anspruchsvolle Dinge, wie den Sinn des Lebens, reden. Die haben den Köpf ja eh nur voll mit Äußerlichkeiten, sind krasse Materialisten". Also sind auch sie schlecht, schließt man messerscharf, denn sie tun ja nicht das, was die Kirche predigt.

Der langen Rede kurzer Sinn: der Mensch ist schlecht oder anders ausgedrückt, Menschen sind Sünder - und deshalb brauchen sie auch die Kirche. Dort können sie ihre Sünden bereuen und werden durch den Kreuzestod erlöst. Mit Altersresignation oder Alterszynismus kann man diese Äußerungen schwerlich erklären. Dem Kardinal ist es trotz seines hohen Alters noch immer nicht gelungen, das Wahre, Schöne und Gute im Menschen zu entdecken. Warum nicht? Weil er ein treuer Diener der Kirche ist und die das nicht lehrt. Wo bleibt die viel gerühmte Altersweisheit? 96 Jahre alt und immer noch einen Kleinkinderglauben?

Ich möchte hier also die Frage stellen: *Ist der Mensch von Grund auf gut oder schlecht?*

Vielleicht werden Sie jetzt sagen: Gut natürlich! Und ich würde sagen: Falsch! Hier hilft kein positives Denken. Das hat übrigens immer nur sehr begrenzte Wirkung. Man kann sich nicht andauernd belügen. Irgendwann brechen die Selbstachtung und der Wunsch nach Ehrlichkeit durch.

Also ist der Mensch schlecht - könnten sie mit dem zitierten österreichischen Kardinal messerscharf schließen - und ich antworte wieder: Nein. Wenn der Mensch aber weder gut noch schlecht ist, was ist er dann?

DER MENSCH IST MANCHMAL GUT UND MANCHMAL SCHLECHT. BEIDES IST GLEICH GÜLTIG.

Wenn sie fragen: Was ist der Mensch, dann lautet die Antwort anders als wenn sie fragen: Was ist der Mensch von Grund auf. Dieses "von Grund auf" deutet auf die Seele, den Transformator, die der Mensch in Wirklichkeit ist, jedenfalls so lange er noch nicht die Monade, seine innenwohnende, höchste Göttlichkeit, realisiert hat.

Und wie ist der Mensch nun "von Grund auf", ist er gut oder schlecht? Lassen sie mich schrittweise vorgehen: die Seelen wurde uns von Gott eingepflanzt. Sie steht unter der Aufsicht der sogenannten Sonnenengel. Jede Seele, jeder Mensch hat einen eigenen Sonnenengel, der Tag und Nacht über seine spirituelle Entwicklung wacht; das ist nicht der bekannte Schutzengel, der sich eher um die Persönlichkeit kümmert.

Die Seele ist Kanal und Transformator für die monadischen (göttlichen) Botschaften, die wir als intuitiv empfangen einstufen. Wir sind zum gegenwärtigen Zeitpunkt die Seele (auch wenn wir es noch nicht gemerkt haben) und die Persönlichkeit sollte nur das Werkzeug, der Diener der Seele sein - wogegen wir uns zuzeiten heftig wehren. Kann die Seele also schlecht sein? Nein. Kann sie gut sein? Ja - Gott ist gut und unser göttlicher Anteil ist auch gut. Also ist der Mensch gut?

Bei diesem Gedankengang haben wir etwas ganz Wesentliches übersehen: *Die Seele lebt nicht in einer Welt aus gut und böse.* Das tut nur die Persönlichkeit. Die Seele ist über diese Schwarzweißmalerei hinaus: gut und böse, hell und dunkel, hoch und tief, Tag und Nacht etc. Das ist das, was man Dualität (Zweiheit, Gegensätzlichkeit) nennt - es gibt von allem auch das Gegenteil. Die Seele aber lebt jenseits der Dualität. Diese Dualität ist die Grundlage der Schöpfung *so wie wir sie als Menschen erleben.* Aus höherer Sicht ist das aber eine Illusion. Die duale Schöpfung sieht für die Seele anders aus als sie die Persönlichkeit erfährt.

WAS FÜR DIE PERSÖNLICHKEIT GUT UND BÖSE IST,
IST FÜR DIE SEELE *KEINES* VON BEIDEN.
FÜR DIE SEELE IST ALLES GLEICH GÜLTIG!

Sie sollten damit keinesfalls etwas entsetzlich Langweiliges verbinden, einen gleichmäßigen Mischmasch, Nullbock ... Das ist keine Übertreibung! Viele Menschen sehen das mit Angst in den Augen so! Sie verwechseln "gleich gültig" mit egal, "wurscht".

Es ist nicht einfach, die Dualität zu verstehen. Wir sehen sie meist als unvereinbare Gegensätze; sie kann aber die *zwei Seiten einer Münze* darstellen. Dann sind die gegenteiligen Bezeichnungen bereits untrennbar verbunden. Von dort zur Sichtweise der Seele ist dann nur noch ein kleiner, aber feiner Denkschritt, den zu gehen uns aber so schwer fällt.

WENN ALLES GLEICH GÜLTIG IST, DANN GIBT ES KEINEN GRUND UND KEINE BERECHTIGUNG ZU KRITIK!

Die Neigung zu Kritik, zu heftiger Abneigung und zu Hass, der auf Kritiksucht oder einem Überlegenheitskomplex beruht, ist in hohem Grad schuld an der Übersäuerung, an der die meisten Menschen leiden. Sehr viele Menschen neigen in bezug auf sich selbst zu einem Minderwertigkeitskomplex, jedoch zu einem Selbstüberschätzungskomplex dort, wo es sich um ihre Beziehungen zu anderen Menschen handelt! *Kritik wirkt in den meisten Fällen zerstörerisch, sowohl auf den Kritiker als auch auf den Kritisierten als auch auf seine Ansichten etc.*

Das sollten die Politiker dieser Welt einmal verinnerlichen, oder die Wissenschaftler. Wie viel Miteinander wäre dann möglich, wie viel effizienter könnte man wirken und wie viel schneller könnte die Welt sich entwickeln. Und wie verhält es sich dann mit der konstruktiven Kritik? Ich würde sagen, dass es dabei darauf ankommt, welches Motiv dahinter steht und wie sie vorgebracht wird. Es kann sein, dass konstruktive Kritik nur als solche daher kommt. Dann erachte ich sie auch als schädlich. Und als säurebildend!

Das ist für Ernährungsberater wie mich ganz besonders interessant und das sollten alle Menschen wissen. Ich habe gerade ein Buch über Entsäuerung veröffentlicht. Sie sollten sich mehr darum kümmern, welche gesundheitlichen Folgen ihr Handeln, Fühlen und Denken hat. Wir werden uns in Kapitel 16 näher damit befassen.

Wir haben es bisher vermieden, das Böse anzusprechen, das Übel etc. Jetzt ist es an der Zeit die Frage zu stellen: Gibt es das Böse wirklich oder ist es auch nur Illusion? Ich darf ihnen mit Meher Baba antworten:

ES GIBT KEIN BÖSES.
ES GIBT NUR VERSCHIEDENE GRADE DES GUTEN.

Das ist kein Gag. *Es ist die Wahrheit.* Sie drückt aus, dass alles, was ihnen begegnet, ob sie das nun als gut oder als böse bezeichnen, zu ihrem Wachstum gereichen kann. Das ist keinesfalls eine Verniedlichung der Gefahr des Bösen.

DAS, WAS SIE ALS DAS BÖSE BEZEICHNEN,
EXISTIERT NUR IN IHRER WAHRNEHMUNG DER SCHÖPFUNG.

Mit ihrem falschen Denken und ihrer eingeschränkten Bewusstheit können sie die Schöpfung nicht so wahrnehmen wie sie ist. *Sie sehen sie nur immer so, wie sie ihnen erscheint oder noch besser, wie sie sich die Schöpfung vorstellen.*

Sie sind die Schöpfer ihrer "Realität". Das schließt die wissenschaftliche Forschung z. B. der Physik mit ein. Auch die vielgepriesenen "Doppelblindstudien" sagen nur etwas aus über die Zustände in der selbst erzeugten Illusion und *rein gar nichts über die Wirklichkeit.* Physikern an der Forschungsfront dämmert diese Erkenntnis nun langsam und erzeugt verständlicherweise erheblich Unruhe, weil das ganze alte Weltbild von der Unerschütterlichkeit der naturwissenschaftlichen Forschung ins Wanken gerät.

Wenn alle Menschen blind wären, dann käme z. B. niemand auf die Idee, dass es so etwas wie Licht gäbe. Das sagt über die tatsächliche Existenz von Licht aber rein gar nichts aus. Wir begreifen die Welt als dual. Von allem gibt es zwei gegensätzliche Seiten. Das ist unser Denkmuster; es ist unser Erkenntnisraster - alles was dadurch nicht passt, existiert für uns nicht. *Wir nehmen es erst gar nicht wahr.* Deshalb werden wir dieses trügerische und zur Verfälschung der Wirklichkeit führende Muster nur sehr schwer los. Wir sind von Kindesbeinen darauf getrimmt. Das ist uns so sehr in Mark und Pfennig übergegangen, dass niemand - außer ein paar Philosophen und Weisen - daran zweifelt.

Und da dieses Konzept im täglichen Leben zu stimmen scheint, gehen wir stillschweigend davon aus, dass das die Wahrheit ist, die der Wirklichkeit entspricht. Alle Beobachtungen, die gegen dieses Erkenntnisraster sprechen, *blenden wir unbewusst sofort aus.* Deshalb ändert sich unsere Erfahrung der Welt nicht. Ist das für sie ein Augenöffner? Ich selbst hätte nie gedacht, dass philosophische Konzepte einen derart elementaren Einfluss auf das tägliche Leben haben, sagte ein Freund kürzlich zu mir, nachdem wir über diese Fragen diskutiert hatten.

Hier geht es aber gar nicht um philosophische Konzepte. Es geht darum, wie wir als Menschen *tatsächlich* funktionieren! Ständig schwingen wir von einem Extrem zum anderen. Und wer das vermeiden will "setzt sich still in eine Ecke und wartet, bis der Anfall vorüber ist" und ist schon wieder in einem Extrem: diesmal dem Extrem des Nichtstuns im Gegensatz zum Ständig-Etwas-Tun.

WENN BUDDHA SAGT, WIR SOLLEN IN DIE MITTE KOMMEN, SO MEINT ER: WIR SOLLEN DIE ILLUSION DER DUALITÄT VERLASSEN.

Manche verwechseln das und werden lauwarm und lahmarschig, gleichgültig ... Hier geht es wirklich ums Eingemachte. *Vielleicht sind diese Absätze die Kernpunkte des ganzen Buches.* Nein, nicht vielleicht, eher schon viel, leicht! Es *sind* die Kernsätze! Deshalb tauchen sie mehrmals auf.

So wie sie das Böse wahrnehmen ist es nur Teil der Dualität und das Gegenteil des Guten. Das Böse ist für sie - wie das Gute - das Resultat der illusionären Wahrnehmung der Schöpfung und deshalb selbst Illusion. Wenn es so etwas gibt wie "das Gute" so muss es in einem dualen Kosmos auch so etwas wie "das Böse" geben. *Ein göttliches, über der Schöpfung stehendes Böses (oder Gutes) gibt es aber nicht.*

Es ist wahr, dass es einen Schöpfer dieses Kosmos gibt. Er hat ihn geschaffen. Er hat es auch vorgesehen, dass wir im Laufe unserer irdischen Erfahrungs- und Forschungsreise in die Versuchung kommen, die Schöpfung in verzerrter dualer Form zu erkennen und unter dieser Erkenntnis zu leiden oder uns darüber zu amüsieren, zu freuen. Fragen sie nicht, warum das so ist - es hat dem Schöpfer des göttlichen Plans eben gefallen, dass es so ist. Es hätte auch anders sein können. Der Schöpfer hat das Böse nicht geschaffen, aber die Wahrscheinlichkeit respektive Möglichkeit für die Menschen eröffnet, dass sie seine Schöpfung irrtümlich als dual ansehen und dementsprechend auch das Böse (selbst) schaffen.

DAS BÖSE IST - WIE DAS GUTE - EINZIG UND ALLEIN DIE FOLGE EINER ILLUSIONÄREN FEHLINTERPRETATION DER SCHÖPFUNG DURCH DEN MENSCHEN.

Dem Schöpfer könnte man für die praktischen Zwecke dieses Kapitels universales Erkenntnisvermögen zuschreiben. Er wäre dann das, was sieht, und das, was über seine Schöpfung zu sehen ist. Wenn wir Menschen *alles* sehen, *alles* hören, *alles* fühlen, *alles* schmecken und *alles* ertasten könnten - und zwar so wie es wirklich ist -, dann würde es kein Böses geben, *denn Böses kommt von Begrenzung der Wahrnehmung*. Es ist unsere Sicht der Welt. Aus der Sicht des Schöpfers gibt es kein Böses - aber auch kein Gutes.

Gott ist demnach auch nicht das Licht? Nein. Das ist eine unzulässige Vereinfachung. Alle göttlichen Wesenheiten sind ohne jeden Zweifel *jenseits* der Dualität. *Deshalb kann man sie auch nicht mit Begriffen aus der Dualität beschreiben*. Licht ist ein solcher Begriff aus der dualen Illusion.

GOTT IST WEDER LICHT NOCH DUNKELHEIT.

Sie kommen der Wahrheit am nächsten, wenn sie über Gott von dem Wesen sprechen, über das wir Menschen - eingefangen in die Illusion der Dualität - im Grunde genommen *nichts Wesentliches aussagen können,* weil er außerhalb dieser Dualität existiert.

Aber sagen sie das einmal Lieschen Müller. Sie will halt einen Gott zum anfassen, zum knuddeln - zumindest aber einen Gott, zu dem sie ehrfürchtig aufschauen kann und den sie mit Attributen aus der ihr vertrauten Welt belegen kann, die sie überhaupt nicht als illusionär empfindet. Dass ihre Idee eines gütigen, allmächtigen Gottes eine Illusion ist, *dämmert ihr nur wage in dunklen Stunden des Zweifels nach einem furchtbaren Unglück oder dem Tod einer geliebten Person.*

Man hat den alten Griechen und Römern immer vorgeworfen, sie hätten die Götterwelt ihres Himmels mit allzu menschlichen Attributen ausgestattet. Der christliche Gott unterliegt dieser Feststellung ebenfalls - mit nur geringen Abstrichen. Die griechischen und römischen Götter hatten immerhin gute *und böse* Eigenschaften und kamen damit der Wirklichkeit sogar näher als der christliche Gott, der einseitig nur gut sein soll. Das Böse, den Teufel projizierte man dann auf die Nichtchristen, z. B. auf die Juden, die angeblich Jesus getötet haben. Dass das eine ungerechtfertigte, billige Projektion ist, die nur zu Verfolgungen und Kriegen führt, liegt auf der Hand. Es ist kindisch zu glauben, man selbst sei immer der/die Gute und die anderen sind die Bösen. *Lösen wir uns doch endlich von diesen Kleinkinderprojektionen!*

Das Böse ist also Teil unserer illusionären Betrachtungsweise der Schöpfung - ich möchte dies aus gutem Grunde noch einmal wiederholen. Wenn es ein Gutes gibt, dann muss es in der Art und Weise, wie wir unerleuchteten Menschen die Welt betrachten, auch ein Böses geben. Das ist klar. Und beides ist eine Illusion. *Wie wir uns ja überhaupt die ganze Zeit in diesem Buch mit Details dieser Illusion herumschlagen - nicht zuletzt, um den Grundstein für ihre Auflösung zu legen.*

WEIL DAS BÖSE GENAUSO TEIL IST VOM GANZEN WIE DAS GUTE, KANN MAN NICHT EINFACH DAS BÖSE VERDAMMEN UND NICHT HABEN WOLLEN, WEIL EINEM DABEI AUCH DAS GUTE ZWISCHEN DEN FINGERN ZERRINNT.

Beide sind die zwei Seiten einer Medaille. Wenn sie den "Kopf" nicht mögen und deshalb die Münze wegwerfen, dann verlieren sie auch die "Zahl". So einfach ist das.

Was die Angelegenheit aber besonders brisant macht: *der Mensch hat beides: er besitzt eine duale Persönlichkeit und eine nonduale Seele bzw. Monade.*

Die Persönlichkeit ist gut *und* böse, Seele und Monade sind weder noch.

Diese Erkenntnisse haben auch Bezug zu der immer wiederkehrenden Diskussion über die rechts- oder linksradikalen Anarchisten in der Politik. Einerseits gewährt Demokratie Freiheit der Meinung und dessen Ausdruck. Andererseits schränkt sie diese Freiheit wieder ein indem sie sagt: die Mehrheit bestimmt, welche Meinungen frei verkündet werden dürfen. Sie dürfen nicht zu radikal sein:

- Sind sie gegen die Staatsform der Demokratie insgesamt, dann sind sie verboten.
- Wenden sie sich gegen die Religion einzelner oder vieler Mitglieder sind sie ebenfalls verboten.
- Wird die viel gerühmte Zivilcourage zu mutig, dann wird sie von den wirtschaftlichen Interessen nieder gemacht, usw.

Das ist wirklich ein sehr heikles Problem. Es gibt in der Welt außer dem, was wir oben als das Böse bezeichneten noch etwas besonderes. *Das sind die Kräfte, die gegen den göttlichen Plan arbeiten.* Ich nenne sie hier einmal "das Übel". Sollen wir diese Kräfte akzeptieren oder sie bekämpfen oder vielleicht einfach ignorieren?

Natürlich sind diese Kräfte auch Teil der Dualität und der großen Illusion. Wir sollten diese Kräfte auch akzeptieren. Ignorieren halte ich für falsch und gefährlich. Schließlich sind sie da. Akzeptieren bedeutet jedoch nicht, dass wir nicht unseren eigenen, andersartigen Standpunkt vertreten und wenn nötig auch gegen diese Kräfte Stellung beziehen oder gar aktiv gegen sie vorgehen.

Gilt dies nur für uns dualitätsgläubige Menschen? Es gilt auch für die Hierarchie der Meisterinnen und Meister hinauf bis zu Buddha und Christus. Viele wohlmeinende Menschen aus der Kuschelesoterik-Szene sind grundsätzlich gegen Kampf.

DAMIT VERLEUGNEN SIE JEDOCH EINEN DER DREI ASPEKTE DER GOTTHEIT: DEN WILLENSASPEKT. WER DAS TUT WIRD EINSEITIG, KANN NICHT HEIL ODER HEILIG WERDEN.

Die Mitglieder der Hierarchie, die sich um die Belange dieses Planeten kümmern, sehen die Welt dank ihrer Erleuchtung zwar völlig anders als wir, da sie jedoch mit der Welt arbeiten, müssen sie zuzeiten in eine Rolle schlüpfen, deren Eigenschaften mit der illusionären Dualität verbunden sind. Sie kämpfen deshalb z. B. gegen "*das Übel*". Sie sind sich übrigens in den zu ergreifenden Maßnahmen nicht immer einig.

Und wie ist das dann mit der Liebe Gottes? Man sagt doch oft: Gott = Liebe oder auch Gott = Bewusstheit. Hier müssen sie unterscheiden zwischen irdischer (dualer) Liebe als Gegenteil von Hass und einer Qualität, die man hier nur zur Unterscheidung "*Superliebe*" nennen könnte. Genauso gibt es ein "*Superbewusstsein*" über dessen Eigenschaften wir Menschen nicht viel aussagen können. Wir wissen einfach nicht wirklich was das für Eigenschaften sind. Wir wissen nur, dass sie ganz anders sind als in unserer illusionären dualen Weltsicht.

SUPERLIEBE IST KEIN GEFÜHL, AUCH KEIN NOCH SO ERHABENES. SIE WILL NICHTS, DA SIE SELBSTLOS UND BEDINGUNGSLOS IST; SIE BRENNT AUCH NICHT - SIE IST EHER KÜHL, SIE IST ALLUMFASSEND IN EINER DIMENSION, DIE WIR NICHT KENNEN. *ABER DAS SAGT ALLES NICHT WIRKLICH ETWAS AUS.* WIR KÖNNEN DAS ERST NACH DER ERLEUCHTUNG BESSER VERSTEHEN.

"*Die Sonne scheint gleichermaßen über Sünder und Gerechte.*" Diesen Satz aus der Bibel haben die Christen selten wirklich verstanden und noch seltener konsequent ernst genommen. Die Superliebe Gottes kommt allen Menschen ständig gleichermaßen zugute; nicht nur den braven, frommen, sondern auch denen, die gerade eine Lernaufgabe erarbeiten, die zu den Bereichen zählt, die gemeinhin als böse, schlecht oder sündig gelten.

Und deshalb braucht Gott uns auch niemals etwas zu vergeben ... und Gott verdammt auch niemanden.

GOTT HAT NOCH NIE JEMANDEN VERDAMMT.

Nur die Kirche maßt sich das an. Sie hat nicht nur die Sünde, sie hat sogar die Todsünde und die ewige Verdammnis erfunden. *Sehen sie, wie sich der Papst über Gott stellt?* Wenn das keine Blasphemie ist. Zum Glück glauben das nur noch wenige Menschen. Man kann den Leuten heutzutage nicht mehr alles weismachen. Daran sehen sie, dass das Fischezeitalter schon Fortschritte gebracht hat.

Wie geht ein erleuchteter Meister wie Jesus mit dem Bösen um? Das ist für uns nicht das entscheidende Thema. Es geht nicht um Jesus, sondern um das, was er uns empfiehlt. Ich möchte sie an "das Gleichnis vom Unkraut unter dem Weizen" in der Bibel erinnern.

"Mit dem Himmelreich ist es wie mit einem Mann, der guten Samen auf seinen Acker säte. Während nun die Leute schliefen, kam sein Feind, säte Unkraut unter den Weizen und ging wieder weg. Als die Saat aufging und sich die Ähren bildeten, kam auch das Unkraut zum Vorschein. Da gingen die Knechte zu dem Gutsherren und sagten: Herr, hast du nicht guten Samen auf deinen Acker gesät? Woher kommt dann das Unkraut? Er antwortete: Das hat ein Feind von mir getan.

Da sagten die Knechte zu ihm: sollen wir gehen und es ausreißen? Er entgegnete: Nein, sonst reißt ihr mit dem Unkraut auch den Weizen aus. Lasst beides wachsen bis zur Ernte. Wenn dann die Zeit der Ernte da ist, werde ich den Arbeitern sagen: Sammelt zuerst das Unkraut und bindet es in Bündel, um es zu verbrennen; den Weizen aber bringt in meine Scheune."

Wie würde Jesus dieses Gleichnis hier und jetzt deuten?

Ich versuch mal: Der Acker ist natürlich die Erde. Der Samen sind sie, die Menschen. Die Wesenheit, die den Samen zur Aussaat zur Verfügung stellt ist der, der uns Menschen auf die Erde gesandt hat, Gott bzw. der Logos unseres Sonnensystems. Von ihm kommen sie, also ist er ihre wahre Heimat, das "Himmelreich" des Gleichnisses. Die beiden Sämänner sind die Verkörperung von Gut und Böse im Rahmen unserer dualen Sicht der Schöpfung. Der gute Sämann ist z. B. Jesus, weil sie glauben, dass er das sogenannte Gute in ihnen fördert, der schlechte Sämann ist der Teufel, von dem sie annehmen, dass er das sogenannte Schlechte in ihnen fördert. Da sie zuzeiten "gut" und ein andermal "böse" sind, fällt ihnen beides zu: sie haben Erfolg (Weizen) oder machen einen Fehler (Unkraut). Aus *beidem* lernen, durch *beides* wachsen sie aber.

Im Gleichnis wird keines von beiden behindert! Das ist der entscheidende Punkt, warum ich dieses Gleichnis hier wiederholt habe: Gott lässt beide Samenarten säen *und* wachsen bis zur Ernte, denn in der Dualität, als die uns diese Schöpfung erscheint, gibt es immer beides. Eines ist so wichtig wie das andere. Oder könnt ihr von einer Medaille die eine Seite wegwerfen ohne auch die andere zu verlieren?

DIESES GLEICHNIS BELEGT EINDEUTIG, DASS SIE BEIDE SEITEN DER DUALITÄT AKZEPTIEREN UND LEBEN MÜSSEN, UM INS HIMMELREICH ZU GELANGEN, UM ERLEUCHTET WERDET.

In diesem Gleichnis wird beides, Weizen und Unkraut geerntet: Der Weizen wird gegessen, das Unkraut zur Energiegewinnung genutzt - Wärme von innen und von außen!

Wenn sie während des Wachstums eingreifen, zerstören sie die Versuchsanordnung, die Basis für die irdischen Erfahrungen. Sie sollen ja in der illusionären Dualität lernen - erst danach könnt wir sie hinter uns lassen. Unsere zum Wachstum führenden Erfahrungen dürfen sich nicht auf gut *oder* böse beschränken.

Die Kirche hat den verhängnisvollen Fehler gemacht, einen Teil des Menschen und der gesamten Schöpfung als böse zu bezeichnen und zu verdammen.

Hingebungsvoll, wie die Menschen im Fischezeitalter unter dem Einfluss eines verstärkten Hanges zu Idealismus und Hingabe nun einmal waren, haben sie daraufhin das Böse in sich verdrängt und ins *Unterbewusste* gedrückt und geglaubt, sie könnten sich dadurch von der Sünde befreien. So einfach und schnell kriegen sie das Böse aber nicht los; auch durch gute Vorsätze kann man die Dualität nicht überwinden. Das muss man sich erst einmal klar machen. Umdenken tut not!

Nun besteht jedoch eine Tendenz, absichtlich oder leichtfertig böse zu sein. *Die Menschen neigen durch ihre Identifikation mit ihrem Körper und ihren Gefühlen zum Bösen, weil das Böse mit den niedrigen Schwingungen der Materie besser harmoniert als das Gute.* Sie müssen sich nicht darum bemühen. Die Trägheit der Materie führt zur Bequemlichkeit. Vermutlich deshalb hat sich die Angst vor dem Bösen - vor Chaos und Verbrechen, vor Anarchie und "Wildwestmethoden" durchgesetzt und Kirche und Regierungen haben die Menschen in eine Flut von Ge- und Verboten, von Gesetzen und Vorschriften eingezwängt - immer in der Hoffnung, dass er dadurch ordentlich und ruhig lebt. Wenn man die Geschichte der letzten 2000 Jahren überblickt, kommt man sehr rasch zu dem Schluss, dass das Konzept kläglich versagt hat.

Wie anders kann man es denn erklären, dass brave Familienväter, die nach außen nur positiv bzw. gar nicht auffallen, insgeheim Kinder misshandeln, im Kriegsfall Frauen vergewaltigen und zu den schrecklichsten Grausamkeiten fähig sind? Die äußere Tünche bröckelt zuzeiten ab, das durch die Verbote verdrängte "Böse", das im Inneren als Schatten lauerte, bricht hervor. Es zeigt sich plötzlich, wo diese Menschen wirklich stehen. Die drei "S" haben die Entwicklung Jahrtausende lang oder mehr aufgehalten.

In den herrschenden Kreisen hat man sich überlegt, wie man die Gebote durchsetzen kann und hat es - ebenso primitiv wie naheliegend - mit Gewalt versucht. Man hat also selbst zu Mitteln des Bösen gegriffen, um das Böse von anderen Menschen zu verhindern. Wo - ich frage sie - liegt der prinzipielle Unterschied zwischen einem Menschen, der einen anderen Menschen umbringt und einem Volk, das ein anderes Volk z. B. im Krieg umbringt und Machthabern, die - wie in den USA immer noch üblich - Bürger des eigenen Staates hinrichten?

Man kann natürlich trickreich Unterschiede konstruieren, um das eigene Tun zu verbrämen. In Wirklichkeit und Ehrlichkeit gibt es aber keinen. In allen drei Fällen handelt es sich um Mord, alle drei gehören in die Welt des Bösen. Schon allein daraus ergibt sich, dass gewaltsame Unterdrückung nicht funktionieren kann, denn dabei wird "der Teufel mit Beelzebub ausgetrieben - auch und gerade dann, wenn die eine Gewalt "Justiz und Polizei" heißt. Es sind nämlich von Seiten der Herrschenden unlautere Motive am Werke: man hat das Ganze nicht inszeniert, um die Menschen spirituell zu fördern, sondern einzig und allein um *selbst* in Ruhe *herrschen und ausbeuten* zu können. Auch aus diesem Grund kann das System nicht zu echter Transformation führen. *Das allein ist aber Sinn und Ziel des Lebens auf diesem Lernplaneten Erde!*

Damit das ganze besser läuft, hat man den Menschen im Falle von Verfehlungen nicht nur weltliche Strafen angedroht und durchgeführt sondern auch göttliche. Wer bei Rot über die Ampel fährt, wer statt 50 km/h 80 km/h fährt, wer keinen Zoll oder zu wenig Steuern bezahlt oder Schwarzarbeiter anstellt, ist ein Verbrecher und ein schlechter Mensch. Da sich jeder Mensch schon des öfteren hat etwas zuschulden kommen lassen, laufen alle mit einem schlechten Gewissen herum und sind so hervorragend manipulierbar. Das schlechte Gewissen und der Schuldkomplex wurden so tief in den Menschen eingefügt, dass es nur wenige gibt, die sich erfolgreich davon befreit haben. *Lösen sie sich mutig davon!*

Vor Gericht spricht man bei Menschen, die ihre Tat nicht bereuen von einem "*mangelnden Unrechtsbewusstsein*" und man behandelt einen Angeklagten sanfter, wenn er seine Tat *bereut.* Das dient dazu, das verhängnisvolle System zu zementieren. Die Leute zeigen dann berechnend oder zwanghaft antrainiert - in jedem Fall aber verlogen - Reue, um eine mildere Strafe zu bekommen. Und spätestens beim übernächsten mal ist wieder alles beim alten.

UNSER GANZES GESELLSCHAFTS-SYSTEM IST AUF UNEHRLICHKEIT UND ÄUSSERE TÜNCHE AUFGEBAUT - UND ZWAR VON STAATLICHER WIE VON KIRCHLICHER SEITE AUS. ES IST EIN SCHWARZMAGISCHES SYSTEM, DAS DIE MENSCHEN VERWIRRT STATT TRANSFORMIERT.

Natürlich muss man sich in einer menschlichen Gesellschaft bei der z. Zt. noch herrschenden Unbewusstheit auf gewisse Verhaltensregeln einigen und diese auch einhalten. Das kann auch die Integration der Persönlichkeit unterstützen.

WER SICH AN DIE WELTLICHEN GESETZE UND DIE KIRCHLICHEN GE- UND VERBOTE HÄLT, IST ZWAR EIN "GUTER" MENSCH, ABER DESWEGEN NICHT AUTOMATISCH EIN BEWUSSTER.
ES KANN SEHR GUT SEIN, DASS EIN MENSCH GERADE DESWEGEN IN SEINER BEWUSSTSEINSENTWICKLUNG SCHNELLER VORANKOMMT, WENN ER SICH AN EINIGE DER REGELN UND GEBOTE *NICHT* HÄLT UND STATTDESSEN SEINER INTUITION FOLGT.

Diese Regeln dienen ja nicht der Bewusstseinsentwicklung. Sie sollen nur ein von außen auferzwungenes, unechtes Wohlverhalten erzeugen. Sie wirken nicht von innen heraus. *Die Unterdrückung eines Teils der menschlichen Natur kann niemals dazu führen, dass sich der Mensch weiter entwickelt* - er kann unter dem Einfluss von äußeren Regeln nicht frei experimentieren. Es kann zwar eine Lernaufgabe sein, dieses System zu durchschauen. Dazu war in den vergangenen Jahrhunderttausenden aber so viel Gelegenheit, dass es nun wirklich an der Zeit ist, neue Wege zu gehen, damit die Menschen rascher weiter kommen. Jedenfalls können sie diese neuen Wege für sich verwirklichen, auch wenn sie in einer Gesellschaft alten Stils leben. ***Es kommt allein auf sie an, liebe LeserInnen.*** Wenn sie wirklich wollen, dann können sie sich aus dem Gefängnis der drei "S" (Schuld, Sünde, Sühne) und ihrem schlechten Gewissen befreien. *Lauschen sie der inneren Stimme ihrer Seele, dann landen die Botschaften des konditionierten Gewissens rasch auf dem Müll.*

Eine Reihe der staatlichen Vorschriften existiert auch nur dazu, im Falle eines Gerichtsverfahrens leichter ein (der inneren Situation niemals gerecht werdendes) Urteil fällen zu können. Der Straßenverkehr ist das beste Beispiel dafür. Die Flut von Regelungen und die Unmenge an Verkehrszeichen sind ganz einfach nicht vollständig einhaltbar. Ja es gab schon mutige Autofahrer, die durch ihr provokant sklavisches Befolgen der Regeln diese ad absurdum führten und den Verkehr derart stark behinderten, dass sie von der Polizei bestraft wurden.

Die Flut der Regel-Inflation im öffentlichen Leben wiegt den Bürger in Scheinsicherheit. Alles wird dadurch (scheinbar) ungefährlich. Er passt nicht auf - er träumt. Je sicherer das Leben erscheint, um so weniger aufmerksam ist der Mensch.

AUFMERKSAMKEIT, *PRÄSENZ IM AUGENBLICK*, SIND JEDOCH GEFRAGT. SIE ALLEIN BRINGEN UNS BEWUSSTSEINSMÄSSIG WEITER!

Wie oft wird behauptet, dass bei Unfällen zu hohe Geschwindigkeit die Ursache gewesen sei. In Wirklichkeit aber war es *sehr oft einfach Unaufmerksamkeit* oder Konzentrationsschwäche. Die Leute haben während der Fahrt telefoniert, gegessen, geraucht, diskutiert oder *an etwas anderes gedacht.* Wer das tut, verunglückt auch bei niedrigen Geschwindigkeiten. Er braucht den Unfall geradezu, um aufzuwachen!

Viele Menschen haben auch einen Führerschein, obwohl sie für das Lenken eines Kraftfahrzeugs nicht (mehr) geeignet sind, weil sie die nötige Wachheit und Reaktionsfähigkeit nicht (mehr) aufbringen. Statt nun alle übrigen Fahrer durch eine Flut von (insgesamt nicht einzuhaltenden) Vorschriften auf ein eben so niedriges Aufmerksamkeitsniveau zu bringen, sollten diejenigen Fahrer, die sich überfordert fühlen und nach Geschwindigkeitsbeschränkungen rufen, lieber so ehrlich sein und *die Fahrerlaubnis zurückgeben*. Aufmerksamkeit (die zur Transformation führt) wird durch erhöhtes Risiko gefördert. Deshalb schlafen die Menschen auf geraden Straßen mit Geschwindigkeitsbeschränkung leichter ein als z. B. auf herausfordernden Passstraßen.

DER RUF "SAFETY FIRST" (SICHERHEIT ZUERST) DARF NICHT DAS ALLES EINBEZIEHENDE LEBENSMOTTO WERDEN - SONST ENDET JEDES SPIRITUELLE WACHSTUM.

Das Einhalten bzw. Übertreten von weltlichen Gesetzen und kirchlichen Ge- und Verboten darf nicht länger mit Schuld, Sünde und Sühne erzwungen werden. Diese drei "S" sind höchst gefährliche Erfindungen, die den Menschen immer tiefer in Unfreiheit verstricken. Wir haben jetzt lange genug damit experimentiert - wir wissen jetzt, dass sie schaden. Genug ist genug!

**WANN ENDLICH GEBEN WIR ZU, DASS DAS ANTRAINIERTE GEWISSEN KRIEGE, CHAOS, BLUT UND TRÄNEN *NICHT* VERHINDERT UND STATT DESSEN DIE BEWUSSTSEINSENTWICKLUNG DER MENSCHEN AUFGEHALTEN HAT. DIE LIEBE IST DAS KIND DER FREIHEIT, NICHT DAS KIND DER UNTERDRÜCKUNG.
LIEBE UND WEISHEIT SIND JEDOCH UNSER ALLER ZIEL!**

Wenn ein Mensch ein Gesetz übertritt, das die Gemeinschaft aufgestellt hat, zu der er gehört oder bei der er zu Besuch ist, dann mag es in Ordnung gehen, dass er das auf irgend eine angemessene Weise ausgleicht. Das sind dann eben die Spielregeln, an die er sich zu halten hat, wenn er sich dort aufhält.

Er ist deswegen aber kein schlechter Mensch oder Sünder, sondern nur ein Mensch, der aus Bequemlichkeit handelt, oder der ein bisschen mehr riskiert als die anderen, um weiter zu kommen. Es kann bei schweren Verfehlungen auch sein, dass er etwas zu lernen versucht, das die Mehrzahl der Menschen in der betreffenden Gesellschaft schon können. Aber auch dann darf man ihn nicht ausgrenzen (oder gar hinrichten), sondern muss ihn unterstützen, denn er hat sich ja nicht zufällig in dieser Gesellschaft inkarniert. Umdenken tut not!

DIE MENSCHEN, DIE SICH ÜBER DIE "VERBRECHER" AM MEISTEN AUFREGEN, HABEN MIT DIESEM THEMA EBENFALLS NOCH SELBST VIEL ZU TUN. NACH AUSSEN GEZEIGTE WOHLANSTÄNDIGKEIT IST IN DER REGEL NUR TÜNCHE! DER SCHATTEN LAUERT ...

Das in Kapitel 19 behandelte Karmagesetz regelt die Wirkungen aller Taten. Im Grunde genommen sind die letztlich immer willkürlichen Eingriffe der (unbewussten!) Ordnungsbehörden überflüssig. Wenn sich eine Gesellschaft jedoch dafür entscheidet, und wenn sich immer wieder Menschen in diese Gesellschaft inkarnieren, dann hat das ganze seine Berechtigung, weil es dabei offensichtlich etwas zu lernen gibt. Die Gefahr liegt darin, dass sich dieses System über offensichtlich sehr lange Zeiten selbst erhält und Veränderungen verhindert. Das heißt, dass das System verhindert, dass die Menschen aus den begangenen Fehlern wirklich lernen und wachsen.

Wenn ein Mensch etwas tut, das in der betreffenden Gesellschaft als böse oder verboten gilt, dann sollte er es mit möglichst viel Bewusstheit und nur dann tun, wenn er sich dabei wirklich gut fühlt. Er muss allerdings bereit sein, die Folgen zu tragen, was ihm dann auch nichts oder nur wenig ausmachen dürfte. *Es ist das gute und sehr nützliche Recht jedes Menschen, sich anders zu verhalten, als es von ihm erwartet wird.* Viele Menschen nehmen dieses Recht Gott sei Dank mit einem guten Gefühl im Bauch wahr. Häufig steckt dahinter eine (sehr wichtige) Lernaufgabe in Egoismus.

Je bewusster der Mensch handelt um so schneller begreift er, welche Lernaufgabe hinter seinen Taten steckt. Unterschätzen sie z. B. nicht das hohe Ausmaß an Achtsamkeit, Geschicklichkeit, Organisationstalent und *Präsenz im Augenblick*, das der Beruf eines Einbrechers erfordert und trainiert. Auch auf diese Weise kann man bewusster werden - und alle Menschen kommen einmal dran. Wie fragte schon Bert Brecht: "Was ist der Einbruch in eine Bank gegen die Eröffnung einer Bank?"

ES IST ALLES RELATIV. WAS IN EINEM STAAT UND ZU EINER ZEIT ALS BÖSE GILT, WIRD IN EINEM ANDEREN STAAT UND ZU EINER ANDEREN ZEIT GEDULDET ODER SOGAR BELOHNT.

Das z. Zt. bei uns herrschende Zinssystem z. B. wird von der Gesellschaft akzeptiert und propagiert. Im Urchristentum galt es jedoch als verwerflich, Zinsen zu nehmen. Den Juden war es erlaubt und auf diese Weise machten sie sich unbeliebt. Inzwischen haben auch die Christen das inkorporiert. Auf diese Weise beuten einige Wenige den Rest der Menschheit aus. Wie lange noch?

Alles ist relativ. Niemand gibt uns das Recht zu urteilen - auch nicht den Gerichten. Und dann tadelt man das mangelnde Unrechtsbewusstsein - dabei ist der Betroffene vielleicht nur *viel bewusster als Staatsanwalt und Richter.*

Der einzelne Mensch gleicht gut und böse auch nicht in jedem Leben selbst aus. Der Ausgleich geschieht in der Summe aller Leben. Und es ist nach wie vor eines der Hauptziele des Menschen, *sich aus dem Griff der Illusion der Dualität zu befreien - sie ist es, die ihn knebelt, nicht das Böse!*

Wir verdrängen das Böse, weil wir Angst davor haben. Würden wir es annehmen und hochhalten, dann verlöre es seinen Schrecken und könnte uns nicht schaden. *Im Unbewussten belastet das verdrängte Böse als eine schwere Hypothek unser Handeln, Fühlen und Denken sosehr, dass wir zuzeiten das Gegenteil von dem tun, spüren und denken, was wir uns in unserem Tagesbewusstsein vorgenommen haben und wollen.* Auf diese Weise hat sich für uns der duale Charakter dieser Welt ein weiteres mal gezeigt und diese falsche, illusionäre Ansicht weiter gefestigt.

DIESER FAULE TRICK DES VERDRÄNGENS KREIERT IMMER NUR NEU DEN EINDRUCK, ES GÄBE GUT UND BÖSE WIRKLICH. DABEI HABEN WIR ES UNTER DEM EINFLUSS UNSERER RELIGIÖSEN FÜHRER NUR WIEDER UND WIEDER SELBST NEU ERSCHAFFEN.

Weizen und Unkraut dürfen gemeinsam wachsen? Ja, natürlich - sie müssen es. Täter und Opfer gehören immer zusammen. Wenn wir den Täter unter den Tisch fallen lassen und uns nur für das Opfer entscheiden, dann ist dieses kein Opfer mehr. Intellektuell gebildete und ungebildete Menschen gehören zusammen, denn wie wollte man die Intellektualität der Gebildeten messen, wenn es keine Ungebildete gäbe.

Da fällt mir die Geschichte eines Diebes ein, der eines Tages in einem buddhistischen Ashram in flagranti erwischt wurde. Die Mönche regten sich maßlos auf und verlangten vom Meister, er solle dem Dieb einen Platzverweis erteilen. Der Meister aber sagte: "*Dieser Mensch, über den ihr euch so aufregt dient euch als Spiegel, ohne den ihr nicht wachsen könnt. Eure Erregung hat euch verraten. Der Dieb bleibt da.*"

Von Gurdjieff - einem berühmten spirituellen Meister aus der ersten Hälfte des letzten Jahrhunderts - wird berichtet, dass er einen Menschen, der in seiner Kommune in der Nähe von Paris immer wieder "störte" und die Schüler in heftigen Streit verwickelte, sogar bezahlte, damit er nicht wegginge. Dieser Mensch hat das Wachstum der Schüler beschleunigt, obwohl er oberflächlich betrachtet störte, also das Böse verkörperte.

Das sind bemerkenswerte Ereignisse, die ein bezeichnendes Licht auf unser Thema werfen. Was können sie tun?

- Sie können diese Illusion von der Dualität nur überwinden, wenn sie zumindest einmal darüber nachdenken, dass es vielleicht noch eine andere Sicht der Welt geben könnte und dass sie nicht die einzig richtige haben.

- Als nächstes könnten sie mit dem Gedanken spielen, einem Irrtum aufgesessen zu sein. So lange sie nicht zumindest ansatzweise zulassen, dass sie diese *falsche* Sicht von der Welt tatsächlich haben, so lange können sie auch nichts dagegen unternehmen.

- Schließlich sollte ihnen klar werden, dass diese Ansicht definitiv falsch, eine Illusion ist und erst dann können sie über sie hinaus wachsen. Wenn sie einen Teil von ihr verdrängen, der angeblich schlecht ist, dann zementieren sie die Dualität nur und werden sie niemals los.

Deshalb muss ich mit allem Nachdruck vor dieser Falle warnen, in die man sie - mit ihrer Zustimmung - hineingeritten hat.

Bei Matthäus im neuen Testament gibt Jesus scheinbar eine andere Deutung des Gleichnisses. Diese Erklärung entspricht mit Sicherheit nicht dem Originalton Jesu. Man hat sie von Seiten der Kirche verfälscht, um das fatale Konzept von Schuld, Sünde, Sühne und ewiger Verdammnis belegen zu können. Für dieses fatale Konzept ist Jesus aber *nicht* zuständig.

JESUS WILL DIE MENSCHEN ERWECKEN, NICHT BESTRAFEN!
ER WILL SIE NICHT BEHERRSCHEN SONDERN ERMUNTERN.

In diesem Zusammenhang ist es hilfreich, das Konzept der Erbsünde kurz zu beleuchten. Gibt es so etwas wie eine Erbsünde? *Das Konzept der Erbsünde ist schlicht und ergreifend falsch;* es stammt nicht von Jesus; es ist eine Erfindung von Augustinus und der Kirche zur Disziplinierung der Gläubigen.

Die letzte Konsequenz davon ist die ewige Verdammnis der Sünder, welche die katholische Kirche noch heute predigt. Der biblische Sündenfallbericht ist falsch interpretiert worden. Die Gläubigen sollen durch Angst gefügig gemacht werden.

DIESE KONZEPTE VON ERBSÜNDE UND EWIGER VERDAMMNIS VERSPOTTEN JESU LIEBESBOTSCHAFT. DIESER KATHOLISCHE GOTT IST NOCH NICHT EINMAL GERECHT - GESCHWEIGE DENN LIEBEVOLL ODER CHRISTLICH!

Und die Sache mit dem Teufel und den gefallenen Engeln? *Auch hier liegt eine primitive Verdrehung der Schriften vor,* die heute nicht mehr nötig ist, um den einfachen Leuten die Welt zu erklären. Sie schrecken im 21. Jahrhundert eher ab, weil sie durchschaut werden. *Wann endlich lässt die Kirche diesen Unfug sein? Es ist in etwa so, als ob man Erwachsenen immer wieder die Geschichte vom Klapperstorch erzählt.*

DAS BÖSE IST EBENSO TEIL DER DUALITÄT WIE DAS GUTE. AUCH ÜBER FEHLER KOMMT DAS LICHT DER ERKENNTNIS. DESHALB HEISST DER TEUFEL "LUZIFER", LICHTBRINGER.

Die Theologen haben bis heute nicht schlüssig erklären können, wo das Böse herkommt. Sie haben gesagt, dass der Teufel der Ursprung des Bösen sei. Der Teufel ist aber ein Engel, der strauchelte, weil er der Versuchung des Hochmutes erlag. Versuchung? Hochmut? Aber das heißt doch, dass es das Böse schon vor ihm gegeben hat! Dann stammt das Böse also doch nicht von ihm. Von wem stammt es dann? Niemand weiß es. *Der Teufel ist eine Fiktion? Zweifellos.*

Da die Menschheit die Dualität in ihrer strengsten Form zuzeiten sogar mit Schuld, Sünde und Sühne erfährt - weil sie sich dafür entschieden hat -, ist sie als ganzes zum Symbol des "Teufels" geworden - und *der Teufel ist dabei das Symbol der Materie und der Sexualität.* Deswegen hat Jesus einmal gesagt: "*Der Teufel ist der Fürst dieser Welt.*" Der Teufel ist der

Repräsentant unserer unbewussten Schattenbereiche, die uns in Unbewusstheit halten. Sexualität und Materie sind aber weder gut noch schlecht. Beides sind Energien ...

Nur eine *zu lange* Verhaftung in der Materie - über die nötigen Erfahrungen hinaus - behindert unseren Weg nach Hause zu Gott - ist jedoch ebenfalls keine Sünde. Deshalb ist der Teufel als Verkörperung des Bösen als das Sinnbild der Materie geeignet.

DER TEUFEL IST KEIN (GEFALLENER) ENGEL, ER BESITZT ÜBERHAUPT KEINE REALITÄT. ER IST NUR EIN SYMBOL IM RAHMEN UNSERER FIKTIVEN, ILLUSIONÄREN, DUALEN WELTSICHT.

Und was ist mit den Engeln? *Engel sind eigenständige Wesenheiten, die nur in Ausnahmefällen einmal als Menschen mit einem Materiekörper inkarnieren.* Sie machen andere Erfahrungen auf anderen Seinsebenen, an denen sie wachsen und ihr Bewusstsein erhöhen können. Sie sind bewusstseinsmäßig vergleichbar mit den erleuchteten Meistern verschiedener Grade.

Engel haben kein Geschlecht, denn sie unterliegen nicht der Illusion, dass die Schöpfung, in der auch sie leben, dual sei. Wenn man das anders (korrekter) ausdrückt, könnte man auch sagen, *sie erleben das, was uns als die Dualität erscheint, völlig anders.* In unserer dualen Weltsicht verhaftet, können wir Menschen nicht begreifen, wie sie es erleben. Wir sind eben keine Engel. Nicht einmal kleine, süße Mädchen mit lockigen Haaren sind Engel - auch wenn sie manchmal Engel sehen können.

Wie ist das möglich? Ganz einfach: Engel können einen Astralkörper haben (einen Gefühlskörper). Den können manche Menschen sehen. Kleine Kinder sind zuzeiten so unverbildet, dass sie Engel sehen, ebenso wie Elfen, Naturgeister und andere Wesenheiten mit astralen Körpern. Kinder, die in den letzten 10 bis 15 Jahren geboren wurden, können übrigens häufig Astrales sehen. Man nennt sie die "Indigo-Kinder".

Engel sehen und empfinden die Welt anders. Es ist daher töricht, aus unserer Sicht die Engel in die Dualität hineinzuprojizieren und von guten und schlechten, von gestandenen und gefallenen Engeln zu sprechen.

IN DEN ENGELHIERARCHIEN GIBT ES KEIN GUT ODER BÖSE. ENGEL SIND ONLINE MIT IHREM GÖTTLICHEN AUFTRAG.

Es gibt nur Engel. *Und ein Engel ist ein Engel ist ein Engel ...*

Es gibt keine gefallenen Engel? Ist das so schwer zu verstehen? Es gibt keine gefallene Engel - schon allein deshalb nicht, weil es auch keine gestandenen Engel gibt - höchstens gestandene Mannsbilder und auch das angeblich nur in Oberbayern; *Engel stehen nicht und gehen nicht, sie fliegen.* Jedes Kind weiß das. Es gibt deshalb auch keinen Teufel, der mit seinen Helfershelfern ja ein gefallener Engel sein soll. Und seit wann haben Engel Bocksfüße, Schwänze und Hörner? Hier hat man den lieben Hirtengott Pan aus Griechenland kopiert und degradiert.

DAS PROBLEM MIT DEM GOTTESBEGRIFF RÜHRT DAHER, DASS DIE MENSCHEN - ALLEN VORAN DIE VERBILDETEN THEOLOGEN - IMMER WIEDER VERSUCHT HABEN, IRDISCH BESCHRÄNKE (DUALE) KONZEPTE MIT UNREDLICHEN HINTERGEDANKEN IN HÖHERE BEREICHE HINEINZUPROJIZIEREN, IN DENEN DIESE KONZEPTE ÜBERHAUPT NICHT GREIFEN.

Wenn schon Jesus und seine Freunde aus der Hierarchie der Erleuchteten (die spirituellen Meister) erhebliche Schwierigkeiten haben, den Menschen trotz ihres viel höheren Bewusstseins und erheblich geweiteten Blickwinkels klar zu machen, wie diese Schöpfung tickt, dann sollten wenigstens wir Ruhe geben und nicht glauben, wir wären schlauer als die Meister.

Warum hören sie ihnen nicht einfach einmal vorurteilsfrei zu? Warum verdrehen und verfälschen die Theologen aller Couleur Jesu Worte aus der Bibel?

Weil sie sich schonen und die Mitmenschen beherrschen wollen. Wenn sie Jesu Worten folgen, dann können sie das aber nicht. So bleibt ihnen nichts anderes übrig, als seine Worte zu entstellen - oder ihn ganz zu leugnen, wie es viele tun.

WENN ES IM ÜBERTRAGENEN SINNE DOCH TEUFEL GÄBE, DANN WÄREN DAS "GEFALLENE" MENSCHEN, ALLEN VORAN GEFALLENE THEOLOGEN, DIE MACHTBESESSENE PSEUDOPHILOSOPHEN SPIELEN STATT LIEBEVOLLE SEELSORGER ZU SEIN.

Die betroffenen Gläubigen können jedoch auch daraus etwas lernen: nämlich das, sich nicht alles gefallen zu lassen. Diese Theologen halten diesen Job aber in der Regel nicht lange aus und man kann sie auch vorzeitig aus dieser im übrigen sehr undankbaren Rolle herausholen: Liebe ist auch hier das Zauberelixier.

Bevor wir schließen möchte ich in wenigen Worten die Kernpunkte von Jesu "Frohbotschaft" zusammenfassen, so wie ich sie verstehe:

Die Menschen sollen erkennen,

- *dass Gott Superliebe und Superbewusstsein ist, deren Qualitäten wir nicht intellektuell begreifen, bestenfalls intuitiv ahnen können,*
- *dass alle Menschen Kinder des einen Gottes und deshalb Brüder und Schwestern sind,*
- *dass des Menschen höchster Gottesfunken, die Monade, ewig ist*
- *dass es keinen Tod gibt, nur ein Wechsel des physischen Gewandes,*
- *dass selbstloser Dienst am Mitmenschen das Leitmotiv spiritueller Lebensführung ist und*

- *dass sich der Wille Gottes offenbaren wird, indem sich sein Plan mehr und mehr entfaltet.*

Möge in jedem von ihnen, liebe LeserInnen, das angeborene Christusbewusstsein von Liebe und Weisheit im Herzen in all seiner Herrlichkeit zur Blüte kommen.

15. Leidensdruck, Hochmut, Depression

Die Bereitschaft zu Umkehr und Heilung ist häufig erst durch erheblichen *Leidensdruck* möglich. Berater und Heiler sind immer dann erfolgreich, wenn der Klient unter maximalem Leidensdruck steht, mit anderen Worten, wenn es ihm wirklich dreckig geht. Vorher handeln nur wenige Menschen. Beide, Berater und Heiler, müssen zum rechten Zeitpunkt zum Klienten oder Patienten kommen, sonst werden sie nur wenig erreichen. Der Mensch muss für Hilfe offen sein.

ICH HAB` SPIRITUELLE MEISTER ERLEBT, DIE IHRE SCHÜLER KEINESFALLS ZUM "GUTEN" ERMAHNEN. SIE TAUCHEN SIE NOCH TIEFER IN DIE LÜGEN, ILLUSIONEN UND VERBLENDUNGEN HINEIN, IN DENEN SIE SICH BEREITS BEFINDEN, BIS SIE VON SELBST BEGREIFEN, WAS SIE WIRKLICH TREIBEN.

Dann ist eine Umkehr leicht möglich und echt. Ohne Unterstützung können *Unwissenheit und Ignoranz* - besonders in ihrer *hochmütigen Ausprägung* - fast ohne Ende herrschen. Sie sind wie ein umwölkter Berg, die Wolken verschleiern die wahre Natur des Gipfels. Und deswegen fällt es den Betreffenden nicht im Traum ein, etwas zu verändern. Sie sehen ihren Zustand nicht. Sie können dann auch häufig Hilfe von außen nicht annehmen. Selbst schwere eigene Krankheiten werden so gedeutet, dass eine Umkehr nicht nötig erscheint.

Sie sind deshalb besonders anfällig für immer tiefer greifende Konditionierungen und Selbstillusionen. Durch *ignoranten Hochmut* betrügen sich die Menschen selbst. Ignorante Menschen sind oft lahm und abgestumpft, verschleimt und verschlackt. Sie besitzen deshalb zu wenig Wahrnehmungsfähigkeit und Einfühlsamkeit. Diese Energie ist schwer und dumpf. Das Leben wird als rein materialistisch gesehen, die spirituelle Seite wird negiert. Sie wimmeln alles ab: "*das ist zu hoch für mich!*", "*das gibt es doch gar nicht!*"

Diese Menschen beschränken sich auf kurzfristige Planung von flüchtigen Zielen; das Gesetz von Ursache und Wirkung (Karma) wird negiert. *Spaß, Spiel und Freude fehlen völlig*. An ihre Stelle tritt Zynismus. Zynismus ist ein klares Zeichen ...

Dumpfheit und Depression kommen gemeinsam vor, wenn kein Licht gesehen wird und haben eine träge, nicht kreative Komponente. Sie führen zu Stagnation und zu Blockaden, ersticken die Vitalität; sie zerstören das Leben durch Ausschluss des Lichts. Eine Lösung dieses Problems besteht darin, einen Persönlichkeitsanteil zu opfern, z. B. den des Stolzes oder den, alles ständig unter Kontrolle haben zu wollen.

Manche Psychologen sagen: Depression ist unterdrückter Ärger. Das trifft oft zu. Sie kann aber auch Mangel an Licht sein! Mangelnder Durchblick zerstört echte Spontaneität: "*ich weiß nicht, was ich tun soll*". Ständige Kontrolle verhindert Neues; so sinken Vibrationsrate, Vitalität, Schwung und Lebenslust. Je mehr wir im Materialismus gefangen sind, um so mehr verdrängen wir die wahre Realität, die wir als Seele sind. *Deshalb läuft die Entwicklung am Anfang der langen Reihe von Inkarnationen auf diesem Planeten so extrem langsam.*

Diese Menschen akzeptieren nichts, was nicht zu ihren primitiven materialistischen Vorstellungen passt. Innere bzw. höhere Erfahrungen werden grundsätzlich angezweifelt, sie verlangen "Fakten", die im Grunde keine sind, statt Gefühltes und Erspürtes. Gefühle werden kontrolliert statt gefühlt, angenommen, geschätzt und ausgedrückt. Innere Befriedigung oder ein "gutes Gefühl" zählen nicht. Erfolg misst sich nur nach äußerlichen Kriterien. *Auf diese Weise wird der Mensch abhängig vom Urteil anderer!* Das ist ein gutes Kriterium, an dem sie leicht ablesen können, wo sie stehen.

JE ABHÄNGIGER SIE VOM URTEIL ANDERER SIND, UM SO WENIGER KENNEN SIE IHRE EIGENEN INNEREN WERTE. JE MEHR SIE NACH ZUSTIMMUNG UND ANERKENNUNG GIEREN, UM SO WENIGER SIND SIE IHRER UNSTERBLICHEN SEELE BEWUSST.

Auf dem spirituellen Pfad der Bewusstseinsentwicklung ist zwar ein Unterscheidungsvermögen gefragt, sonst aber ist *ein unerschütterliches Vertrauen in die jedem Menschen und der gesamten Schöpfung innewohnende Göttlichkeit* vonnöten, wenn man vorankommen will.

Dieses Vertrauen beruht im Gegensatz zum Glauben auf inneren Erfahrungen. Diese reichen weit über das niedere Selbst (die Persönlichkeit) hinaus.

ECHTES VERTRAUEN WEISS, DASS UNS IM GRUNDE GENOMMEN NICHT WIRKLICH ETWAS PASSIEREN KANN; ES IST EINE QUALITÄT DES HÖHEREN SELBST`S (DER SEELE).

Mangel an Vertrauen bedeutet, dass die eigene Sichtweise (der Persönlichkeit, die keinen Überblick hat!) überbetont wird. Dies blockiert den Blick der Seele (die "*Adlerperspektive*").

Echtes Vertrauen kann durch Angst vor Enttäuschung oder Betrug nicht zerstört werden, es sei denn es wäre kein bedingungsloses Vertrauen! Dieses ist als wahre Seelenqualität jedoch gefragt. Die Qualität, d. h. Totalität von Vertrauen und Liebe ist eine Frage der Bewusstseinsentwicklung. *Seelenqualitäten wirken bedingungslos und selbstlos.*

Das Vertrauen von uns Menschen ist aber selten bedingungslos. Wenn ihr Vertrauen nur darin besteht, dass sie damit rechnen, dass ihr Gegenüber genau das tut, was sie von ihm verlangt haben, oder stillschweigend erwarten, dann ist ihr Vertrauen nicht besser als blinder Glaube und *nichts wert.*

Der Mensch ist ein soziales, geselliges Wesen und das spielt auf dem Erdenpfad eine sehr wichtige Rolle. Deswegen sollten wir uns etwas Einsamkeit und Alleinsein befassen. Die aus der Illusion des Getrenntseins, z. B. von einem Partner, erwachsende Einsamkeit wird als schmerzhaft empfunden, weil der

Betreffende mit der Situation nicht umgehen kann. Er ist angewiesen auf den anderen, hat kein Vertrauen in die eigenen Fähigkeiten; er spürt nicht, dass er auf der Seelenebene immer in Verbindung ist.

ALLEINSEIN IST EIN NEUTRALER ZUSTAND UND KANN SEHR ANGENEHM SEIN. ES KANN ZUR RÜCKBESINNUNG GENUTZT WERDEN, ES VERBINDET MIT DER INNEREN QUELLE.

Alleinsein kann um so besser genutzt werden, je höher das Bewusstsein eines Menschen entwickelt ist, d. h. je mehr die Seele Einfluss über die Persönlichkeit hat. Dies trifft auch auf *Leid, Kummer und Gram* zu. Diese drei benötigen zuzeiten der mitfühlenden Bestätigung durch andere. Trauer möchte zum Teil ausgedrückt werden, manche Tränen wollen wirklich geweint werden. Das Pokerface ist die falsche Methode; *die Augen zeigen sowieso immer die Wahrheit.*

Unterdrückte Trauer führt zu Aufgedunsenheit, Übergewicht, Zysten, Tumoren und phlegmatischem Verhalten. Ersatzhandlungen wie Kauforgien, um sich selbst zu nähren, Abhängigkeit von anderen, Genusssucht und Drogenmissbrauch stellen nur eine Flucht in eine Traumwelt voller Illusionen (im Denken) und Verblendungen (im Fühlen) dar und helfen nicht weiter. Der äußere Schein (Maya) wird verstärkt, das Körpergewicht nimmt zu!

16. Krankheit und Tod

Vor einiger Zeit war ich Zeuge folgender Unterhaltung zwischen Patient und Arzt:
"Warum habe ich einen Schnupfen bekommen?"
"*Weil sie sich erkältet haben*".
"Warum habe ich mich erkältet"
"*Weil sie in Zugluft standen, sich unterkühlten und dadurch schwächten und dann Viren den Schnupfen erzeugten*".
"Warum haben die Viren gerade mich angesteckt und nicht meinen Bruder, der auch im Zug stand?"
"*Weil der gesünder lebt, er hat ein besseres Immunsystem*" oder "*Weil der gesünder isst und besser entgiftet. Er hat dann nicht so viele Schlacken im Körper und die Viren finden deshalb bei ihm nicht die idealen Lebensbedingungen. Er entschlackt sich regelmäßig und braucht deshalb nicht die Krankheit als Entschlackung*".

Manch einer würde sagen, wir sind jetzt schon bei der Grundursache angekommen. Ein anderer würde weiter fragen:

"Warum lebt der eine anders als der andere, warum ernähren sich die beiden unterschiedlich", oder "Warum hat der eine einen Schnupfen und der andere nicht, obwohl beide sich gleich ernähren und den selben Lebenswandel führen?"
Man könnte dann antworten;
"*Weil sie eine verschiedene Konstitution, eine unterschiedliche Erbmasse etc. haben*".
Und schon geht die Fragerei weiter: "Warum haben sie eine unterschiedliche Erbmasse, wo doch beide aus der selben Familie, von den selben Eltern stammen?"

Es erscheint schier endlos. Immer tiefer könnten wir blicken. Wenn wir nach der Ursache der Krankheit fragen, müssen wir auch die Frage nach dem Sinn des Lebens anschneiden. Die Antwort lautet:

- Wir haben uns als Seele in die Materie dieser Erde inkarniert, um auf diese Weise Erfahrungen zu machen, die uns als Geistwesen verwehrt sind. Wir sind in die tiefsten Tiefen hinabgestiegen und nun auf dem Weg zurück zur Quelle.

- "*Der weiße Schwan kehrt aus den trüben Niederungen zurück zu den klaren Wassern des Himalaja*", wie es die Inder formulieren.

- Wir sind hier um zu lernen, wie wir mit eigener Kraft (aber nicht ohne Hilfe des Ganzen) wieder zu dem werden, was wir im Grunde genommen schon sind: göttliche Wesen.

- Wir sind hier um zu lernen, wie man in den niederen Schwingungen der Materie mit einem freien Willen umgeht, was geschieht, wenn wir uns für oder gegen das als für unser Wachstum gut und richtig oder schlecht und falsch Erkannte entschließen.

- Wir sind hier um zu spüren, wie es sich anfühlt, wenn wir in weitgehender Unbewusstheit oder nur geringer Bewusstheit leben und was das für Folgen hat; das heißt wir lernen, das Gesetz von Ursache und Wirkung (das Karmagesetz) am eigenen Leibe zu verstehen. Die ganze lange Kette der Inkarnationen ist ein Weg des Bewussterwerdens.

- Und wir sind hier in dieser Erde, weil wir durch unser Bewusstseinswachstum gleichzeitig auch die Schwingung der Materie des Planeten erhöhen.

Worin liegen nun die Grundursachen der Krankheiten?

DIE TIEFSTE URSACHE ALLER KRANKHEIT LIEGT DARIN, DASS WIR UNS MIT DER FORM, MIT UNSEREM PHYSISCHEN KÖRPER IDENTIFIZIEREN, ALSO MIT ETWAS, WAS WIR NICHT SIND SONDERN NUR VORÜBERGEHEND ANGEZOGEN HABEN.

Statt mit der Form, dem sichtbaren Körper, sollten wir uns mit dessen Erzeuger, unserer unsterblichen Seele identifizieren, also das werden, was man eine "seelendurchdrungene Persönlichkeit" bezeichnet.

Beobachtungen an Menschen, die dieses hohe Stadium der menschlichen Bewusstseinsentwicklung erreicht haben, das man mit bestimmten Graden der Einweihung oder Erleuchtung umschreiben kann, sind in der Regel kerngesund, altern kaum und leben extrem lange.

KRANKHEIT IST DAS ERGEBNIS GEHEMMTEN SEELENLEBENS, IST DISHARMONIE ZWISCHEN SEELE UND PERSÖNLICHKEIT. WIR SIND SOLANGE KRANK, WIE SICH DIE SEELE NICHT VOLLKOMMEN AUSDRÜCKEN, IHR POTENTIAL LEBEN KANN.

Dies gilt für alle Formen und in allen Naturreichen (dem Mineral-, dem Pflanzen-, dem Tier- und dem Menschenreich). Der tibetische Meister Djwhal Khul hat uns diese bedeutsame Definition gegeben. Er hat auch sonst viel zu diesem Kapitel beigetragen. Er ist nun mal ein grandioser Lehrer.

- Jede Krankheit ist die Folge von Kräftemissbrauch in einem früheren oder diesem Leben - Krankheit reicht weit in die Vergangenheit hinein.
- Krankheit besteht darin, dass sich Störungen im Vital-, Emotional- und Mentalkörper in sichtbarer Form im physischen Körper auswirken.
- Krankheiten beruhen mit nur wenigen Ausnahmen darauf, dass der Vitalkörper geschwächt oder überstimuliert ist.
- Krankheiten beruhen vor allem darauf, dass Gefühle und Begierden unterdrückt oder übertrieben befriedigt werden bzw. wurden.
- Mentale Krankheitsursachen sind dagegen verhältnismäßig selten.

Können in der unberührten Natur Tiere auch krank werden?

Krankheit existierte bereits unter den vielen Lebensformen lange bevor der Mensch kam. Entgegen in der Gesundheitsliteratur immer wieder auftauchenden Spekulationen tritt Krankheit auch bei Pflanzen und Tieren in freier Wildbahn auf, die ungestört vom Menschen in ihrer natürlichen Umgebung leben. Selbst bei "unbelebten" Objekten, z. B. bei Kristallen, gibt es "Krankheiten", z. B. in Form von Missbildungen.

Dass Tiere keine eigene Krankenbehandlung kennen, ist ebenfalls nicht richtig. Es gibt Beobachtungen, dass die Tiere ihre Nahrung entsprechend regulieren und manchmal zu entfernten und sogar schwierig zu erreichenden Plätzen wandern, nur weil sie dort spezielle Heilpflanzen fressen oder an einem bestimmten Mineral lecken können.

Ansonsten können wir davon ausgehen, dass spezielle Heil- und Linderungsmethoden nur im vierten Naturreich, also vom Menschen angewandt werden. Sie ergeben sich aus der Denktätigkeit des Menschen; sie zeigen, dass er unterscheiden kann; dies befähigt ihn schließlich, eine seelendurchdrungene Persönlichkeit zu werden.

WIR MÜSSEN DAVON AUSGEHEN, DASS KRANKHEIT - WIE DAS LEID - EINE NATURTATSACHE IST.

Beim derzeitigen Bewusstseinsstand aller vier Naturreiche (Mineralreich, Pflanzenreich, Tierreich, Menschenreich) ist diese Erde und alles was auf ihr existiert *alles andere als vollkommen.* Wenn sie bereits vollkommen wäre, dann könnten wir hier nichts mehr lernen, weil sie aufhören würde zu existieren.

VOLLKOMMENHEIT, PERFEKTION IST TOD. DIE SCHÖPFUNG EXISTIERT, WEIL SIE WÄCHST, NICHT WEIL SIE PERFEKT IST.

Im Alten Testament steht zwar als Schlusssatz der Schöpfungsgeschichte: "*Und Gott sah, dass alles gut war*"; das bedeutet jedoch nicht, dass er alles in völliger Harmonie und Vollendung geschaffen hat. Wir müssen fragen: "*Gut, aber wozu?*" Die Antwort lautet: "*Es ist die ideale Spielwiese und Schule für die dort inkarnierten Seelen: der ideale Lernplanet Erde*".

Diese Feststellungen schützen uns auch vor überzogenen Erwartungen, denn es gibt immer wieder Idealisten, Enthusiasten oder geschickte Manipulateure, die behaupten, hier auf Erden sei von Natur aus alles so eingerichtet, wie der jeweilige Autor es als ideal ansieht. Folgende Behauptungen sind ganz zweifellos falsch - noch dazu in der von den jeweiligen Autoren materialistisch oder moraltriefend vorgebrachten Art und Weise:

- "*Man braucht sich nur richtig zu ernähren und man ist frei von Krankheiten*".
- "*Der Schöpfer hat Krankheiten nicht vorgesehen, die hat sich der Mensch selbst gemacht*"

WIR SIND HIER AUF ERDEN NICHT ALS PERFEKTES FERTIGPRODUKT SONDERN GLEICHSAM ALS SAMEN, DER WACHSEN MUSS.

Und dabei treten eben die bekannten Wachstumsschwierigkeiten auf, wenn der Mensch aufgrund seiner "Kurzsichtigkeit" und seines freien Willens nicht nach dem Plan der Seele handelt. Dabei macht er dann aber letztlich die Erfahrungen, die ihn weiterbringen.

Krankheiten leiten oft wichtige geistige Wachstumsschritte ein. Der Mangel an Harmonie zwischen Seele und Form verursacht Krankheit, Schmerz, Erstarrung, Verfall und Tod. Diese Zustände haben jedoch läuternde Wirkung, sie bewirken den Lerneffekt.

Welche Rolle spielt dabei der Schmerz?

Der Mensch hat Probleme mit Krankheiten, wenn er den wahren Sinn des Schmerzes nicht erkennt und wenn er deshalb einen Widerwillen gegen das Leiden empfindet, wenn er den Sinn des Lebens nicht begreift.

DER SINN DES LEBENS BESTEHT NICHT DARIN, MÖGLICHST GESUND UND SCHMERZFREI ZU SEIN UND MÖGLICHST ALT ZU WERDEN, SONDERN DARIN, SEIN BEWUSSTSEIN ZU ERWEITERN.

Der Mensch hat dann Probleme mit seinen Krankheiten, wenn er nicht versteht, dass er durch Annehmen der Krankheit viel eher aus ihr lernen kann als wenn er sich gegen sie wehrt. Das ist nicht zu verwechseln mit dem richtigen Widerstand, den das Immunsystem, der Vitalkörper oder der Wille des Menschen gegen Erreger setzt, die zum Tode führen können.

Man kann eine Krankheit als sinnvoll ansehen und trotzdem die Weichen so stellen, dass man wieder gesund wird!

Die meisten Menschen haben außerdem eine falsche Einstellung zum Tod. Sie glauben, dass mit dem Absterben der äußeren Hülle des physischen Körpers der Mensch als ganzes verschwindet.

TOD IST NICHT GLEICHBEDEUTEND MIT UNGLÜCK.
DIE MEISTEN AUS NAHTODERLEBNISSEN ZURÜCKGEKEHRTEN BERICHTEN, DASS SIE DAS AUSTRETEN DER SEELE AUS DEM KÖRPER ALS GROSSE BEFREIUNG ERLEBT HABEN.

Der Mensch hat Probleme mit Tod, Krankheiten oder gesundheitlichen Beschwerden, weil er zu viel Wert auf die äußere Form (den physischen Körper) legt und dem Göttlichen in sich zu wenig Beachtung schenkt.

Auf diese Weise haben sich die Leistungen der Intensivmedizin segensreich auf die spirituelle Entwicklung des Menschen ausgewirkt. Es gibt jetzt so viele Menschen wie nie zuvor, die über solche Nahtoderlebnisse berichten. Diese erweitern das Bild des Menschen vom Sterbeprozess und von der Seele.

Die Pfarrer verkünden immer wieder die schöne Wahrheit: "*Der Tod ist das Tor zum Leben*". Aus ihrem Mund ist diese Feststellung jedoch keine selbst erfahrene Wahrheit und deshalb wird sie von den Menschen nicht angenommen. Wie anders erklärt sich sonst, dass geheult, geflennt und getrauert wird?

Osho hat einmal sinngemäß gesagt, dass die Leute trauern, weil nach dem Tod einer geliebten Person so viel Unerledigtes zurückbleibt, was sie gemeinsam noch hätten klären oder genießen können. Die Menschen nahmen sich zeitlebens nicht genügend Zeit für einander.

Das ist richtig. Die Menschen wissen auch nicht, dass sie den Verstorbenen über kurz oder lang im Diesseits oder im Jenseits wiedertreffen. Dann haben sie eine neue Chance.

Die Menschen werden angesichts des Todes von ihren Gefühlen überwältigt. *Der angelernte Glauben nutzt im Ernstfall wenig, er spielt sich nur im Kopf ab. Tiefes Vertrauen und ein existentielles Wissen vom Sinn und Zweck des Lebens helfen weiter.* Ich erzähle ihnen dazu eine Anekdote.

Ein bekannter Mensch, der fest daran glaubte, Atheist zu sein, ging an einer Steilküste spazieren. Er erfreute sich an der Sonne und den Wolken und auf diese Weise kam er dem Kliff zu nahe und stürzte ab. Im Fallen konnte er sich gerade noch an einem Bäumchen festkrallen, das aus einer Felsspalte wuchs. Da hing er nun der arme Wicht - unter ihm 300m Steilabfall und das tosende Meer - und geriet in einen argen Konflikt. Wer sollte ihm jetzt in dieser verlassenen Gegend helfen außer Gott? Aber an den glaubte er nicht. Er war ja Atheist. Er glaubte an die Nichtexistenz Gottes.

Wie er da so hing und seine Arme immer schwächer wurden, schlichen sich Zweifel ein. Wie sollte es auch anders sein. Glauben oder Nichtglauben spielen sich halt im Kopf ab. Und das geht nicht sehr tief. Es lässt sich ändern. Und hier war ja niemand, vor dem er sich hätte blamieren können. Er dachte: ich kann es ja zumindest probieren. Vielleicht habe ich mich mein ganzes Leben lang geirrt. Er rang sich zu einem Stoßgebet durch und sprach:

"Mein Gott, wenn es dich wirklich gibt, jetzt ist deine Chance. Zeige dich und hilf mir. Ich werde meinen Atheismus aufgeben, an dich glauben und für deine Sache kämpfen bis ans Ende meiner Tage, wenn du mich aus dieser tödlichen Lage befreist." Nichts geschah. Nur der Wind zauste an seinen Haaren, Hände und Arme brannten wie Feuer.

Erneut erhob er seine Stimme, diesmal laut und deutlich: "Lieber Gott, sicherlich habe ich mich geirrt und dir mein ganzes Leben lang missfallen. Bitte zeig dich, hilf mir und ich werde an dich glauben." Stille. Die Lage wurde immer bedrohlicher, der Atheist immer verzweifelter. Schließlich betete er ein drittes mal. Er schrie aus Leibeskräften: "Gott, hilf mir armen Kreatur! Sag mir, was ich tun soll. Ich tue alles was du willst. Aber rette mich!"

Da erscholl eine laute, deutliche Stimme vom Himmel. Gott sprach: "Ich will dir helfen! Lass den Baum los!" Der Atheist aber schrie: "Glaubst du, ich bin verrückt?"

KRANKHEIT IST EIN BEFREIUNGSPROZESS.
KRANKHEIT IST DIE BESTE METHODE, GESUND ZU WERDEN.

Krankheit ist der Feind all dessen was still steht und verhärtet ist. Das zeigt sich in der inneren Verschlackung des Körpers bis hin zu erstarrten Verhaltensmustern und Gewohnheiten.

Krankheiten sind die großen Reinigungsprozesse.

Sie werden nötig, wenn diese Reinigung nicht rechtzeitig auf regelmäßiger Basis stattfindet, können aber auch andere Ursachen haben, wie wir noch sehen werden.

Das Krankheitskonzept der Toxämie und der Bakterien und Viren als Entgiftungshelfer der Natürlichen Gesundheitslehre, deckt jedoch nur diese eine, wenngleich wichtige Krankheitsursache ab.

Wir müssen alles einbeziehen, wie ich es in meinem Buch "Harmonische Ernährung" getan habe:

- "Die tiefsten Krankheitsursachen liegen an mangelndem Einfluss der Seele auf die Lebensgestaltung, das Potential wird dann nicht gelebt.
- Weniger tiefe Ursachen für Krankheiten liegen im Emotionalkörper: Gefühle werden nicht gesehen, ausgedrückt, gelebt und statt dessen unterdrückt, verdrängt etc.
- Auch der Mentalkörper spielt eine gewisse, jedoch eher untergeordnete Rolle.
- Die oberflächlichen Ursachen für Krankheiten liegen im Vitalkörper und im physischen Körper: sie ergeben sich aus der Missachtung der "Sieben Ärzte": Atmung, Sonne, Ernährung, Wasser, Bewegung, Schlaf, Hygiene.
- Die Schulmedizin verdeckt meist nur die Symptome."

Nachdem wir uns mit den Grundursachen der Krankheiten befasst haben, wenden wir uns nun einzelnen Ursachen zu, mit denen wir es auf dem Weg zu mehr Bewusstheit auf dieser Erde zu tun haben. Als erstes möchte ich auf Unfälle und die Folgen von Kriegen und Naturkatastrophen einzugehen.

UNFÄLLE TREFFEN UNS IMMER DANN, WENN WIR SIE BRAUCHEN. SIE SETZEN SIGNALE, WENN WIR ANDERE, MILDERE HINWEISE ÜBERHÖRT HABEN.

Sie dienen besonders dem Aufwachen, weil sie häufig mit einem Schockerlebnis dann kommen, wenn wir am wenigsten daran denken. Sie alarmieren uns zu mehr Aufmerksamkeit, Rücksicht und Vorsicht.

Unfälle können auf dem Karma des Einzelnen fußen, so wie der plötzliche Tod in Kriegs- und Katastrophenzeiten mit dem Karma einer kleineren oder größeren Gruppe oder der Menschheit als Ganzem zusammenhängt. Die zu lernenden Lektionen sind nicht immer ohne weiteres erkennbar. So wird als Ursache der vergangenen Weltkriege angegeben, dass sie notwendig waren, um die alten kleinstaatlichen Verkrustungen aufzubrechen, die Menschen offener zu machen und für die Vereinigung der Staaten Europas vorzubereiten.

Unfälle kommen keinesfalls aus dem Nichts. Meist haben wir sie selbst verursacht - die Seele hat die Umstände so eingerichtet, dass der Unfall passieren musste. Sie bedient sich manchmal eines anderen Menschen, der dann *scheinbar* als Verursacher auftritt.

EIN UNFALL WIRD ERST DANN SINNLOS, WENN SIE DIE SCHULD DARAN AUF ANDERE SCHIEBEN, WENN SIE BEHAUPTEN, DASS ES SIE ZUFÄLLIG, UNPASSEND UND UNGERECHTFERTIGT TRAF UND WENN SIE NICHT WILLENS ODER IN DER LAGE SIND, ZU ERKENNEN, WAS DURCH DEN UNFALL IN IHNEN AUSGELÖST WERDEN SOLL.

Wenn sie nur schimpfen, lamentieren und sich bemitleiden, dann werden sie die Chance verpassen herauszufinden, was sie im Leben ändern müssen, damit sie solch drastische Denkanstöße nicht mehr benötigen. Die Arbeit der Gerichte, die einen Schuldigen suchen sollen, behindert oft genug diesen Prozess.

Wir leben leider nach dem äußerst schädlichen Konzept:

"*Es ist immer jemand anders Schuld*".

So brauchen wir nie die Verantwortung für das zu übernehmen, was uns zustößt - obwohl wir es (fast) immer selbst verursacht haben. Leider gelingt es uns häufig nicht, diese Verursachung im Handumdrehen auf der Stelle aufzuheben, wie manche glauben. Dies ist erst die Frucht langen Bemühens und Wachsens.

Krankheiten sind späte Folgen. Die Ursachen von Krankheiten können in einer sehr langen Vergangenheit verborgen liegen. Sie sind gekoppelt an fest eingebürgerte Gewohnheiten, die sich häufig über viele Leben hin erstrecken. Sie können dann von uns mit unserem eng begrenzten Wissen nicht erfolgreich erforscht werden.

Diese Erkenntnis ist für die meisten Menschen betrüblich, da sie gerne gewusst hätten, welches die Ursachen ihrer Leiden sind, damit sie sie möglichst rasch abstellen könnten. Dies funktioniert aber so nicht. Das Leben ist kein rein mentaler Prozess. Lernen heißt hier nicht "Auswendiglernen" sondern erfahren. *Zu frühes, kopfig-angelerntes Wissen hindert uns am Erfahren.* Die schwierigsten Klienten sind die, die schon alles wissen - das aber nur im Kopf.

VERGANGENES KÖNNEN WIR NICHT RÜCKGÄNGIG MACHEN. SÜNDEN BEICHTEN ÄNDERT NICHTS AN DEN KARMISCHEN FOLGEN. SICH ENTSCHULDIGEN MACHT EINE TAT NICHT UNGESCHEHEN. ETWAS BEREUEN VERNEBELT NUR DEN VERSTAND.

Damit ist nichts gewonnen. Es schützt noch nicht einmal davor, das nächste mal anders zu handeln.

Ein Heiler oder Berater muss schweigen können, er darf dem Klienten nicht zu viel sagen; der Kranke muss selbst darauf kommen.

Viele Menschen bleiben bei ihren Erklärungsversuchen im Vordergründigen stecken und landen bei Misserfolgen, wenn sie auf diesen oberflächlichen Resultaten Heilmethoden aufbauen, die immer nur Symptome beseitigen.

DER ZUSTAND UNSERES KÖRPERS BASIERT AUF DER GESAMTSUMME UNSERER BISHERIGEN ERFAHRUNGEN WÄHREND UNZÄHLIGER INKARNATIONEN.

Ich weise sie an dieser Stelle auf folgendes, sehr schwer wiegendes hin, das sie gründlich überdenken sollten, falls es ihnen neu ist:

Die Seele sucht sich die Eltern aus, die ihr den Körper vererben, der genau ihrem Erfahrungsschatz entspricht. Sie inkarniert sich in eine Umgebung hinein, die just die Lebensweise ermöglicht, die ihrem Stand entspricht und die diejenigen Lernschritte ermöglicht, den sie sich für die betreffende Inkarnation vorgenommen hat. Sie werden darüber in Kapitel 19 mehr erfahren.

So hängen alle Krankheiten eng zusammen mit unserer Erbmasse, wobei ich diese auf alle unsere Körper beziehen möchte, nicht nur auf den physischen Bereich.

AUFGRUND SEINES KARMAS LEISTET DER MENSCH BISWEILEN BESTIMMTEN KRANKHEITEN KEINEN WIDERSTAND.

Der esoterische Heiler Alan Hopking hat es in seinem Buch: "Die Praxis Esoterischen Heilens" klar formuliert: "*Krankheiten sind Vergangenheit*". Hinweisen möchte ich auch auf die Tatsache, dass es nicht nur eine individuelle Erbmasse gibt, sondern auch eine solche einzelner Gruppen, Nationen oder der gesamten Menschheit wie auch unseres Planeten Erde.

Krankheiten hängen vom Zustand des Vitalkörpers eines Menschen ab. Der Vitalkörper steuert das Drüsensystem und das Nervensystem und damit das menschliche Immunsystem. Der Vitalkörper kann aufgrund ererbter Schäden geschwächt sein, vor allem aber auch infolge von Störungen im Ausdruck von Gefühlen und Begierden, was zu ungesunder Lebensweise (incl. unzweckmäßiger Ernährung) führt, die dann den physischen Körper auch direkt angreift.

Welche Krankheiten sind typisch, wenn man in einem oder mehreren früheren und im jetzigen Leben Gefühle und Begierden sowie die Sexualkraft *zu sehr* ausgelebt hat bzw. immer noch lebt?

Es sind Krankheiten wie Syphilis und andere Geschlechtskrankheiten, viele Krankheiten aus der "AIDS"-Familie, Hepatitis, Herpes, Arthritis, Entzündungen verschiedener Art u. a. Es sind die *Übersteigerungskrankheiten*, die auf einem einseitig extravertierten, hemmungslosen Verhalten beruhen. Es sind die Leiden der Menschen, denen es in erster Linie auf materiellen Gewinn und physische Lustbefriedigung ankam oder kommt. Hierzu gehören auch die Krankheitsfolgen von zu viel Essen.

ÜBERSTEIGERUNGSKRANKHEITEN SIND DIE FOLGE FALSCHER STIMULIERUNG ODER ÜBERSTIMULIERUNG ODER STIMULIERUNG AN DER FALSCHEN STELLE UND EINE FOLGE INNERER SPANNUNGEN IN EINEM TEIL DES ORGANISMUS.

Geschlechtskrankheiten sind übrigens keine Zivilisationsfolgen. Primitive Völker sind keinesfalls frei von Geschlechtskrankheiten. Unsere Phantasie reicht nicht aus, uns vorzustellen, zu welchen sexuellen Experimenten die Menschen zu lemurischen Zeiten fähig waren - sagt Djwhal Khul. Und das war keine "verweichlichte Zivilisation". Missbrauch der Geschlechtsfunktionen ist eines der ältesten "Laster" des Menschen und *nicht* die Folge etwa der Kochkost oder des Fleischessens, wie gelegentlich behauptet wird. Als Laster bezeichne ich übrigens zu häufig oder gar absichtlich wiederholte Fehler. Aber selbst das, was die Bewusstseinsentwicklung aufhält, ist keine Sünde. Es gibt überhaupt keine Sünden.

Welche Krankheiten sind typisch, wenn man in einem oder mehreren früheren und im jetzigen Leben Gefühle und Begierden sowie die Sexualkraft *zu wenig* ausgelebt hat bzw. lebt?

Es sind Krankheiten wie Krebs, Diabetes, Lungenstauung, andere Leiden der Atmungsorgane, manche Leberleiden u. a. Es sind die *Hemmungs-Krankheiten*, die auf einem einseitig introvertierten Verhalten beruhen. Es sind die Krankheiten der Asketen, Moralapostel und Besserwisser oder auch der Menschen, *die immer nur lieb und nett sein wollen.*

Hierher gehören die Krankheiten infolge einseitiger, mangelhafter oder zu geringer Ernährung. Sie sind die Folge psychischen Darbens und Entbehrens und der Einschränkung der Kräfte, die den Fluss des Lebens (die Vitalität) eindämmen.

Welche Krankheiten sind typisch, wenn man in einem oder mehreren früheren und im jetzigen Leben das Thema Angst bearbeitet?

Es sind diejenigen Krankheiten, die eine ganz besonders eine Selbstvergiftung (Verschlackung, Verschleimung, Übersäuerung) des Körpers hervorrufen. Diese kann - wie allgemein bekannt sein dürfte - durch eine falsche Lebensweise (schlechte Luft, zu wenig Bewegung, zu wenig Schlaf und Ruhe, falsche Ernährung etc.) aber auch durch direkten Einfluss des Gefühlskörpers entstehen. Letzteres wird häufig übersehen, weshalb ich hier besonders darauf eingehe.

SELBSTVERGIFTUNG DURCH ANGST TRIFFT BESONDERS MENSCHEN, DIE SICH SEHR UM EINE GESUNDE LEBENSWEISE BEMÜHEN.

Sie haben damit meist auch bis zu einem gewissen Grad Erfolg, wundern sich dann aber, wenn plötzlich starke Rückschläge in Form von alten oder neuen Leiden kommen. Angst z. B. kann zum Tode führen!

Welche Krankheiten sind typisch, wenn man in einem oder mehreren früheren und im jetzigen Leben den Gefühlsbereich vernachlässigt hat und zu sehr ins mentale, intellektuelle gegangen ist?

Es sind Krankheiten, die erst in den letzten paar Tausend Jahren sich entwickelt haben. Sie betreffen den Atemapparat und ganz besonders die Lunge. Die bekannteste Krankheit dieser Art ist die *Tuberkulose;* auch Bronchitis zählt darunter. Mit dieser erst "jüngst" aufgetretenen Krankheit hat die Menschheit am wenigsten Probleme. Die älteren Übersteigerungs- oder Unterdrückungskrankheiten sind tiefer verwurzelt und halten sich länger.

Wenn ich jetzt näher auf die emotional bedingten Krankheiten eingehe, so möchte ich als erstes *Ärger und Verbitterung* nennen, die aus einer überstarken, zu heftig reagierenden Gefühlsnatur kommen, die zu heftige Wirkungen auf das Nervensystem ausübt. Es sind Krankheiten des Eigennutzes, der überheblichen Selbstgenügsamkeit und der Arroganz. Kummer, Sorgen, Aufregung, ständiger Stress, Ängste und daraus folgende Gereiztheit haben ähnliche Folgen.

Dazu kommt die Unzufriedenheit, die sich bei vielen Menschen daraus ergibt, dass sie ständig Dinge tun, die sie eigentlich nicht wollen oder die sie kaum interessieren: viele Menschen arbeiten in einem Beruf, der ihnen keinen Spaß macht und keine Erfüllung bringt.

Achtung! Angst ist ansteckend wie Grippe. Diese Gefühlsregungen sind heutzutage infolge der delikaten, wenig stabilen Weltlage (vor allem auf wirtschaftlichem und politischem Gebiet) und der als unsicher empfundenen Zukunft verbunden mit Ahnungen, Gerüchten und Vorhersagen, die Schreckliches prophezeien, das zwar nicht eingetreten ist, aber möglicherweise doch noch große Schwierigkeiten bringen könnte, besonders weit verbreitet.

Sie vermindern die Lebenskraft, übersäuern und verschlacken den Körper und erhöhen so die Anfälligkeit gegenüber Infektionen. *Furcht und quälende Sorge sind die tieferen Ursachen zum Beispiel von Grippe,* schreibt Djwhal Khul.

Angst führt dazu, dass man nicht richtig atmet. Wenn man nicht richtig atmet, wird der Körper nicht ausreichend entgiftet, die Kohlensäure aus der Lunge wird nicht ausgeschieden. So entsteht durch direkten Einfluss des Gefühlskörpers Übersäuerung im physischen Körper, die sich dann in Krankheiten äußert.

Schreckliches verfolgt die Menschheit aller Orten. Durch Presse, Funk, Fernsehen und Internet gehen Horrormeldungen täglich rund um den Erball und die Menschen muten sich tagtäglich die furchtbarsten Bilder von Verbrechen, Gewalt, Leid und Tot zu. Während sie zu Abend essen, sitzen sie vor der Glotze und "essen" die Leichen gleich mit.

SO ENTSTEHEN AUF DEM GESAMTEN PLANETEN ASTRALE (GEFÜHLSMÄSSIGE) EPIDEMIEN! DIESE SCHWÄCHEN DEN VITALKÖRPER UND DAMIT DAS IMMUNSYSTEM.

Ständige Stimulierung und Erregung z. B. durch die Medien ruft Entzündungen und viele andere Beschwerden, z. B. auch Augenleiden hervor. Sorgen und Erregung machen eine wahre geistige Schau unmöglich. Sie versperren die Sicht und führen zu Selbstmitleid und negativer Selbstbetrachtung.

Welche Störungen haben ihre Ursache im Äther-(Vital-)Körper? Es sind Krankheiten, die ihre Ursachen direkt im Ätherkörper haben (also nicht diejenigen, bei denen der Ätherkörper in seiner Vermittlerfunktion nur Störungen aus höheren Körpern weiterleitet).

Wenn die größeren und kleineren Zentren (Chakren) des Ätherkörpers, durch welche die aus höheren Quellen kommende Energie hindurchströmt, im Ruhezustand, unerweckt oder nur teilweise tätig sind, oder wenn deren Schwingungsrhythmus zu langsam ist, dann werden diese Energien gehemmt.

Daraus entstehen Stauungen, woraus über die endokrinen Drüsen und den Blutkreislauf eine Funktionsschwierigkeit im physischen Körper resultiert, z. B. in den Lungen, dem Magen oder den Nieren. Diese Art von Beschwerden sind weit verbreitet, weil sich die Menschheit seit langem Unterdrückung und Hemmung angewöhnt hat.

Das kennen wir alle: Mann/Frau

- *"nimmt sich zusammen",*
- *hält den Schein aufrecht,*
- *zeigt keine Gefühle,*
- *springt nicht ins pralle Leben,*
- *gibt sich mit Ersatz zufrieden.*

Viele Menschen lesen z. B. lieber einen Liebesroman statt sich selbst zu verlieben. Kein Wunder dass die Ein- und Ausgangstore des Ätherkörpers nicht genug entwickelt werden und der freie Strom der Lebenskraft behindert wird, was natürlich Krankheiten zur Folge hat.

Als Heilmethode zur Verstärkung des Stroms der Lebenskraft bieten sich Atemübungen an. Neben Stauung tritt durch Störung im Vitalkörper auch ein Mangel an innerer Harmonie und Integration auf, was viele Beschwerden nach sich zieht.

Der Ätherkörper stellt den Bauplan dar, nach dem der physische Körper gestaltet wird. Er ist eine Art inneres Gerüst, das jedem Teil des sichtbaren Menschen zugrunde liegt und zugleich ganz klar das Werkzeug der Lebenskraft. Wenn nun in den Beziehungen zwischen diesem Stützgerüst und dem physischen Körper schwache Stellen liegen, dann können ernste Beschwerden auftreten:

- Bei einer zu losen Verbindung tritt eine generelle Entkräftung, Schwäche und Krankheitsanfälligkeit auf.
- Wenn die Verbindung in irgend einer Hinsicht oder an einem bestimmten Punkt unzureichend ist, dann tritt eine teilweise Störung des Energieflusses und damit eine Schwäche in einem bestimmten Körperteil auf (z. B. Impotenz oder Kehlkopfentzündung).
- Der Zusammenhang zwischen dem Ätherkörper und dem physischen Körper kann auch so schwach sein, dass die Seele nur sehr wenig Macht über den Körper hat. Es können dann Besetzungen oder Fälle von Ohnmacht oder Bewusstseinsverlust auftreten. Gleicherweise mangelt es diesen Personen an Lebenskraft und einer starken Immunabwehr.

VOLLSTÄNDIGE GESUNDHEIT GIBT ES ERST, WENN ALLE ZENTREN (CHAKREN) VOLL ENTWICKELT SIND UND DIE LEBENSKRAFT IN MAXIMALER STÄRKE DURCH DEN GESAMTEN KÖRPER FLIESST. DIES IST GEGENWÄRTIG NUR BEI WENIGEN, BEWUSSTSEINSMÄSSIG SEHR HOCH ENTWICKELTEN MENSCHEN DER FALL.

Eine Trägheit des Ätherkörpers ruft Drüsenschwäche hervor, was psychische und physische Folgen haben kann. *Überreizung des Ätherkörpers* kann Nervenstörungen erzeugen, woraus sich z. B. Migräne und ein unausgeglichenes Gedanken- und Gefühlsleben sowie Geisteskrankheiten ergeben können. Dies kommt in der modernen Industriegesellschaft mit ihrer überreichen Reizflut auf allen Ebenen sehr häufig vor. Es betrifft vor allem Menschen, die wenig geerdet sind, bei denen das Luftelement überwiegt.

Können Krankheiten auch aus Störungen des niederen Mentalkörpers stammen?

90% aller Krankheiten des Menschen stammen aus Störungen im Vital- und Astralkörper, weil die meisten Menschen besonders mit ihrem Astralkörper identifiziert sind, so wie das

Tierreich im Ätherischen zentralisiert ist. Da sich bei den zur Zeit lebenden Menschen allmählich das Denkvermögen entfaltet, treten auch deshalb Schwierigkeiten im physischen Körper auf. Diese sind aber im Grunde genommen nicht die Folgen des Denkvermögens, sondern liegen daran, dass der Mentalkörper ein Übermittler von Seelenenergie ist, mit der das Nervensystem nicht so ohne weiteres umgehen kann.

"Falsche" gedankliche Einstellungen verursachen direkt keine Krankheiten.

Diese werden durch die Unfähigkeit des Menschen verursacht, die Gesetze zu befolgen, die das Denken Gottes bestimmen. Eines dieser fundamentalen Gesetze ist das "*Grundgesetz des Rhythmus*". Die meisten Menschen sind z. B. unfähig, ihre Begierden (z. B. den Sex) einer zyklischen Kontrolle zu unterwerfen, was zu gesundheitlichen Problemen führt, zu einer allgemeinen Schwäche und Anfälligkeit gegenüber Krankheitserregern. Gesundheit ist eine Folge des Einhaltens der Zyklen der physischen Funktionen. Auch hier lernt der Mensch nur über Fehler.

Als Beispiel möge der Zyklus der Verdauung dienen:

- 12 Uhr bis 20 Uhr: Optimum der Nahrungsaufnahme,
- 20 Uhr bis 4 Uhr: Optimum der Verdauung in Magen und Dünndarm,
- 4 Uhr bis 12 Uhr: Optimum der Ausscheidung von nicht benötigten Stoffen.

Deshalb machen Fasten oder nur Obst essen am Vormittag Sinn, um die so wichtige Entgiftung nicht zu stören.

Auf seiner gegenwärtigen Entwicklungsstufe kann der Mensch nicht ohne weiteres Gefühle und Gedanken trennen. Astral- und niederer Mentalbereich sind eng verbunden. Wir sprechen ja von Wunschdenken, was dies ausdrückt. Die meisten Menschen sind beschäftigt mit sinnlicher Wahrnehmung, ihren

Gefühlen und dem Wunsch nach einem dramatischen Leben in dem Sinne und Bewusstseinszustand: "*Ich bin im Mittelpunkt*". Nur wenige leben in der Welt des Denkens, *noch weniger in der Welt der Wirklichkeit.*

Fanatismus ist auch ein Beispiel, das zwar gewisse mentale Züge trägt, aber im Grunde genommen ins Astrale gehört, denn es handelt sich eigentlich um ideengesteuerte Gefühlswallungen. Fanatismus macht krank ebenso wie übersteigerter Missionarseifer, wie man ihn häufig bei Gesundheitsaposteln oder Umweltschützern findet.

Dies gilt auch für Bitterkeit, Widerwillen, Hass und das Gefühl des vergeblichen Bemühens, das sich einstellt, wenn man seine Hoffnungen durchkreuzt sieht, die sich infolge Unzulänglichkeiten der eigenen körperlichen Veranlagungen nicht erfüllen. Das Heilmittel für diesen Zustand liegt in den einfachen Worten: positives Hinnehmen.

ANKÄMPFEN GEGEN SITUATIONEN ODER DINGE, DIE MAN NICHT ÄNDERN KANN, HAT SCHON IMMER NICHTS ANDERES ALS FRUSTRATION UND LEID GEBRACHT.

Kann man Krankheit durch Denken allein heilen?

Denken ist bei diesen Vorgängen zwar mit einbezogen, aber nicht die einzige oder die wichtigste Kraft. Positives Denken ist Wunschdenken und damit bereits im Gefühlsbereich gelandet. Damit ist zunächst nichts gegen seine Wirksamkeit ausgesagt. Häufig jedoch belügen sich die Menschen damit und programmieren sich nur anders als zuvor.

WAHRE HEILUNG ERGIBT SICH NICHT AUS UMPROGRAMMIEREN. EINE GENERELLE DEPROGRAMMIERUNG IST GEFRAGT!

Gibt es spezielle Krankheiten, die nach dem Probepfad auftreten?

Ich darf es nicht verschweigen, denn nach all diesen Ausführungen wird klar, dass spirituelles Wachstum zu Störungen im physischen und den anderen Körpern und damit zu Krankheiten führen kann. Wenn Seelenenergie verstärkt einzufließen beginnt, kann es an allen möglichen Stellen zu Stauungen, zu starker Erregung, zu Überstimulierung etc. kommen. Die Menschen sind dann besonders anfällig gegenüber Krankheiten des Herzens und der Nerven, der Schilddrüse und des Kehlkopfes sowie Magen-, Leber- und Atmungsbeschwerden.

EINE HEILUNG DES PHYSISCHEN KÖRPERS ALLEIN DURCH PHYSISCHE, MATERIELLE METHODEN ZU VERSUCHEN, IST SINNLOS UND VERGEBENS.

Dies ist ein sehr bedeutsamer Punkt, der noch immer von der Mehrzahl der Menschen nicht gesehen wird. Eine Heilung des physischen Körpers allein durch physische Methoden zu versuchen, bedeutet in etwa folgendes:

Ich repariere ein Auto mit defektem Motor dadurch, dass ich es auf einen Berg stelle und abwärts rollen lasse. Natürlich sieht das von außen so aus, als ob das Auto wieder von Grund auf in Ordnung ist. Es fährt ja wieder. Es wurde sogar die Ursache beseitigt. Die Ursache war, dass der Antrieb defekt war. Dieser wurde durch einen anderen Antrieb (die Schwerkraft) ersetzt. Sobald der Wagen aber im Tal angekommen ist (so bald ich z. B. die medizinische Behandlung oder die Rohkost absetze), steht er wieder. Der Motor ist nach wie vor defekt. Die Bewegungsenergie war nicht "artgerecht". Es war nur eine Scheinheilung. Die Zeitlose Weisheit formuliert das so:

"DIE FORM BEEINFLUSST NICHT DIE URSACHE DER FORM! DER PHYSISCHE KÖRPER IST KEIN "PRINZIP" - NICHT ER ENTSCHEIDET, IHM WIRD DIKTIERT."

Es kommt auf die feinstofflichen Körper, allen voran auf die Seele an, ob ein physischer Körper (die Form) gesund ist oder nicht, denn der physische Körper ist ja das Produkt dieser feinstofflichen Körper. Wie kann der Körper vital sein, wenn der Vitalkörper schwach ist? *Sie können nicht durch Heilung des physischen Körpers Defekte im Vital- oder Astralkörper heilen. Wann endlich sehen das die Schulmediziner ein?*

DIE SCHULMEDIZIN VERTAUSCHT URSACHE UND WIRKUNG. DER KRANKE PHYSISCHE KÖRPER IST DIE AUSWIRKUNG EINER STÖRUNG IM ENERGIEKÖRPER, NICHT SELBST DIE URSACHE!

Sie können nur die feinstoffliche, höhere Energie in Ordnung bringen und dann die zwangsweise erfolgende heilende Auswirkung im physischen Körper beobachten und gegebenenfalls unterstützen.

Oder können sie im Kino durch Manipulation einer Filmprojektion - etwa durch Einfärben der Leinwand oder durch Zwischenschalten von Farbfiltern - einen Schwarzweiß- in einen Farbfilm verwandeln? Jedermann würde ein solches Vorgehen als töricht bezeichnen.

Am Film (unseren feinstofflichen Körpern) würde dies ebenso wenig etwas ändern wie am Projektor (an der Seele). Und doch versucht die Symptommedizin dies andauernd. Klar, vorübergehend wird ein vielleicht sogar sehr interessanter und verlockender Effekt erzielt, wenn zum Beispiel eine Liebesszene rosa oder ein Picknick auf der Wiese hellgrün erscheinen. Aber was soll diese Augenwischerei auf Dauer?

Es ist besser, wir werden uns der eigentlichen Ursachen klar. Ist es nicht gescheiter, den Schwarzweiß- gegen einen Farbfilm auszutauschen, wenn wir farbige, bewegte Bilder sehen wollen? Wäre es nicht besser z. B. am Astralkörper (an unserer Gefühlswelt und unseren schädlichen Gewohnheiten) zu arbeiten? Wäre es nicht noch viel besser statt durch Bücher, Kino und Fernsehen zu simulieren, *sich mit allen Risiken selbst ins pralle Leben zu stürzen?*

Wollen wir wirklich immer die Tour des deutschen Professors reiten, der im Himmel angekommen und vor zwei Türen stehend diejenige wählt, die zu einem "*Vortrag über Liebe*" führt statt derjenigen, die ihm ein "*Erleben der Liebe*" ermöglicht?

DIE AUSWIRKUNGEN FRÜHERER VERHALTENSWEISEN KANN MAN NICHT DURCH SYMPTOMBEKÄMPFUNG ABBAUEN. VERSÄUMNISSE WOLLEN NACHGEHOLT WERDEN, ERFAHRUNGEN MÜSSEN EIGENSTÄNDIG, AKTIV GEMACHT WERDEN.

Davon gibt es keine Ausnahme. Und das ist eben oft nur dann möglich, wenn man seinen Lebenswandel von Grund auf ändert - auch wenn noch so große Überraschungen, Unsicherheiten und Unwägbarkeiten drohen. Versäumnisse werden abgebaut durch eine Lebenshaltung der *Harmlosigkeit*. Das ist eine Geisteshaltung der inneren Ausgeglichenheit, des nicht Urteilens, der ganzheitlichen Schau und göttlichen Verstehens. Diese führt zu der Erkenntnis, dass alles gleich gültig ist.

Wenn jemand alte Verstrickungen auf sich geladen hat, weil er seinen Partner lieblos verlassen hat, wie wird das dann ausgeglichen?

Es gibt viele Möglichkeiten. Diese Verstrickung wird jedenfalls nicht allein dadurch aufgelöst, dass man im nächsten Leben von eben diesem Partner ebenso lieblos verlassen werden muss. Das würde nur neue Verstrickungen schaffen. Jeder muss selbst für seine Taten gerade stehen.

Nur so sind wir langfristig erfolgreich: Einmal sollte der Film ausgetauscht werden, das heißt wir arbeiten an unseren feinstofflichen Körpern und zum anderen sollte die Leinwand gereinigt werden, damit sie wieder ein klares, getreues Bild reflektieren kann. Das bedeutet, wir reinigen unseren Körper von Schlacken und Giften aller Art.

Dies kann durch eine rohkostbetonte Ernährung (oder andere Entschlackungsdiäten) und generell durch einen gesünderen Lebenswandel gelingen (mehr Bewegung, Atmen von sauberer Luft, ausreichend Schlaf usw.). Arbeiten nur am physischen Körper sind jedoch langfristig gesehen zum Scheitern verurteilt.

Es gibt sehr viele Menschen, die fangen am körperlichen Ende an und bekommen dann im Laufe der Zeit auch das feinstoffliche Ende in den Griff. Es kommen zuzeiten Menschen zu mir, die mich fragen, wie sie mit der erhöhten Sensibilisierung umgehen sollen, die sie durch Körperreinigung und Entschlackung erreichen. Sie kommen über eine Reinigung des Körpers zur Ahnung der feinstofflichen Welt und dazu, spirituell zu werden und sich aktiv mit der Erweiterung ihres Bewusstseins zu befassen.

Wenn sie andererseits verstärkt an den feinstofflichen Körpern arbeiten, wenn sie viel meditieren, Yoga machen oder sich generell um ein feinfühligeres, bewussteres Leben bemühen, dann kommt es in der Regel von ganz allein dazu, dass irgend wann ein Impuls kommt, der ihnen sagt: jetzt ist die Zeit gekommen, dass auch der physische Körper gereinigt werden muss, damit er durchlässiger wird für die feinen Energien, mit denen sie sich in zunehmendem Maße befassen.

Sie können dann ganz einfach keinen Schweinebraten mehr essen, weil sie spüren, was er anrichtet. Nicht, dass sie davon sofort krank würden, aber sie spüren, wie er ihre erhöhten Schwingungen wieder auf ein tierisches Niveau erniedrigt. Gesundheitsschädigende Verhaltensweisen fallen so ohne schmerzlichen Verzicht, ohne Askese weg, weil sie nicht mehr passen.

Wer aber nicht in die Tiefe graben will, wer nach dem Motto "*mehr Schein als Sein*" lebt, wer für eine kritische Überprüfung seines Lebenswandels nicht offen ist, für den ist die Schulmedizin nach wie vor das Beste:

- Warum ein Risiko eingehen?
- Wer weiß, was der Psychologe oder die Meditation zutage fördern?
- Sind unsere psychiatrischen Kliniken und Heime nicht übervoll?
- Sind die Psychiater und Psychologen nicht selbst gemütskrank?
- Wer weiß was passiert, wenn es "ans Eingemachte" (ans Unbewusste) geht?
- Ehrlich zu mir selbst? - Nein danke!

In Zukunft werden Ärzte, Heilpraktiker, Ernährungsberater, Psychologen und Heiler zusammenarbeiten.

Je nach Bewusstheitszustand des Patienten wird man er Heilmethode auswählen, die er verkraften kann, durchhalten wird. Und deshalb wird die Schulmedizin noch lange bestehen bleiben, weil es noch lange Menschen geben wird, die darauf ansprechen und sie wollen.

Bei den Menschen, denen es um Erfahrungen und Bewusstseinsentwicklung geht, werden die Heilkundigen zusammen mit dem Patienten herauszufinden suchen, was die tiefere Ursache der jeweiligen Krankheit ist. Sie werden zu ergründen versuchen, was der beabsichtige Lerneffekt ist und *erst wenn sie sicher sind, dass der Patient auch wirklich aus der Krankheit lernt, werden sie die nötigen Heilmaßnahmen einleiten und dann damit auch erfolgreich sein.*

Was ist die Aufgabe von Geistheilern (esoterischen Heilern)? Auch Geistheiler, die mit dem Energiefeld des Patienten, zum Beispiel mit seinem Vitalkörper arbeiten, dürfen, wenn sie wirklich verantwortungsbewusst handeln, eine Krankheit nicht einfach beseitigen, selbst wenn sie das könnten. Sie haben auf den Sinn und Zweck der Erkrankung Rücksicht zu nehmen. Sie müssen ihr höheres Selbst bzw. das des Patienten fragen, ob und wie sie eingreifen dürfen.

DIE MEISTEN KRANKHEITEN HEILEN IM GRUNDE GENOMMEN VON SELBST, WENN DER PATIENT DIE LEKTION DARAUS GELERNT HAT.

Aufgabe des Heilkundigen ist es, Trost zu spenden und dem Kranken Hoffnung und Vertrauen zu übermitteln, damit er die Krankheit erfolgreich durchsteht. Inwieweit er einzelne Symptome lindern sollte, ist in jedem Einzelfall zu entscheiden.

Schließlich kann es die Aufgabe des Heilkundigen auch sein, für den Patienten in der Sterbestunde nah zu sein, damit dieser friedlich sterben kann, wenn der Heiler erkannt hat, dass die Seele diese Krankheit angezogen hat, weil sie sich mit ihrer Hilfe aus der physischen Hülle verabschieden will. Es wäre sinnlos, in solchen Fällen gegen die Krankheit anzukämpfen.

Der ganze Komplex der Krankheiten ist reichlich kompliziert.

WIR SOLLTEN MISSTRAUISCH GEGENÜBER JENEN SEIN, DIE ALLE KRANKHEITEN AUF EINE EINZIGE EINFACHE URSACHE ZURÜCKFÜHREN WOLLEN, DIE MAN ANGEBLICH LEICHT ABSTELLEN KANN.

Manche Menschen haben Leiden, für die sie nicht direkt verantwortlich sind. So schwer es manchen auch fällt, manchmal hilft nur eines: *nach Ausschöpfen aller irdischen Möglichkeiten in gläubigem Vertrauen anzunehmen, was das Göttliche uns gesandt hat.*

17. Denkvermögen, Intuition, Meditation

Die erleuchteten Meister repräsentieren das höhere Denkvermögen, sie sind die Seele bzw. die Monade. Eine integrierte Persönlichkeit ist für sie eine Selbstverständlichkeit. Die Seele kann sich jedoch bei den meisten Menschen nicht richtig durchsetzen. Wie sollte sie auch? Die meisten Menschen sind sich ihrer Seele ja noch nicht einmal in vagen Ansätzen bewusst.

ES GENÜGT NICHT, IM RELIGIONSUNTERRICHT ZU LERNEN, DASS WIR EINE UNSTERBLICHE SEELE HABEN. DIESER ANSATZ IST IN SICH SCHON FALSCH.

Erstens genügt es nicht, mit dem Kopf daran zu glauben und zweitens haben wir *keine* Seele, wie der spirituelle Meister Gurdjieff festgestellt hat.

Wie bitte? Wir haben *keine* Seele? Was haben wir denn dann?

WIR HABEN KEINE SEELE. WIR *SIND* DIE SEELE.

Und wir haben einen physischen Körper, wir haben Gefühle, wir haben Gedanken. Aber wir *sind nicht* unser Körper, wir *sind nicht* unsere Gefühle, wir *sind nicht* unsere Gedanken.

Das ist eine ausgesprochen revolutionäre Feststellung! Haben sie sich einmal die Konsequenzen daraus angesehen?

Wie bereits erwähnt unterscheiden wir einen niederen und einen höheren Verstand. Dieser niedere Verstand ist allen Menschen - wenn auch in unterschiedlichem Ausmaß - jederzeit zugänglich. Das kann man vom höheren Verstand nicht unbedingt sagen.

Der höhere Verstand ist reines Bewusstsein - Bewusstsein ohne Inhalt - der blanke Bildschirm. Zu ihm wollen wir in der Meditation durchdringen. Zu ihm zählt die Seele, der Beobachter unserer Gedanken, Gefühle, Sinneswahrnehmungen und Handlungen; der höhere Verstand verkörpert den göttlichen Willen, göttliche Intelligenz und göttliche Liebe. Mit dem höheren Verstand erfahren wir, wie die Welt wirklich funktioniert und was sie im Innersten zusammenhält. Hier erfüllt sich der Wunsch von Goethes Faust.

WENN MAN GANZ IM HÖHEREN VERSTAND LEBT, ALSO ERLEUCHTET IST, DANN FÜHLT MAN SICH IN HARMONIE MIT JEDEM UND ALLEM, VERWIRKLICHT GÖTTLICHKEIT IN JEDER LEBENSPHASE UND VERMAG DIE EIGENE BEGLÜCKUNG ANDEREN MITZUTEILEN

Obwohl man alle Pflichten und materiellen Geschäfte wirksam und intelligent durchführt, fühlt man sich geistig losgelöst von der Welt. Das ist wahre Entsagung.

Das höchste Stadium von "Verstehen" geht nach Meher Baba hervor aus dem Untertauchen der Seele in den grenzenlosen Ozean von unendlichem Wissen, Glückseligkeit und Kraft. Wer dies selbst erreicht hat, kann Tausende befähigen, Vollendung zu erreichen. Bevor wir so weit sind, verbringen wir viele Leben damit, *das Undenkbare zu denken.* Diese Zeit ist dennoch nicht vergebens: wir lernen, unser niederes Denkvermögen bis ans äußerste zu strapazieren. Von dort bis zum Erkennen der Seele ist es dann nicht mehr weit.

Was genau hat die Seele mit dem Denken zu tun? Die Seele gehört zum höheren Mentalbereich. Wenn man das niedere Denkvermögen total ausgeschöpft und schließlich ad absurdum geführt hat, gelangt man in den höheren Mentalbereich und trifft die Seele. Die Seele überwacht das ganze Erdexperiment und schaltet sich ein, *wenn man sie lässt.* Dazu muss man sie jedoch kennen, spüren, erfahren. *Es genügt nicht, nur daran zu glauben.*

Ein bewusster Mensch überlässt die wichtigen Entscheidungen immer der Seele. Wenn die Persönlichkeit allein bestimmt, dann kommt es zu egoistischen Handlungen, die den Mitmenschen schaden. Und wieder einmal das sattsam bekannte Drama abrollt, verbunden mit Leid und Schmerz für *alle* Beteiligten.

SCHMERZ UND LEID WIDERFAHREN UNS, WEIL WIR DAS ÄNGSTLICHE GEFÜHL HABEN, WIR SEIEN ALLES EINZELKÄMPFER, GETRENNT VON EINANDER UND VON DER QUELLE.

Deshalb rennen wir uns im Hamsterrad des Alltags die Lunge aus dem Leib. Und solange, als wir uns nicht den intuitiven Botschaften öffnen, die über den Kanal Seele, über diesen genialen Transformator zu uns kommen, so lange tappen wir im Dunkeln *und lernen herzlich wenig dazu.*

Aber ist es nicht so, dass wir erst dann in der Lage sind, uns wenigstens ansatzweise unserer Seele zu öffnen, wenn wir als halbwegs integrierte Persönlichkeiten schon eine Menge gelernt haben? Das ist zweifellos so. Der Plan sieht das so vor, damit es nicht zu einfach wird und wir annehmen, wir könnten alles lernen, wenn wir Bücher lesen und daran glauben. Mit dem Glauben ist im Laufe der Geschichte schon zu viel Unsinn angerichtet worden!

Wenn es nur darum ginge, zu glauben, hätten wir im Warmen und Trockenen im Siebten Himmel bei Gott bleiben können. Gott hätte uns dann erzählt was es mit der Erde auf sich hat und wir hätten das geglaubt. Wir hätten hier nicht herkommen brauchen! Das ist so einfach! So klar, so logisch. Man muss die Dinge nur zuende denken.

Man kann auch mit dem niederen Denkvermögen sehr, sehr viel anfangen. Viele moderne sogenannte Esoteriker machen den gleichen Fehler wie die Schäflein in der Kirche: *Sie hören viel zu früh auf zu denken* und überlassen sich dann dem

Unklaren, Nebulösen, Mysteriösen. Ich nenne diese völlig anspruchslose Bewegung Wohlfühlesoterik oder Kuschelesoterik. Eigentlich ist es gar keine Esoterik, denn man kann sie schon verstehen, wenn man noch halb schläft. Es ist *Exoterik.*

Daran kann man unschwer erkennen, dass diese Kuschelesoteriker nicht wirklich weiter gekommen sind und nur die Dogmen gewechselt haben. Die Betroffenen würden das natürlich vehement abstreiten.

MIT KUSCHELESOTERIK WERDEN DIE LEUTE VOM WIRKLICHEN WACHSTUM ABGELENKT. KUSCHELESOTERIK IST EIN SCHWARZMAGISCHES GESCHÄFT.

Wo sind die Grenzen des niederen Denkvermögens? Diese Latte, jenseits der keine sicheren Erkenntnisse mehr möglich sind, liegt viel höher, als die meisten Menschen glauben; und niedriger, als die Naturwissenschaftler und die Philosophen annehmen.

Also reizen sie das niedere Denkvermögen bis ans äußerste aus! Kaufen sie sich schwierige Literatur - kompliziertere Texte als dieses Buch. Sie sollten Texte lesen, bei denen es nicht nur darauf ankommt, dass ein bestimmtes Wissen vermittelt wird, sondern Texte, *deren Aufnahme eine Art Denktherapie darstellt;* z. B. das Buch "Das Nichts und das Alles" von Meher Baba oder Bücher von Alice A. Bailey oder "Ein Kurs in Wundern".

Das Lesen und Verarbeiten des Stoffes wirkt therapeutisch? Ja, das sind die Texte, in denen sie manche Stellen nicht auf Anhieb verstehen; über denen sie grübeln, kontemplieren und meditieren. Und auf einmal fällt dann der Groschen.

DADURCH, DASS SIE VERSUCHEN, DAS UNDENKBARE ZU ERGRÜNDEN, ÜBERSCHREITEN SIE DIE GRENZE VOM NIEDEREN ZUM HÖHEREN MENTALBEREICH.

Sie kommen vom Intellekt zur Intuition. Sie nutzen den Intellekt so weit als möglich und schließen ihn dann an den Transformatorkanal Seele an. Sie bauen die Antahkarana, die Regenbogenbrücke zur Monade. Von dort fließt Weisheit. Über sie erinnert sie sich an all das, was sie von Anbeginn schon wussten und vor allem, was sie schon immer wahren.

Nach der Zeitlosen Weisheit besitzen Tiere zwar Instinkt und Gefühl, aber keinen Verstand (Denkvermögen). Und auch die Menschen sind nach wie vor hauptsächlich emotional polarisiert, Ihr höheres Denkvermögen entfaltet sich erst langsam und ein Großteil der Menschen ist noch voll im konkreten Alltagsdenken gefangen.

Ein bedeutender Punkt liegt nun darin, und jetzt wiederhole ich bewusst ein bisschen, dass es sehr wichtig ist, dass wir erst dann in den Genuss des höheren Denkvermögens kommen, zu dem die Seele gehört, wenn wir das niedere Denkvermögen so gut beherrschen, dass wir auch das "*Unmögliche zu Denken gelernt haben*" d. h. nicht nur logisch-linear sondern auch vernetzt, in Paradoxa, Analogien etc. Außerdem kann das höhere Denken nur dann benutzt werden, wenn wir in der Lage sind, vorübergehend das niedere Denken (und das Fühlen) abzuschalten bzw. in den Hintergrund zu schieben. Ein fast unmögliches Unterfangen.

DIE MEISTEN MENSCHEN KÖNNEN VOR LAUTER "*HINTERGRUNDRAUSCHEN*" DES NIEDEREN VERSTANDES, DIE FEINEN BOTSCHAFTEN DER INNEREN STIMME, DER INTUITION, VON DER HÖHEREN MENTALEBENE NICHT HÖREN.

Ein Bild soll das verdeutlichen: Ein Gedanke folgt wie eine Sekunde der anderen und erst wenn die Uhr stehen bleibt, wenn der Gedankenstrom zumindest für Sekundenbruchteile einmal abreißt, können die Nachrichten aus dem höheren Denken über die Regenbogenbrücke empfangen werden.

MEDITATIONSTECHNIKEN WIRKEN DARAUF HIN, DEN GEDANKENSTROM ZU VERLANGSAMEN, BIS ER EINES TAGES WILLENTLICH BEHERRSCHT WERDEN KANN.

Ich begegne immer wieder Menschen, die völlig verzweifelt sind, weil ihr überreizter Verstand Amok läuft, nicht zu beruhigen ist und dementsprechend über seine unbewussten (verurteilenden) Anteile Emotionen gebiert, welche die betreffende Person in tiefe Depressionen stürzen. Unser Gemüt ist das Problem. *Im Grunde sind wir alle gemütskrank.* Ab in die Klapse! Nur wer stellt die Ärzte und das Pflegepersonal?

Das Problem ist bei höheren Stellen bereits seit langem bekannt. Gott schickt uns deshalb jetzt eine neue Generation von Kindern, die sogenannten Indigo-Kinder.

Das mit dem Gemüt als Hindernis für die Intuition habe ich am klarsten von Osho gehört. Er hat seine gespreizte Hand hochgehalten und gefragt: "*Was ist wichtiger, die Finger meiner Hand oder die Zwischenräume?*" Wir dachten, er macht einen seiner Witze. Es konnte doch nichts anderes sein als die Finger, weil er sie ja täglich benutzte. Es hat sich jedoch herausgestellt, dass er auf die Zwischenräume abzielte. Er sagte: "*Konzentriert euch immer auf das, was bleibt. Finger kommen und Finger gehen, aber die Zwischenräume bleiben.*"

Die Finger sind eine ausgezeichnete Analogie für die Persönlichkeit. Auch die kommt und geht (bei jeder Inkarnation); die Zwischenräume entsprechen der Seele, sie ist unsterblich, sie bleibt! Die Seele wird aber nur wirksam, wenn wir die Persönlichkeit (die Finger) nicht überbewerten! Die Persönlichkeit ist das Werkzeug der Seele, mit dem sie hier ihre Erfahrungen macht.

Wie entdecken, erweitern und verwenden wir unsere Intuition, den Draht nach oben, der unser bester Wegweiser durch den Dschungel dieser Erde darstellt?

Bekanntlich besitzen sie einen bewussten und einen unbewussten Bereich; letzteren teilt man in unterbewusst und überbewusst ein. *Intuition kommt aus dem überbewussten Bereich.* Sie entspringt der Verbindung vom niederen Denken der Persönlichkeit zum höheren Denken der Seele und weiter zur Monade (dem göttlichen Bereich) über die Antahkarana (Regenbogenbrücke).

Sie kommt meist unerwartet, plötzlich und die Botschaften fühlen sich ungewöhnlich, bisweilen sogar gefährlich an. Das Umsetzen fühlt sich jedoch früher oder später sehr gut an und man erhält Bestätigungen, auf dem rechten Weg zu sein. Durch das Befolgen der Botschaft, ergeben sich nicht selten völlig neue Wege und langfristig betrachtet ist das Ergebnis genau richtig (für die weitere Bewusstseinsentwicklung).

Inspiration ist eine Eingebung, die eher aus dem unterbewussten Bereich kommt, oder aus dem mental Gespeicherten (der Erinnerung). *Impulsives* Handeln (aus dem Bauch heraus, gefühlsmäßig, emotional) wird manchmal als niedere Intuition bezeichnet - das sollte man lieber bleiben lassen; es verwirrt nur. Die Intuition (von der Seele kommend) wird auch die "*innere Stimme*" genannt. *Gewissen* steht für anerzogene Normen, ist unecht und verhindert Freiheit und Liebe.

Wie lässt sich die Intuition steigern? Hier gibt es mehrere erprobte Wege: Alles überragend sind Meditation, selbstlose Liebe und hingebungsvolles Gebet. Weiterhin kann man sagen, *dass die Intuition um so stärker sprudelt, je mehr man sich danach richtet.*

DIE MEISTEN MENSCHEN KÖNNEN DIE INTUITION NICHT VON DER STIMME DES GEWISSEN UNTERSCHEIDEN KÖNNEN.

Woran erkennen sie, ob eine Eingebung wirklich von der Seele stammt?

- Intuition bringt Einsichten, die zu innerem Frieden und Glück führen.
- Intuition ist häufig gegen die üblichen Muster gerichtet.
- Intuition führt niemals zu Handeln aus Angst, Schuld oder Berechnung.
- Intuition führt zu Handlungen, die auch den anderen nutzen; die Seele ist von Natur aus altruistisch!

Wie in Kapitel 2 bereits dargestellt, ist es im Leben besonders wichtig, dass wir Freude erleben. Wir schöpfen Freude, wenn wir aufhören, Teile von uns zu unterdrücken und damit ins unbewusste Schattenreich abzudrängen. Das ist eine besonders wichtige Angelegenheit. Wir neigen dazu, alles was wir tun und sind, aber aufgrund unserer Erziehung nicht mögen und deshalb ablehnen, wegzudrücken, aus dem Tagesbewusstsein zu verbannen.

Wenn wir das lange genug gemacht haben, dann vergessen wir schließlich, dass wir diesen Wesenszug einmal bewusst hatten und glauben, er ist besiegt. Er ist aber unbewusst noch da und treibt im Unterbewussten sein Unwesen. *Man nennt ihn den Schatten.*

UNSER SCHATTEN IST IM GRUNDE GENOMMEN DER "TEUFEL".

Auf dem spirituellen Weg ist es unerlässlich, dass sie diesen Schatten erforschen und alles ans Licht des Tages bringen, was sie verdrängt haben. Sie werden sonst krank und das Leben macht keine Freude.

Das ist zuzeiten recht schwer, denn dieser Prozess bringt Dinge ans Licht, die ihnen gar nicht gefallen. Das tut weh! Der griechische Held Herkules - ein Symbol für den Menschen - hat uns vorgelebt, wie das geht, als er mit der neunköpfigen Hydra kämpfte, die in einem stinkenden Pfuhl lebte und die Welt in Angst und Schrecken versetzte. Er hat erst versucht, der Hydra, einer Art Krake, die Köpfe abzuhauen. Aus jedem Hals wuchsen aber zwei neue Köpfe.

Das bedeutet nichts anderes, als dass man gegen Unbewusstes, gegen den Teufel, nicht direkt kämpfen kann. Beide verstärken sich dabei sogar noch. Sie müssen wie Herkules demütig auf die Knie und in den Sumpf hinein. Dort betrachten sie ihre verdrängten Eigenschaften:

- *Begierden, die mit Sexualität, Komfort, Bequemlichkeit und Geld verknüpft sind*
- *die Leidenschaften der Angst, des Hasses und der Machtgier*
- *die Laster des unerleuchteten Denkens: Hochmut, Absonderung und Grausamkeit*

ES IST SCHON UNGEHEUER SCHWER, DER EIGENEN WAHRHEIT INS GESICHT ZU SEHEN. DAS GENÜGT LEIDER ABER NOCH NICHT.

Das im Inneren geschaute, vermutete, geahnte, muss ans Licht des Tages - erst dann verliert es seine Schrecken. Herkules hat das symbolisch dadurch getan, dass er die Hydra packte und hoch hob, aus dem Sumpf heraus. Sie fiel in sich zusammen, weil sie nur im Verborgenen des Unbewussten wüten kann.

Die Psychotherapie ist mit diesen Prozessen betraut, aber viele dieser Methoden sind wenig effektiv. Psychoanalyse z. B. kann man jahrelang ohne nennenswerte Erfolge machen. Ausgerechnet diese Methode gehört aber zu den zwei oder drei offiziell anerkannten. Damit müssen sie vorerst leben. Wenn eine Sache staatlich anerkannt ist, dann braucht das gar nichts zu bedeuten. Nicht Anerkanntes ist häufig besser.

Die Menschen sollen sowieso Eigenverantwortung lernen; und das tun sie am leichtesten, je weniger Sicherheit sie haben und je mehr Fehler sie machen können. Ich wiederhole:

DIE VIELEN STAATLICHEN SICHERHEITSVORKEHRUNGEN DURCH DIE UNZÄHLIGEN REGELUNGEN, GE- UND VERBOTE, HALTEN DIE MENSCHEN IN UNMÜNDIGKEIT, VERHINDERN DAS WACHSTUM.

Wenden wir uns jetzt dem äußerst bedeutungsvollen Thema Meditation zu, nachdem weiter oben schon gewisse Andeutungen vorbereitend gewirkt haben. Meditation ist der Königsweg zu mehr Bewusstheit. Während der Meditation, wenn sie z. B. still sitzen, üben sie Aufmerksamkeit in einer unverfänglichen Situation. Im Leben, wenn sie z. B. der Chef anbrüllt, können sie das Erreichte dann testen.

Viele Menschen machen sich runter, wenn sie trotz Meditation scheinbar keine Erfolge erzielen und immer wieder reagieren statt zu agieren. Bewusstseinsentwicklung geht aber eher langsam, Schritt für Schritt ... Gewohnheiten werden schließlich durch Bewusstwerden ausgehebelt und das braucht viele Erfahrungen und sehr lange Zeiträume.

Ich beobachte auch, dass viele Menschen von der Meditation falsches erwarten: nämlich innere Bilder, Farben, Klänge. Das kann auftreten, ist aber nicht das Ziel von Meditation. Es stellt sozusagen ein gelegentliches Zuckerl dar. Wenn sie es erwarten, bleibt es aus. Sie sollten auch nicht viel darüber sprechen. Was ihnen da begegnet sind Phänomene. *Sie haben nicht die Bedeutung, die ihnen viele sogenannte Esoteriker zusprechen. Man kann mit Meditationserlebnissen prahlen ...*

Hören Sie im folgenden ein Gespräch, das ich mit Meister Osho aus Indien führte:

"Devanando: Das Ziel der Meditation ist die berühmte "Gemütsruhe", die "Seelenruhe" der sogenannte "Seelenfrieden", zuweilen auch "Gleichmut" (lat. aequus animus) genannt?

Osho: Willst du mich auf den Arm nehmen?

Devanando: Wieso?

Osho: Willst du einschlafen? Was ist der Unterschied zwischen "Bierruhe" und "Gemütsruhe"? Komm mir bloß nicht mit dieser Gemütsruhe. Warum sagst du nicht gleich Pokerface. Du kannst dann auch noch den bayerischen Satz: "Wer schläft kommt in den Himmel" zitieren.

Devanando: Viele Menschen sehnen sich nach Seelenfrieden.

Osho: Sie wissen im Grunde gar nicht, was das ist. Aus meiner Sicht ist das ein Begräbnisinstitut.

Devanando: Wieso spottest du?

Osho: Ich spotte nicht. Ich weiß, wovon ich rede. Die Menschen sehnen sich nach vielen Dingen, sie wünschen sich dies und das und begehren am liebsten alles. Am allerliebsten möchten sie schlafen und träumen. Am schlimmsten, weil am undurchsichtigsten und selbstbetrügerischsten ist die sogenannte Gemütsruhe. Meditation ist ein Zustand, in dem das Gemüt so zurücktritt, dass es praktisch *nicht mehr existiert.*

Devanando: In tiefer Meditation ist das Gemüt nicht ruhig?

Osho: *Es ist abwesend.* Es hat abgedankt. Es hat den Löffel an die Seele weitergereicht. Das Gemüt - die unselige Synthese aus Fühlen und Denken - *hat seinen gesamten Inhalt auf den Müll geworfen,* es hat ihn nicht nur harmonisiert oder beruhigt. Das Gemüt hat sich sozusagen entleert, hat den Fühlstoff und den Gedankenstoff gelöscht und zeigt jetzt nur noch den leeren Bildschirm. Ohne Bildschirmschoner, ohne im Hintergrund laufende Programme.

Devanando: Das ist Meditation?

Osho: Ja, das ist Meditation. Was ihr als Meditation bezeichnet sind in der Regel nur Meditations*techniken.* Sie sind nicht das

Ziel. Sie sind der Weg. Das Ziel besteht darin, *dass ihr das Denken abstellt.* Normalerweise rauscht ein Gedankenzug nach dem anderen, Puffer an Puffer über euren Bildschirm. Die Meditationstechniken sollen bewirken, *dass sich einer dieser Züge verspätet.* Auf diese Weise entsteht ein Zwischenraum zwischen zwei Zügen. In diesem Zwischenraum erlebt ihr eine andere Welt: die Welt der Seele. Die Welt der Meditation. Die Welt der Intuition. Meditation ist Seelengewahrsein.

Meditation wandelt unseren Glauben in festgestellte Tatsachen um und unsere Theorie in bewiesene Erfahrung. Mit anderen Worten: Meditation ist der Tod des Glaubens und des Vorstellungsdenkens. Deshalb hat die Kirche das Beten propagiert, nicht das unvoreingenommene Meditieren.

Devanando: Kontemplation, also das Nachdenken über einen Satz oder ein Bild etc. ist demnach keine Meditation?

Osho: Es ist eine Meditationstechnik, um - so paradox es klingt - durch Nachdenken zum Nicht-Nachdenken zu gelangen oder anders ausgedrückt: sich durch Nachdenken der Intuition öffnen, die durch Nachdenken verhindert wird.

Devanando: Und was ist Erleuchtung?

Osho: Wenn ihr erleuchtet seid, könnt ihr permanent in Meditation sein - nicht nur wenn sich der Zug verspätet - was ihr ja zunächst nicht willentlich steuern könnt. Diese verspäteten Zuge kommen ja nur bei vollkommener Absichtslosigkeit. Wenn ihr erleuchtet seid, bestimmt ihr in jedem Moment ob und wie viele Züge fahren. Ihr könnt den Zugverkehr auf Wunsch auch für beliebige Zeiträume ganz einstellen.

Devanando: Sonst gibt es keinen Unterschied?

Osho: Wenn ihr erleuchtet seid, dann ist nicht nur der Bildschirm blank und offen für die Intuition aus dem Kosmos. Das gesamte Betriebssystem eures Computers ist verschwunden und damit alle Betriebsroutinen, vor allem das binäre System, auf dem alle Computer ebenso basieren, wie die illusorische Welt in der wir leben: die Dualität. Und wenn die Dualität "schwindet" zeigt das an, dass ihr im Himmel seid, dass das Reich Gottes angebrochen ist, dass ihr erleuchtet seid, dass ihr die Welt in einem höheren Grad als das wahrnehmt, was sie wirklich ist. Dann seid ihr Liebe und Weisheit."

Devanando: Ich danke dir von Herzen.

18. Bewusstseinserweiterung, Bewusstseinsgrade

Was ist Bewusstsein? Bewusstsein ist eine Eigenschaft, welche die gesamte Schöpfung aufweist. Atome sind bewusst, Kristalle sind bewusst, Pflanzen, Tiere, Menschen, Planeten, Sonnensysteme, Galaxien, alles ist bewusst. Das Ausmaß des Bewusstseins ist jedoch sehr verschieden. Selbstbewusstsein gibt es z. B. erst vom Menschen an aufwärts.

WESSEN GENAU IST MAN SICH BEWUSST? DER MENSCH IST SICH IM IDEALFALL (WENN ER BEREITS ERLEUCHTET IST) BEWUSST, WAS, WIE UND WARUM ER ETWAS TUT, FÜHLT ODER DENKT.

D. h. er ist sich in letzter Konsequenz völlig klar darüber. Das ist nur dann der Fall, wenn es keinen unbewussten Anteil mehr gibt. Auf die meisten Menschen trifft das (noch) nicht zu. Ein solches Bewusstsein ist jedoch angelegt, *potentiell schon vorhanden.*

Wenn ein Mensch sagt: "*Das habe ich ganz bewusst getan*", dann bedeutet es meistens, dass er es *absichtlich* getan hat. Er hat registriert, dass er es tun wollte und hat es dann getan. Es bedeutet aber noch lange nicht, dass er auch wirklich weiß, warum er es so oder so tun wollte. Er kennt seine unbewussten Beweggründe, Motive nicht. Er ist sich in der Regel auch nicht wirklich über die Konsequenzen seiner Handlungen im klaren.

DIE ABSICHT, ETWAS ZU TUN, BEINHALTET NOCH LANGE NICHT, DASS ES AUCH BEWUSST GETAN WIRD.

Häufig liest man auch, dass die Menschen in den letzten Jahren viel bewusster geworden sind. Auch hier muss man vorsichtig sein. Das kann auch nur ein schlampiger Gebrauch der Sprache sein. Meist fällt dieser Satz in einem bestimmten

Kontext, z. B. spricht man vom gesteigerten Umweltbewusstsein. Es ist dann so, dass die Leute den Inhalt ihres Denkens gewechselt haben. Deshalb kommt ihnen bei bestimmten Themen etwas anderes in den Sinn als früher. Ihr Bewusstsein hat sich aber nicht wirklich erweitert, es ist nach wie vor nicht in der Lage, höhere Schwingungen zu verarbeiten, es hat sich nur mit einem anderen Inhalt gefüllt. Die Menschen haben jetzt andere Meinungen, legen auf andere Dinge Wert. Die Denkmuster mit ihren prinzipiellen Beschränkungen sind aber immer noch die selben. Die Meinungen können sich aber rasch wieder verändern, wenn das Leben durch profitabler erscheint.

EINE ÄNDERUNG DES BEWUSSTSEINS-INHALTS BEDINGT NOCH KEINE BEWUSSTSEINS-ERWEITERUNG.

Das klingt nicht eben ermunternd! Zuzeiten müssen wir aber den Tatsachen in die Augen sehen. Der Jargon der Esoterikszene hat sich inzwischen verselbständigt und wird von allen möglichen Menschen gebraucht, die überhaupt nichts davon verstehen. Diese Unklarheit führt zum Selbstbetrug; z. B. auch der wenig bewusste Gebrauch von Affirmationen, die häufig nur Lügen darstellen, mit denen man sich selbst vernebelt.

Ein Großteil der Publikationen auf dem Esoterikmarkt erscheint mir als Versuchung und Prüfung - und versuchte Manipulation. Wir müssen davon ausgehen, dass es Menschen gibt, die wollen nicht, dass der Plan Gottes auf Erden verwirklicht wird. Sie sind mit Begriffsverwirrungen und Zuckerguss am erfolgreichsten.

DER SPIRITUELLE PFAD VERLANGT DIE FÄHIGKEIT, UNTERSCHEIDEN ZU KÖNNEN. DER MENSCH MUSS LERNEN, ZU ERKENNEN, WAS ER JEWEILS BRAUCHT UND WAS IHN WEITER BRINGT UND WAS NICHT.

Darüber hinaus kann es auch sein, dass er in Einzelfällen entdeckt, dass das eine oder andere Angebot auf dem Esoterikmarkt und unter den Religionen und Sekten heutzutage niemanden oder eine große Anzahl von Menschen nicht mehr weiterbringt. Dann ist es seine Aufgabe, seine Brüder und Schwestern darauf aufmerksam zu machen - vor allem dann, wenn er gefragt wird.

Und Gott selbst führt uns nicht in Versuchung? Prüft er uns nicht? Das sind Fragen, deren Beantwortung Fingerspitzengefühl erfordert.

GOTT FÜHRT UNS NICHT IN VERSUCHUNG, WEIL ER UNS EINS AUSWISCHEN WILL. DA ER ABER SEINEN PLAN VERWIRKLICHEN WILL, TUT ER ALLES, UM UNS ZU HELFEN, ERFAHRUNGEN ZU MACHEN.

In diesem Rahmen kann es sogar häufig vorkommen, dass wir in Situationen geraten, in denen wir geprüft werden, ob wir eine Lektion wirklich gelernt haben; bei solchen Gelegenheiten sind wir versucht, wieder in alte Muster zu verfallen.

Im Vaterunser heißt es: "*... und führe uns nicht in Versuchung*". Manche haben umformuliert und gesagt, es solle heißen "*und führe uns durch die Versuchung*". Wir müssen uns klar sein, dass Gott nicht andauernd in den Plan eingreift. Er hat ihn eingesetzt und die Spielregeln formuliert. In dem Buch "Huckleberry Finn" habe ich gelesen, dass die Menschen zuzeiten bei Gott um einen Angelhaken betteln. Für so etwas ist er nicht zuständig. Er ist noch nicht einmal dafür zuständig, einen Menschen aus dem Leben abzuberufen. Das macht bekanntlich der Tod.

Diese Bemerkung gehört natürlich zu meinen gefürchteten Späßen; ich wollte damit ausdrücken, dass Gott nicht andauernd persönlich eingreift. Er ist ja keine Person. Er ist nicht im geringsten daran interessiert, uns Menschen unsere Egos (die Persönlichkeiten) aufzublasen, weil wir sagen können:

"Ich habe persönlich direkten Kontakt zum Allerhöchsten". Die Medien überbieten sich dabei z. Tl. gegenseitig. Wir halten lieber demütig den "Dienstweg" ein.

Und der wäre? Ganz einfach: wir nehmen Kontakt auf mit unserer Seele, dem viel zitierten Transformator höherer Energien, dem Kanal für die Verbindung "nach oben" zur Monade. Es genügt völlig, wenn wir als Persönlichkeiten erst einmal das alles umsetzen, was uns als unsterbliche Seelen von der Monade durchgegeben wird. *Lasst uns erst einmal unseren "eigenen" göttlichen Funken leben und verwirklichen!*

Kommen wir jetzt zu den Stufen des spirituellen Pfades, der zur Erleuchtung führt, von der schon wiederholt die Rede war.

ERLEUCHTUNG KOMMT NICHT ÜBERRASCHEND. SIE IST EINGEBUNDEN IN DIE BEWUSSTSEINSENTWICKLUNG DES MENSCHEN UND AUF DIESEM WEG GIBT ES VIELE STUFEN: DIE EINWEIHUNGEN.

Diese sind Prüfungen mit anschließenden "Belohnungen". Immer wenn der Mensch nach langen Reihen von Inkarnationen oder auch von Jahrzehnten ein gewisses Pensum gelernt und in sein tägliches Leben integriert hat, dann wird ihm dieser Fortschritt sozusagen "amtlich" bescheinigt, damit er sich seines Fortschrittes voll bewusst wird.

Der Mensch erhält dabei häufig auch die Befähigung und Verpflichtung, das Integrierte weiterzugeben, und zwar in dem Sinne, dass er durch sein Vorbild ausstrahlen kann, dass eine solche Entwicklung wie die seine möglich sei. Die Menschen sehen, dass er anders geworden ist und dass er jetzt die sogenannten Probleme des Lebens besser bewältigt. Er braucht das nicht zu sagen. *Er ist es einfach.* Er wird dabei auch gewisser Weisheiten teilhaftig, über die er nicht sprechen kann, weil sie ausschließlich dafür da sind, gelebt zu werden.

EINWEIHUNG (INITIATION) IST EIN WESENTLICHER FAKTOR DER ZEITLOSEN WEISHEIT.

Einweihung bedeutet im allgemeinen Sprachgebrauch den Eintritt in etwas Neues. Oft ist eine solche Einweihung der Beginn einer neuen Lebenserfahrung. Man könnte sie mit einem Übergangsritual vergleichen, z. B. wenn jemand erwachsen wird, ein symbolisches Alter erreicht oder ein Ritual mitmacht, um anzuzeigen, dass er eine spirituelle Verpflichtung eingeht. Ein anderes Beispiel wäre der Beitritt zu einer geheimen Gemeinschaft, bei dem die einzelnen eingeweiht und dadurch unter eine besondere Disziplin, z. B. auch Schweigegelübde, gestellt werden, die sie mit der Einweihung akzeptieren. In der Zeitlosen Weisheit ist Einweihung aber mehr.

DER WESENTLICHSTE PUNKT EINER EINWEIHUNG IST DIE ERWEITERUNG DES MENSCHLICHEN BEWUSSTSEINS, WODURCH DER EINTRITT IN EINE NEUE UND WEITERDIMENSIONIERTE WELT ERMÖGLICHT WIRD. EIN EINGEWEIHTER KANN VIELES VON DEM IN SEINEN BEWUSSTSEINSBEREICH EINBEZIEHEN, WAS ER VORHER AUSSCHLOSS UND IM DENKEN UND HANDELN BEISEITE SETZTE. EINWEIHUNG BEINHALTET AUSSERDEM EIN EINSTRÖMEN VON ENERGIEN, DIE (NUR) FÜR DIE SEELE CHARAKTERISTISCH SIND: KRAFTSTRÖME VERSTEHENDER LIEBE UND GEISTIGEN WILLENS.

Das war ein sinngemäßes Zitat von Djwhal Khul aus dem Himalaja. Dieses Einweihungskonzept wurde im Christentum, in den Mysterien-Religionen der griechisch-römischen Welt und von einer größeren Anzahl antiker Philosophen, die den Prozess der spirituellen Wiedergeburt verstanden, ausführlich dargestellt. Die Wiedergeburt in ein neues Leben war Teil der alten Mysterien, lange bevor das Christentum offiziell diesen heiligen Prozess der "Wiedergeburt in das Königreich Gottes", wie es im Evangelium umschrieben wird, herausstellte.

Jede Einweihung befähigt den Eingeweihten, ein bisschen "weiter zu sehen"; diese Offenbarung ist ein immer wiederkehrender Faktor menschlicher Erfahrung und Reifung. Das Ganze hat mit den Sakramenten der Kirche nichts zu tun. Die Sakramente sind nur ein schwacher Abklatsch der Einweihungen - eher ein tröstendes und egostärkendes Schauspiel. Nicht Jesus, sondern die Kirche hat die Sakramente eingesetzt. Sie symbolisieren so etwas wie die Einweihungen, vor allem wenn man an Taufe, Firmung, Priester- und Bischofsweihe denkt. Diese Akte gehen aber in den seltensten Fällen mit echten Bewusstseinserweiterungen einher.

Weil es in der Kirche nur höchst selten einmal einen Erleuchteten gegeben hat, der wirklich das Sagen hatte und weil der Heilige Geist "hoffnungslos überfordert" war, weil sich die Päpste und Kardinäle partout nicht seiner Stimme öffnen wollten, fand Bewusstseinserweiterung eher ohne Sakramente und in der Stille der Klöster und Einsiedeleien statt. Dort saßen erleuchtete Mystiker wie der Heilige Franz von Assisi - eine niederschmetternde Bilanz von 2000 Jahren Christentum.

Was hat es nun mit den Einweihungen auf sich? Es gibt nach Djwhal Khul auf diesem Planeten neun echte Einweihungsstufen. Die ersten drei bedeuten eine Reinigung und Integration des Einzelnen, damit ihr Leben transformiert werden kann und sich mit Licht, Verstehen und Weisheit füllt. In zunehmendem Maße enthüllt sich dabei mehr über Natur Gottes.

Die ersten beiden Einweihungen sind eher nur Vorbereitungen. Die dritte Einweihung wird von den bereits höher Eingeweihten die erste Haupteinweihung genannt. Sie markiert den Eintritt des Eingeweihten in das *Königreich Gottes,* das fünfte Naturreich.

DIE DRITTE EINWEIHUNG WIRD HÄUFIG MIT DEM BEGRIFF ERLEUCHTUNG GLEICHGESETZT.

Jesus kam bei seiner Inkarnation vor 2000 Jahren bereits als Erleuchteter auf die Welt und vollzog am Kreuz die vierte. Es wird im Neuen Testament berichtet, dass der Vorhang des Tempels in zwei Stücke riss, als er am Kreuz die Worte gesprochen hatte: "*Es ist vollbracht*". Das sollte andeuten, dass der Vorhang der Illusion vor seinen Augen endgültig und ein für allemal verschwand und er seither einen Durchblick hat, von dem er zuvor nicht einmal träumen konnte. Jesus sieht seither die Welt mit *völlig* anderen Augen, was wir Menschen nicht nachvollziehen können, weil wir diese unsere Augen noch nicht voll geöffnet haben. *Es ist immerhin tröstlich zu wissen, dass wir diese inneren Augen bereits besitzen.*

MIT DER VIERTEN EINWEIHUNG VOLLZIEHT SICH DER ENDGÜLTIGE ÜBERGANG AUS DEM MENSCHLICHEN NATURREICH IN DAS SPIRITUELLE. ES BESTEHT DANACH KEINE NOTWENDIGKEIT MEHR, AUF DIESER ERDE ALS MENSCH ZU INKARNIEREN.

Die Möglichkeit dazu bleibt aber noch offen und wird häufig genutzt. Nach dieser vierten Einweihung der "Entsagung" lässt der Eingeweihte alle Kontakte mit der Welt menschlichen Lebens zurück, da er alles gemeistert hat, was sie ihm anzubieten hatte. Der Eingeweihte kann in dieser Welt nichts mehr lernen und ist deshalb frei, eine neue Ebene der Erfahrung zu betreten. Diese Ebene befindet sich aber immer noch auf diesem Planeten.

Die fünfte Bewusstseinserweiterung nennt man "Enthüllung." Über sie kann nur noch wenig berichtet werden, weil der Autor, auf den ich mich hier berufe, Djwhal Khul, selbst erst dort angelangt ist und darüber weder sprechen kann noch darf. Wir würden auch nicht viel verstehen. Es gibt noch vier weitere Einweihungsstufen, es würde ihnen jedoch nichts nutzen, wenn ich hier darüber angelesenes Wissen verbreiten würde.

Statt dessen gebe ich ihnen noch ein paar weitere Details über die ersten vier Einweihungen, weil zur Zeit viele Menschen an ihnen arbeiten. Lassen sie sich von solchen Beschreibungen aber nicht verwirren und schon gar nicht dazu verleiten, ihre Mitmenschen lieblos in eine niedrigere "Kategorie" als die vermutete eigene einzuteilen.

DER ERSTEN EINWEIHUNG GEHEN LANGE ZEITEN DER VORBEREITUNG UND ENTWICKLUNG AUF DEM "PROBEPFAD" VORAUS.

Der Mensch ist in dieser Zeit bereits unzufrieden mit seinem bisherigen, überwiegend materiell ausgerichteten Leben und sucht nach etwas Neuem, das ihn mehr befriedigen könnte. In dieser Zeit spielt die Reinigung des physischen Körpers eine besondere Rolle, *weshalb der Mensch sich verstärkt um seine Gesundheit kümmert und häufig zu einer vegetarischen Lebensweise übergeht.*

In dieser Zeit empfehle ich besonders auch Entschlackungskuren aller Art und Schwermetallausleitung. Ich habe gerade dazu ein Buch im Goldmann Verlag veröffentlicht.

SCHWERMETALLE, ZU VIEL TIERISCHES PROTEIN UND SCHLECHTE FETTE UND ÖLE MACHEN DEN MENSCHEN KRANK UND DÄMPFEN SEIN DENKVERMÖGEN UND BEWUSSTSEIN.

Schon im alten China wurden für die Masse der Bevölkerung Schweinefleisch und Bohnen empfohlen, um die Menschen abzustumpfen.

DIE ERSTE EINWEIHUNG NENNT MAN "GEBURT". SIE BRINGT DIE FREIHEIT VON DER HERRSCHAFT DES PHYSISCHEN KÖRPERS UND DESSEN BEDÜRFNISSEN, TRIEBEN UND INSTINKTEN.

Er erlebt Sex und Nahrungsaufnahme nicht mehr als eine rein instinkthafte, zwanghafte Handlung, er muss nicht unbedingt Kinder in die Welt setzen, um einen Sinn im Leben zu sehen; er tut es nur dann, wenn es in seinem Lebensplan vorgesehen ist und er neigt auch nicht mehr dazu, die "eigene Brut" als sein Eigentum zu betrachten.

Wichtigster Bestandteil dieser Einweihung sind wiederkehrende, zutiefst prägende *mystische Ganzheitserlebnisse,* nach denen es eindeutig klar ist, dass es außer der materiellen Welt noch viel mehr anderes gibt, was ganz erheblich mehr wiegt. Man nennt sie deshalb auch die *Geburt des Christusbewusstseins im Herzen;* der Jünger hat dann unwiderruflich erkannt, dass die ihn umgebende materielle Welt nicht das alleinige Ziel dieses Lebens sein kann und dass Liebe und Weisheit (die Christus-Attribute) seine Ziele sind.

MYSTISCHE GANZHEITSERLEBNISSE SIND MIT ABSOLUTER GEWISSHEIT UND VÖLLIG REAL ERLEBTE EREIGNISSE, IN DENEN SICH DER MENSCH MIT DER NATUR UND ALLEN MENSCHEN IN VOLLSTÄNDIGER EINHEIT ERLEBT.

So etwas geschieht häufig in erhabenen Momenten bei einem Sonnenuntergang, auf einem Bergesgipfel, im Wald, im Konzert oder aber auch in einer Teestube. Vieles ist möglich. Die dergestalt Eingeweihten sind sich der Tatsache bewusst, *dass es keine Trennung mehr gibt.* Sie sind nicht allein auf weiter Flur sondern Teil des Ganzen - untrennbar, beschützt und geborgen. Dies löst in der Regel eine tief prägende Glückseligkeit aus. Im Englischen nennt man das "Bliss", im Sanskrit "Anand".

DIE ZWEITE EINWEIHUNG NENNT MAN "TAUFE". SIE BRINGT DIE FREIHEIT VON DER HERRSCHAFT DER GEFÜHLSNATUR UND DER SELBSTSÜCHTIGEN EMPFINDSAMKEIT DES NIEDEREN SELBST`S, DER PERSÖNLICHKEIT.

Er nimmt danach all das, was er erlebt, fühlt und empfindet nicht mehr so ernst und persönlich. *Der Sinn für Humor, Spiel, Spaß und Freude nimmt zu!* Hat er dann keine Gefühle mehr? Freilich hat er noch welche. Aber er steht nicht mehr unter dem Zwang, sich nach ihnen richten zu müssen; er muss sie weder aus- noch unterdrücken. Er sieht sie und erfreut sich an ihnen.

EMOTIONEN BRINGEN DEN MENSCHEN NACH DER ZWEITEN EINWEIHUNG NICHT MEHR AUS DEM GLEICHGEWICHT. SIE STÜRZEN IHN NICHT MEHR IN EUPHORIE ODER DEPRESSION.

Er weiß in zunehmendem Maße:

- Ich habe einen Körper, aber ich bin nicht dieser Körper.
- Ich habe Gefühle, aber ich bin nicht diese Gefühle.
- Ich habe Gedanken, aber ich bin nicht diese Gedanken.
- Ich bin "nur" der neutrale Beobachter all dessen, was mir widerfährt.
- *Ich bin die Seele.*

Wird der Mensch dann nicht ein wenig abgehoben und kühl? Das trifft tatsächlich zu, wird aber von ihm und seiner Umgebung zumindest auf lange Sicht eher als angenehm empfunden: *keine unmotivierten, plötzlichen Gefühlsausbrüche, keine Depressionen, keine Nostalgie, keine Melancholie. Wie gefällt ihnen das?*

DIE DRITTE EINWEIHUNG NENNT MAN DIE "VERKLÄRUNG". SIE BRINGT DIE FREIHEIT VON DER DIKTATUR DER PERSÖNLICHKEIT; AB JETZT HERRSCHEN WILLE UND ABSICHT DER SEELE UNEINGESCHRÄNKT.

Ich gebe ihnen ein Bild, damit sie verstehen, was gemeint ist:

- Denken sie an eine Kutsche; das ist ihr physischer Körper.
- Davor sind Pferde gespannt. Das ist ihre Persönlichkeit. Man nennt sie auch Charakter oder niederes Selbst.
- Auf dem Kutschbock sitzt der Kutscher. Das ist die Seele oder das höhere Selbst.
- Wer sollte nun Bestimmen, wohin die Reise geht? Der Kutscher oder die Pferde? Die Seele oder die Persönlichkeit? Das Höhere oder das Niedere Selbst?
- *Natürlich das Höhere Selbst, die Seele!*

Häufig ist es aber das Niedere Selbst, die Persönlichkeit. Und dann fährt die Karre in den Graben. Aber das ist nicht weiter schlimm, *wenn es zu einem Lernprozess führt und nicht endlos wiederholt wird.*

**DIE VIERTE EINWEIHUNG NENNT MAN DIE "ENTSAGUNG".
SIE BRINGT DIE FREIHEIT VON ALLEM SELBSTINTERESSE;
DER JÜNGER VERZICHTET AUF DAS PERSÖNLICHE LEBEN
IM INTERESSE EINES GRÖSSEREN GANZEN.**

Selbst Seelenbewusstsein hört auf, wichtig zu sein und ein universaleres Gewahrsein, das dem göttlichen Denkvermögen näher ist, nimmt seinen Platz ein. *Das bedeutet, dass das Gefäß der Seele, der Kausalkörper, ganz aufgegeben wird;* der Sonnenengel, spielt keine Rolle mehr und der Mensch ist direkt an seine Monade angeschlossen.

Der Sonnenengel ist eine besonders liebenswürdige Gestalt. Sie gehört zum Reich der Engel, auf deren Bewusstseinsstufe wir uns zur Zeit hinbewegen und zu den Helfern, die vor Jahrmillionen zu uns kamen, um uns Tiermenschen das Denkvermögen inclusive der Seele einzupflanzen. Diese Sonnenengel, die uns seither begleiten und unsere spirituelle Entwicklung überwachen, sind die Mitarbeiter von Sanat Kumara, von dem weiter unten noch die Rede sein wird.

Die Sonnenengel haben nach der vierten Einweihung ihre Pflicht erfüllt und können sich anderen Aufgaben zuwenden. Sind das die bekannten Schutzengel? Nein. Sie sind nicht für den Schutz unseres physischen Körpers und unserer Empfindungen und Gefühle zuständig, wie das auf unsere Schutzengel zutrifft.

**DIE FÜNFTE EINWEIHUNG NENNT MAN DIE "OFFENBARUNG".
SIE BRINGT DIE FREIHEIT VON JEGLICHER BINDUNG,
SO WIE WIR SIE KENNEN.**

Es ist eine Befreiung, die es dem Eingeweihten ermöglicht, eine *völlig neue Vision* zu sehen. Diese Vision betrifft die Wirklichkeit, die jenseits derjenigen liegt, die bisher geahnt oder bekannt war.

Welches ist die Haupttriebfeder, die uns dazu bringt, diesen spirituellen Pfad zu gehen? Das ist mein Lieblingsthema! Hier spricht ganz mein Herz:

- *Es sind das Sehnen nach Liebe, der Durst nach Weisheit.*
- *Es ist die Erinnerung an die Quelle von Liebe und Weisheit.*
- *Es ist der Drang, nach Hause zu kommen.*
- *Es ist das Bestreben, sich aus den Verstrickungen und Verzückungen der Erde zu befreien.*

Es war die Liebe zur Wahrheit und Weisheit, die mich veranlasst hat, den Professorenposten an der Universität Gießen aufzugeben, als ich erkannt hatte, dass die Naturwissenschaften für mich nicht mehr die Schlüssel sind.

Das Ziel der *immer stärker werdenden Freiheit* ist der größte Ansporn, den spirituellen Pfad der Rückkehr zu gehen. Je nach Veranlagung steht das eine oder andere im Vordergrund. Zunächst einmal muss sich aber dieser erhabene Wunsch, dieses Sehnen entwickeln - besser gesagt, es muss wahrgenommen werden. Das setzt bereits erhebliche Schritte in Richtung Freiheit voraus.

Wenn der Kanal der Seele mit Glaubenssätzen verstopft ist, wie soll sie dann dieses süße Sehnen, diesen übermächtigen Drang vermitteln? Die beiden entspringen der Erinnerung an die Zeiten in der Quelle. Es ist *Heimweh nach Gott*. Dieses Sehnen ist real. Es kann nicht geglaubt oder gehofft werden.

DIESES HEIMWEH NACH GOTT IST DAS ERHABENSTE "GEFÜHL", DESSEN EIN MENSCH FÄHIG IST. IM GRUNDE GENOMMEN IST ES VIEL MEHR ALS EIN GEFÜHL - ES IST DER AUSDRUCK DER SEELE.

Es geht aber nicht darum, den Planeten *möglichst rasch* zu verlassen, um zur Quelle zu kommen. Das möchte ich hier in aller gebotenen Deutlichkeit sagen. So etwas liest man in frommen Schriften an den Kirchentüren ebenso wie in euphorischen "Anleitungen zum Aufstieg" in Kuschelesoterikläden oder im Internet. Das mag manche überraschen, es ist jedoch die Wahrheit. Wir haben uns in der Vergangenheit viel zu sehr darum bemüht, "*in den Himmel zu kommen*" *statt hier erst einmal die Erfahrungen zu machen, die allein es möglichen, diesen Schritt zu vollziehen.* Wir waren zu sehr in der Zukunft statt in der Gegenwart!

DAS STÄNDIGE BEMÜHEN, IN DEN HIMMEL ZU KOMMEN, STATT HIER AUF ERDEN MUTIG ERFAHRUNGEN ZU MACHEN, HAT IM GRUNDE GENOMMEN DIE HIMMELFAHRT VERHINDERT.

Ich gebe ihnen ein Beispiel: Ein Wissenschaftler fährt in die Wüste auf eine Forschungsexpedition und hat einen genauen Plan dabei und die richtige Ausrüstung und Verpflegung für sagen wir sechs Monate. Glauben sie allen Ernstes, dieser Mensch erfüllt seine Mission, wenn er die ganze Zeit an Frau, Kinder und Geliebte denkt, sein Forschungsprogramm deshalb nur schnell dahinschludert, um möglichst rasch wieder zurückfahren zu können?

Nein. Das Sehnen nach der Quelle verhindert zwar, dass wir Lernschritte unnötig oft wiederholen oder dass wir statt in den Bahnhöfen umzusteigen in der dazugehörigen Stadt mit ihren Verlockungen versumpfen. Der sehnende Drang beschleunigt den Prozess - *aber bitte nicht auf Kosten von Erfahrungen und tätiger Mithilfe am Ganzen und am Planeten.* Wenn wir diese Punkte nicht erfüllen, nutzt das ganze Bemühen nichts. Wir können dann nicht von hier gehen. Wir werden die nötigen Prüfungen (Einweihungen) nicht bestehen.

Ein schönes Bild, das mit den Bahnhöfen! Ich habe es von meinem geliebten Meher Baba. In seiner Kosmologie ("Das

Nichts und das Alles") stehen die Bahnhöfe auch für schon recht hohe "Himmel", Verzückungen auf dem weit fortgeschrittenen Wege. Auch in ihnen kann man unnötig lange stecken bleiben. Es ist deshalb unerlässlich, sich immer eine *göttliche Unzufriedenheit* zu bewahren oder einen Meister, der einen zuzeiten ans Schienbein tritt, wie es Osho meisterhaft verstanden hat.

RUHE UND ZUFRIEDENHEIT SIND AUF DEM SPIRITUELLEN WEGE ALLES ANDERE ALS DES BÜRGERS ERSTE PFLICHT. WENN SIE MIT DEM ZUSTAND IHRES BEWUSSTSEINS ZUFRIEDEN SIND, SIND SIE BLOCKIERT. ES GEHT DANN NICHTS MEHR.

Lassen sie mich noch einmal zusammenfassen:

- Sie integrieren ihren physischen Körper (das Handeln), ihren Vitalkörper, ihr Fühlen und ihr Denken zu einer einheitlich funktionierenden Persönlichkeit.
- Sie stellen diese unter den Willen und die Absicht der Seele, die einen Transformatorkanal zu ihrer Monade darstellt, die mit den höheren göttlichen Energien stets verbunden ist.
- Dies alles gelingt ihnen am besten, wenn sie hier auf diesem Planeten im Alltagsgetriebe ihre Aufgaben erfüllen und an ihnen wachsen.
- Sie erhöhen dabei ihr eigenes Bewusstsein und leben ihr Liebespotential und erhöhen synchron die Schwingungszahl dieses Planeten.
- Antriebsfeder sind das Sehnen nach der Quelle und die göttliche Unzufriedenheit mit dem bisher Erreichten.
- All dies müssen/dürfen sie selbst durchführen. Höher entwickelte Wesen können sie jedoch ermuntern, anspornen und beschützen und in besonders umnachteten Zeiten einen Kick geben, ohne den sie stecken bleiben würden.

Wie kommt der Mensch in seiner Entwicklung *am schnellsten* voran?

Meher Baba beantwortet dieses Frage wie folgt: Es ist unmöglich, geistige Wahrheit und Gottverwirklichung durch Gespräche, Argumente oder Bücher zu erlangen. Die sind nur der erste Schritt. Durch ein liebevolles Herz allein ist dies jedoch möglich. Dies ist allerdings ein sehr langsames Verfahren.

WENN ABER "HERZ" UND "KOPF" GLEICHERMASSEN ENTWICKELT WERDEN UND IN EINEM AUSBALANCIERTEN VERHÄLTNIS ZUSAMMENWIRKEN, DANN IST SPIRITUELLER FORTSCHRITT VIEL SCHNELLER MÖGLICH.

Außerdem haben alle spirituellen Meister erklärt, dass sich der Weg ohne ihre Hilfe unendlich verlängert. Sie dürfen diese Meister, also z. B. auch Jesus, *lieben und verehren*, wenn ihnen aus ihrem tiefsten Inneren danach ist. Sie dürfen auch *Dankbarkeit im Herzen spüren*. Sie dürfen ihnen *vertrauen*, vertrauen darauf, dass sie sie weiterbringen - aber nur dann, wenn sie tief in ihrem Herzen erkannt haben, dass die Betreffenden weiter sind als sie.

ES IST ABER NAIV, WENN SIE SPIRITUELLE MEISTER VERGÖTTERN, AN SIE GLAUBEN, SIE ANBETEN ODER IHNEN BLIND ALLES GLAUBEN, WAS SIE SAGEN. VORSICHT: DIE MEISTER TESTEN SIE!

Das ist ein sehr bedeutsames Konzept. Der Mensch als Ganzes ist gefordert. Wenn sie ihren Kopf mehr entwickeln als ihr Herz, dann fallen sie leicht fixen Ideen zum Opfer und werden in ihrer eigenen intellektuellen Leistung verhaftet sein. Wenn sie jedoch ein warmes Herz entwickeln, können sie viel eher vertrauen und für Liebe und Weisheit alles Materielle aufgeben.

Wenn man auf die geistige Entwicklungsgeschichte der Menschen während der vergangenen zweitausend Jahre zurückblickt, dann erkennt man, dass die Menschen verschiedene Methoden mit unterschiedlichen Erfolgsaussichten gebrauchten, um die Seele zu verwirklichen. Einige Menschen wählten den Weg des Herzens, den mystischen Pfad; hierzu gehörten Krishna, Hafis, Rumi, Rabia al Adawia, Angelus Silesius, Jakob Böhme, der heilige Franziskus von Assisi und alle jene, deren Weg der Weg der Liebe war. Auch Milarepa aus Tibet und Laotse aus China und viele abendländische Heilige zählen dazu. Die Bhagavad Gita ist das Buch gewesen, das diesen Weg hervorragend dargestellt hat.

Andere Menschen haben den Weg des Denkens vom Intellekt zur Intuition beschritten. Ihren Weg nennt man den okkulten Pfad; er wird im Wassermannzeitalter zunehmend an Bedeutung gewinnen. Dies liegt daran, dass die Menschen jetzt den Denkbereich gegenüber dem Fühlen verstärken. Einige der Menschen auf diesem Weg des Denkens waren Sankaracharya (der Hauptvertreter von Advaita Vedanta), der Heilige Paulus und Meister Eckehart. Heute verfolgen diesen Weg viele Wissenschaftler.

MAN KANN BEIDE WEGE SEHR GUT KOMBINIEREN. CHRISTUS UND BUDDHA TATEN DIES MEISTERHAFT.

Die zweite Methode, die angewandt wird, um das Bewusstsein der Menschen emporzuheben, geschieht durch Gruppen, die sich um einen Lehrer sammeln, der (in höherem oder geringerem Grad) ein Zentrum besonderer Energie ist. Dies ist durch die Kraft seines eigenen Seelenkontakts oder dadurch möglich, dass er über seinen Seelenkontakt als Mittler fungiert, durch den ein Mitglied der Hierarchie der erleuchteten Meister arbeiten kann.

Diese Lehrer lehren durch ihr Vorbild im praktischen Leben, durch ihre Erfolge *und Fehlschläge;* ihr Bewusstsein kann erweitert werden und die Gruppe kann ein magnetisches Zentrum von Kraft, Zielbewusstsein, Licht und Liebe werden. Einweihungen können im Gruppenverband stattfinden. Dabei erhöht sich das Bewusstsein der Beteiligten *in individuell verschiedenem Maße je nach Entwicklungsstand.*

Zum Abschluss dieses besonders wichtigen Kapitels möchte ich noch auf eine Tatsache von außerordentlicher Bedeutung hinweisen. Ich zitiere dazu Djwhal Khul aus dem "Alten Kommentar": Es geht um "Die sechs Regeln auf dem Pfad", die ich schon erwähnt habe. In Regel drei heißt es:

"Mit diesem Wissen bemüht sich jeder Pilger, vorwärts zu kommen und er findet sich von seinen Mitmenschen umgeben. Einige gehen ihm voraus; er folgt ihnen nach. Andere sind hinter ihm; für sie ist er der Schrittmacher. Er wandert nicht allein."

Ein sehr schönes Bild, das mich immer ans Bergsteigen erinnert. Es beinhaltet eine der grundlegenden okkulten (verborgenen) Regeln. Sie lautet: "Wenn ein Mensch spirituell wachsen will, dann kann er erst dann die nächsthöhere Stufe des Bewusstseins erklimmen, wenn er andere Menschen auf seine eigene gebracht hat."

Zu diesem Kapitel finden sie hervorragende Ergänzungen in dem Buch "Das heilige Boot der Mysterien" von John Berges.

19. Karma und Reinkarnation

Dieses Kapitel gibt ein Gespräch zwischen Meister Jesus und dem Autor wieder:

Devanando: In diesem Kapitel geht es vor allem um Karma und Reinkarnation, wenn du zustimmst.

Jesus: Gerne. Diese beiden Themen müssen mehr in das Bewusstsein der Menschen gebracht werden und deshalb ist es mir eine besondere Freude, dass wir darüber sprechen; vor allem auch deshalb, weil ausgerechnet in meiner Ära, dem Fischezeitalter, - wenn ich das mal so sagen darf - der Karmabegriff im Westen verwässert und eingeschränkt wurde und die Reinkarnation aus den sogenannten christlichen Kirchen, für die ich zuständig war und bin, ganz verschwand.

Devanando: Heißt das, dass du an diesen Vorgängen beteiligt bist?

Jesus: Ich möchte gleich zu Beginn eindeutig klarstellen, dass ich dafür *nicht* verantwortlich bin. Ich hätte es so nicht gemacht. Ich respektiere aber die Entscheidungen der Kirchenväter. Ich muss sie respektieren. Ich darf ihren freien Willen nicht einschränken. *Sie haben in all ihrer Beschränkung durch Ängste, Misstrauen und Machtstreben nach Kräften versucht, ihr bestes zu geben.*

Devanando: Bitte entschuldige eine ganz persönliche Frage: Wie ist das für dich, wenn die Leute, deren ganz spezieller Betreuer du bist, immer wieder Dinge tun, die du nicht vertreten kannst?

Jesus: Für mich gibt es keine persönlichen Belange mehr. Meine frühere Persönlichkeit ist sozusagen unter das Niveau meines Tagesbewusstseins gesunken. Ich kümmere mich um sie etwa ebenso wenig, wie ihr euch um das Wachstum eurer Fingernägel kümmert - das verläuft automatisch, von allein.

Devanando: Du hast also auch keine persönliche Meinung mehr?

Jesus: Nicht wirklich. Ich tu` nur manchmal so. Aus didaktischen Gründen gebe ich mich manchmal menschlicher als ich inzwischen bin. *Ich bin immer sozusagen online mit dem Plan bzw. über Christus und Buddha mit Sanat Kumara, der ihn für diesen Planeten verkörpert.* Ich habe Ziele, und mein Hauptziel ist es, nach Kräften den Plan zu fördern. Ich begrüße es, wenn er rasche Fortschritte macht, aber ich bin gefühlsmäßig nicht berührt davon.

Devanando: Und die Kirchenväter ...

Jesus: ... waren nur gelegentlich online mit dem Plan.

Devanando: Vermutlich, weil sie bestimmte Dinge nicht kapiert hatten?

Jesus: Ja. Sie wollten gewisse geistige Grundgesetze nicht wahrhaben oder besser gesagt, sie kannten sie, verstanden sie aber falsch oder dachten, dass sie im neuen Fischezeitalter nicht mehr gelten. Sie hatten das gute Recht und die Freiheit, verschiedene sich anbietende Konzepte auszuprobieren. Ich musste sie gewähren lassen - auch wenn sie aus höherer Warte gesehen - Unsinn anstellten und dadurch Millionen von Menschen viel Leid bescherten.

DAS FISCHEZEITALTER WAR DAZU DA, DASS DIE MENSCHEN IDEALE ERKANNTEN UND LERNTEN, SIE HOCH ZU HALTEN - GEGEN JEDEN WIDERSTAND. UND DAS TATEN SIE DENN AUCH, IM GUTEN (Z. B. GLEICHHEIT, FREIHEIT, BRÜDERLICHKEIT) WIE IM BÖSEN (Z. B. IN DER INQUISITION).

Devanando: Kein bisschen Wehmut auf deiner Seite, wenn du siehst, wie viel mehr Irrungen und Verwirrungen die meisten Menschen auf dem Erdenpfade durchmachen als du seinerzeit?

Jesus: Es war nicht mein Verdienst allein. Ich war dazu ausersehen, eine Vorreiterrolle zu spielen, Pionier und schließlich Vorbild zu sein. Ich war unter strenger Aufsicht höherer Wesenheiten, die nichts durchgehen ließen und mich ständig ermahnten, bei allem was ich ausprobierte, genauer hinzusehen. Das war zuzeiten *sehr* anstrengend.

Devanando: Das kann ich mir denken.

Jesus: Aber zurück zu deiner eingangs gestellten Frage: Die Idee, dass man nur einmal lebt hat sich inzwischen ohnehin ad absurdum geführt. Viele Menschen erinnern sich an frühere Leben, Wissenschaftler haben viele Fälle gründlichst recherchiert und bewiesen. *Hier geht es nicht mehr um eine Glaubensfrage.* Gott sei Dank!

Devanando: Und die Illusion, dass man für seine Taten Dank der Gnade Gottes nicht wirklich voll verantwortlich ist?

Jesus: Diesen faulen Zahn muss ich euch erst noch ziehen (im nächsten Kapitel).

Devanando: Ich spüre, wie sehr dich diese Themen berühren.

Jesus: Ja, es sind brennende Anliegen, denn sie liegen hier und jetzt an. Man kann und darf die Menschen nicht weiter belügen. Worauf soll ich zuerst eingehen?

Devanando: Ich dachte an das Gesetz von Ursache und Wirkung, das Karmagesetz, weil es einem Naturwissenschaftler wie mir total entspricht und ich schon von meiner Grundeinstellung her keinen Zweifel an seiner Gültigkeit hege.

Jesus: Bravo! Du siehst, wie exzellent es funktioniert, wenn man glauben und hoffen und andere neptunische Unklarheiten außen vor lässt und sich auf harte Tatsachen beruft.

"*Was der Mensch sät, das wird er ernten*", schrieb Paulus im Galaterbrief. Und es stimmt. In diesem Punkt hatte er recht. Katholische Experten für orientalische Theologie (sogenannte Sektenpfarrer) streiten übrigens ab, dass sich dieses Pauluszitat auf die Reinkarnation bezieht. Ich muss lachen, wenn ich sehe, wie verzweifelt sie sich winden.

Devanando: So wird es auch in den Kirchen nicht verwendet; ganz davon abgesehen, dass man dort das Wort Karma gar nicht in den Mund nimmt.

Jesus: "Leider". Die Geister scheiden sich daran!

DAS IM OSTEN FORMULIERTE KOSMISCHE NATURGESETZ DES KARMA IST VÖLLIG WERTFREI. IM WESTEN WURDE ES JEDOCH MIT DEM KONZEPT VON SCHULD, SÜNDE UND SÜHNE VERMENGT. DADURCH ERSCHEINT KARMA ALS ETWAS SCHRECKLICHES, DAS DEN MENSCHEN ÜBERFÄLLT UND DEM ER NICHT ENTRINNEN KANN.

Dabei werden mit dem Begriff *Karma* streng genommen Handlungen bezeichnet, die eine angenehme Rückwirkung erzeugen. Handlungen, deren Wirkungen als Leid empfunden werden, hat man *Vikarma* genannt.

Devanando: Liegt hinter der Entstellung des Karmas durch die drei "S" eine Absicht?

Jesus: Ja, oder besser, eine abgrundtiefe Ignoranz. Herrschende Kreise wollten den Menschen klar machen, dass sie nicht nur das ernten, was sie sähen, sondern dass sie sich auch noch - womöglich für immer und alle Zeiten - schuldig machen, wenn sie etwas sähen, *das die Kirche nicht für gut heißt*. Ein sadistischer Gedanke.

DAS ERFAHRUNGSWISSEN, DASS BESTIMMTE HANDLUNGEN NATURNOTWENDIG GANZ BESTIMMTE FOLGEN HABEN, IST DIE WICHTIGSTE METHODE, UM AUF DER ERDE ZU LERNEN!

Wissenschaftler arbeiten ständig damit. Sie nennen es *die Methode von Versuch und Fehler.* Sie bauen eine Versuchsanordnung auf, führen den Versuch durch und notieren, was dabei herauskommt. Entspricht das Ergebnis ihren Erwartungen, passt es zu den anderen Ergebnissen oder ihren Theorien, dann bezeichnen sie den Versuch als gelungen, im anderen Fall als Fehler. *Über die Fehler lernen sie jedoch genau so wie über die gelungenen Experimente. Im Grunde sind sie also beide erfolgreich.*

Devanando: Und jetzt kommt die Kirche und sagt: erstens hättest du dieses Experiment gar nicht machen dürfen - es ist verboten - und zweitens bist du jetzt ein schlechter Mensch, weil du einen Fehler gemacht hast. Fehler bezeichnen sie als Sünden.

Jesus: Das geht jetzt schon fast 2000 Jahre so und ich frage mich, wie lange sich die Leute noch so gängeln lassen wollen.

ICH HÄTTE SIE LIEBER ALS RISIKOFREUDIGE, FREIE MENSCHEN, DIE IHREN FREIEN WILLEN EINSETZEN UND EXPERIMENTIEREN OHNE DABEI EIN SCHLECHTES GEWISSEN ZU BEKOMMEN.

Die ganz besonders schweren Fehler stürzen die Menschen *angeblich* in eine *ewige* Verdammnis - für immer und alle Zeiten - selbst *nach* dem fiktiven Jüngsten Gericht. *Was für ein zorniger, rachsüchtiger Gott steht hinter diesem Konzept!* Er ist offenbar darauf aus, die Menschen zu knebeln und zu züchtigen. So kann man verhindern kann, dass die Menschen eigene Erfahrungen sammeln.

Devanando: Karma erzeugt Bindung.

Jesus: Sowohl sogenannte positive Handlungen (Karma) als auch negative Handlungen (Vikarma) erzeugen Bindungen ("Karma-bandhana") an die Materie und an den Kreislauf der Wiedergeburt (Samsara).

Es gibt noch eine dritte Art der Betätigung: das "Nicht-Handeln" (Akarma). Sie erzeugt weder angenehme noch unangenehme Wirkungen; sie verursacht durch ihren Bezug zu der dieser irdischen Welt zugrundeliegenden göttlichen Welt, keine "materielle" Wirkung, die in Form einer Reaktion "geerntet" werden müsste. Als Akarma wird grundsätzlich alles Tun bezeichnet, das in Gott gründet.

Devanando: Das Karmagesetz handelt von Ursache und Wirkung.

Jesus: Ja. Über den rein wörtlichen Inhalt hinaus, schließt der Begriff Karma auch die Folgen des Handelns ein. Entsprechend den Handlungen werden Wirkungen erzeugt, die auf den Handelnden zurückfallen. Da niemand nur gut oder nur schlecht handelt, sind auch die auf den Verursacher zurückfallenden Wirkungen in unterschiedliche Verhältnisse von Genuss und Leid aufgeteilt. Dies wird dann oft als sogenanntes gutes oder schlechtes Karma oder einfach nur als "karmische Reaktionen" bezeichnet.

Devanando: Gibt es bei den Versuchen, mit denen wir auf dieser Erde lernen, keine Einschränkungen? Ich meine man kann doch nicht einfach einem anderen Menschen den Schädel einschlagen und dann sagen, ich wollte nur einmal ausprobieren wie das ist.

Jesus: Das ist eine sehr heikle Frage und es fällt mir auch nach 2000 Jahren immer noch etwas schwer, hier ohne Umschweife wahrheitsgemäß zu antworten: *Es gibt keine Einschränkungen!*

Devanando: Das ist ein sehr gefährlicher Standpunkt.

Wo bleiben Recht und Ordnung? Hier werden nicht nur das kirchliche Establishment sondern auch einfache Gläubige Sturm laufen.

Jesus: Sachte, sachte, mein Freund. Du hast mich nicht ausreden lassen. Es gibt keine Einschränkungen - wenn, ja wenn man den Zeitraum der Menschheitsentwicklung insgesamt betrachtet. Ich will damit sagen, dass Menschen auf wenig entwickelten Stufen tatsächlich ausprobieren dürfen, wie es ist, wenn sie massiv in die Freiheit eines anderen eingreifen, ihn bei seinen Lektionen stören, seine Inkarnation unvorhergesehen abkürzen. Sie müssen auch das lernen.

So etwas ist schon deshalb keine Sünde; sie sind ja auch nur wenig zurechnungsfähig. Ihr Bewusstsein schläft noch oder ist bestenfalls im Halbschlaf. Sie können das Ausmaß ihrer Tat nicht klar erkennen, lernen aber daraus - wenn auch noch nicht viel. Wenn Du aber einmal auf einer höheren Stufe angelangt bist, dann bremst du dich selbst: du kannst dann niemanden mehr umbringen.

EINE INNERE INSTANZ SAGT DIR DANN, DASS DAS UNRECHT IST, WEIL ES GEGEN DEN GROSSEN PLAN VERSTÖSST. DIESE INNERE INSTANZ IST DEIN ERHÖHTES BEWUSSTSEIN. SIE MUSS WACHSEN. GEBOTE, VORSCHRIFTEN & DIE DREI "S" VERHINDERN DAS ABER.

Devanando: Warum hast du das früher nicht so formuliert ?

Jesus: Das hab ich! Die Kirchenväter waren aber nicht so mutig, von den Politikern ganz zu schweigen. Die befürchteten, meine neue Botschaft würde Mord und Totschlag Tür und Tor öffnen. Sie mutmaßten, die Menschen würden das als Freibrief ansehen, ganze Völker abzuschlachten. Das ist jedoch ohnehin geschehen. Die vielen Vorschriften und Gesetze, die Strafen und die Drohungen haben nicht viel gebracht - außer der Wachstumsverlangsamung.

Du kannst davon ausgehen - und jetzt kommt ein Hammer - dass alle Menschen auf diesem Planeten - mich und dich eingeschlossen - in früheren Leben schon viele male getötet haben; als Einzelpersonen, in Gruppen, im Krieg etc. Wir waren alle schon (fast) alles. Wie anders hätten wir es lernen sollen?

Devanando: Es gibt demnach gar keine Sünden?

Jesus: *Es gibt keine Sünden*! Und schau dir das System an!

DIE KIRCHENVERTRETER SAGEN, IM GRUNDE NICHTS ANDERES, ALS DASS ICH FÜR EINE FIKTION AM KREUZ GESTORBEN BIN. SIE HALTEN MICH FÜR SO DUMM, DASS ICH NICHT WEISS, WIE DIESER PLANET TICKT! SIE WISSEN SEHR WOHL, DASS SIE DIE SÜNDE IN IHRER UNENDLICHEN ANGST VOR DEM BÖSEN SELBST ERFUNDEN HABEN, WEIL SIE GLAUBTEN, DIE MENSCHEN DAMIT IN SCHACH HALTEN ZU MÜSSEN. IN WIRKLICHKEIT HABEN SIE NUR IHRE MACHTGELÜSTE BEFRIEDIGT.

Es ist die Aufgabe des Menschen auf diesem Planeten, Erfahrungen zu machen. *Diese "Beschäftigung" ist keine Sünde!* Wir lernen nicht nur aus guten Taten!

DAS MÄRCHEN VON DER SÜNDE GEHÖRT ZU DEN GEFÄHRLICHSTEN MACHENSCHAFTEN DER KIRCHEN, MIT DENEN SIE VERSUCHT HAT, DEN PLAN GOTTES HIER AUF ERDEN ZU SABOTIEREN.

Devanando: Und die eigenen Sünden bereuen führt uns auch nicht zurück auf den Weg zu Gott?

Jesus: Wenn du bereust, etwas getan zu haben, das du für eine Sünde hältst, dann betrügst du dich selbst. Wenn du Sünden bereust, dann bist du zutiefst verstrickt in der Illusion. Es gibt nur Fehler, aus denen du lernst und sie machen dich weder zu einem guten noch zu einem schlechten Menschen. *Sie machen dich zu einem Menschen, der seine Pflicht tut und unerschrocken genau nach Plan handelt.*

Devanando: Diese Sache ist mir so wichtig, dass ich dich bitte, uns eine Analogie zu geben.

Jesus: Gerne. Du wirst von deinem Chef ins Ausland gesandt und sollst bestimmte Aufgaben erledigen. Dort angekommen triffst du auf Leute, die dir einreden, dich konditionieren, Gehirnwäsche anwenden, dass du zum Schluss glaubst, dass du der ewigen Verdammnis anheim fällst, wenn du den Firmenauftrag ausübst. Diese Angst vor der Strafe hält dich dann davon ab, deine Pflicht zu tun.

Am Schluss bist du vielleicht sogar stolz darauf. Wenn du schließlich nach Hause zurückkehrst, kommst du doch in die Hölle - jedenfalls fühlt es sich so an: du verlierst deine Stelle, der Chef hängt dir ein Gerichtsverfahren wegen Veruntreuung der Spesengelder an und die Kollegen strafen dich mit Verachtung. Sogar deine Frau beschimpft dich, weil sie kein Haushaltsgeld mehr bekommt, mit dem sie die Kinder ernähren könnte. Du hast dir deine Verdammung selbst geschaffen.

Und damit das Ganze auch so richtig von Anfang an sitzt und tief ins kollektive Unbewusste des Menschen eindringt, hat die Kirche erklärt, wir wären schon als Sünder auf diese Erde gekommen.

MIT DIESEM MÄRCHEN VON DER ERBSÜNDE HAT MAN DEN MENSCHEN VON ANFANG AN EIN SCHLECHTES GEWISSEN EINGEPFLANZT UND DAMIT DIE STIMME DER SEELE ERSTICKT. WENN DA NICHT DER TEUFEL DAHINTER STECKT ...

In den römischen, griechischen und keltischen Religionen gab es keinen Teufel, keine Erbsünde und keinen Erlösungsgedanken; dafür war in den alten Kulturen der Kelten, Griechen und Ägypter und in der vedischen, der ältesten Kultur der Welt, *die Reinkarnationslehre eine selbstverständliche Grundtatsache - genau wie im Urchristentum.* Nordische Völker Europas bis zu den Eskimos, keltische Druiden, islamische Sufis, afrikanische Ureinwohner (z. B. die Zulus) und verschiedene alte Indianerkulturen auf dem ganzen amerikanischen Kontinent kannten und lehrten dieses Wissen.

Devanando: Mit diesen Sätzen wirst du viele Leser schockieren. Vielleicht werden sie das Buch dann gar nicht kaufen.

Jesus: Das spielt keine Rolle. Süß seuselnden Esoterikkram mit von Zuckerguss triefenden Engelchen und medial übertragenen Nettigkeiten aus Nettesürsch gibt es zuhauf. Diese Art von Erfahrung braucht man nicht zu unterstützen. Im übrigen werden die wahren Suchenden nach einiger Zeit doch nach der harten Wahrheit greifen, nämlich dann, wenn ihnen von dem süßen Zeug übel geworden ist.

Devanando: Und wie ist das dann mit Vergebung?

Jesus: *Da es keine Sünden gibt, braucht uns Gott auch nicht zu vergeben und ich brauche nicht am Kreuz für eure Sünden zu sterben, um euch zu erlösen.*

ALLES, WAS IHR AUF ERDEN TUT, WAR GOTTES EIGENE IDEE. WIESO UND WAS SOLLTE ER EUCH VERGEBEN? IHR SETZT DOCH NUR AUFTRAGSGEMÄSS SEINE IDEE, SEINEN PLAN IN DIE TAT UM. UND GEWISSE MENSCHEN ERDREISTEN SICH, ZU VERURTEILEN, WAS GOTT SELBST EINGERICHTET HAT.

Ich kann mich nur wundern über solche Verwirrungen und Verirrungen der Herren Theologen und Politiker.

Devanando: Wenn es überhaupt eine Vergebung gibt ...

Jesus: ... dann solltet ihr euch selbst vergeben, wenn ihr Fehler aus Unaufmerksamkeit *häufig wiederholt*. Aber auch darüber könnte man streiten, denn die Aufmerksamkeit, sprich die erhöhte Bewusstheit, kommt eben erst nach vielen Wiederholungen.

Devanando: Warum hat man in der Kirche das Karmagesetz verneint und die Reinkarnation abgeschafft?

Jesus: Das ist ganz einfach. Die Reinkarnation und die Eigenverantwortung des Einzelnen haben keinen Platz, wenn man eine Figur wie mich postuliert, die durch ihren Kreuzestod alle Sünden aufhebt.

DAS DOGMA VON MEINER FUNKTION ALS ERLÖSER IST MIT DEM KARMAGESETZ UNVEREINBAR. DAS CHRISTENTUM IST NICHT AUF GERECHTIGKEIT AUFGEBAUT WIE DAS KARMAGESETZ SONDERN AUF GNADE - EINE UNVERDIENTE, WILLKÜRLICHE ANGELEGENHEIT. ES HEISST DANN EINERSEITS, ICH WÄRE FÜR ALLE GESTORBEN UND HÄTTE ALLE ERLÖST, ZUM ANDEREN GIBT ES ABER DANN DIE EWIGE VERDAMMNIS FÜR EINE AUSGEWÄHLTE GRUPPE. DAS ZEIGT DIE MENSCHENVERACHTENDE WILLKÜR.

Die Geistlichen haben damit ein besonders raffiniertes Werkzeug in der Hand - sie können Angst erzeugen, weil kein Gläubiger weiß, ob oder wann und wo ihn der Gnadenstrahl trifft.

Devanando: Nun sehe ich aber Menschen, die einen Mord begehen oder jemanden vergewaltigen ohne auf einer besonders niedrigen Entwicklungsstufe zu stehen oder in Kriegshandlungen auf eine niedrige Stufe zu regredieren.

Jesus: Diese Menschen gibt es zweifellos. Die Erklärung dafür ist ebenfalls denkbar einfach, jedoch nicht weniger gefährlich: *Diese Menschen haben sich vor der Inkarnation abgesprochen!* Sie haben sich auf der Seelenebene getroffen und einer der beiden hat den Wunsch geäußert, es einmal zu erleben, wie es ist, wenn man vergewaltigt wird. Der andere hat sich bereit erklärt, Täter zu sein, weil er die andere Seele gut kannte. Die beiden erinnern sich nach der Geburt aber nicht mehr an die Absprache.

Devanando: Wieso sollte er so etwas tun?

Jesus: Aus Liebe! Oder glaubst du, der hätte sich um einen solchen Job gerissen? *Es ist ja so, dass er trotzdem Karma auf sich lädt, auch wenn er sich opfert.* Will sagen, er sät damit etwas, was er anschließend oder in einem späteren Leben ernten muss. Er verbringt dann vielleicht viele Jahre seines Lebens in einem Zuchthaus zusammen mit sogenannten Schwerverbrechern und auch danach ist sein Ruf hin. Er wird nie wieder eine gute Anstellung finden. Und er weiß das im vorhinein! Glaubst du, das ist ein Vergnügen?

Devanando: Da fällt mir ein Satz ein: "*Der Mensch, der dich am meisten quält, kann der sein, der dich am meisten liebt.*"

Jesus: Wenn wir uns klar machen, dass Täter und Opfer immer eng miteinander verbunden sind und sich nicht das erste mal auf diesem Planeten treffen, dann könnten wir mit diesen Problemen viel besser umgehen. Die Psychotherapie würde befruchtet werden. Wenn ein Mann eine Frau vergewaltigt, dann ist das in der Regel vorher abgesprochen - außer vielleicht in Kriegszeiten, da läuft das eher im kollektiven Rahmen ab.

Devanando: Jetzt hetzt du auch noch die Frauenbewegung auf dich!

Jesus: Nach allem, was ich für die Frauen getan habe - und das ist alles im Neuen Testament gut dokumentiert - kann man mir nun wirklich keine Frauenfeindlichkeit oder gar Machogehabe vorwerfen. Unter meinen SchülerInnen in Palästina waren mehr Frauen als Männer, wie das ja auch in den New Age Gruppen heutzutage ist, wie du mir erzählt hast.

Paulus hat leider eine eher konservative Ansicht von der Frau vertreten, wenn sie auch nicht so krass war, wie ihm immer wieder zugeschrieben wird. Ihr dürft solche Fragen nicht mit heutigen Augen sehen. Eure Ansichten am Ende des Fischezeitalters sind das Ergebnis eines langen Lernprozesses im Laufe dessen ihr euch durch viele Irrtümer hindurchkämpfen musstet.

Devanando: Du glaubst also nicht an Zufälle?

Jesus: Wichtige Dinge passieren nie zufällig. Belangloses unterliegt dem Gesetz des Zufalls. Was unwichtig ist, kann allerdings ein Außenstehender nicht immer beurteilen. Ereignisse muss man im übrigen immer in Relation zur Umgebung sehen.

Wenn in New York im Central Park im Herbst ein ganz bestimmtes Blatt vom Baum fällt, dann ist das von einem Wiener in einem Heurigenlokal in Grinzing aus betrachtet purer Zufall. Wenn dieser aber "aus Versehen" das Weinglas auf seinem Tisch umkippt und sich mit dem Zweigelt die Hose befleckt, dann ist das kein Zufall.

Es kann aber passieren, dass zur gleichen Zeit sich vor dem Lokal ein Hund losreißt und den Postboten ins Bein beißt. Für den fröhlichen Zecher ist das Zufall, für den Angestellten der österreichischen Schneckenpost ist das aber sicherlich kein Zufall. Verstehst Du? Der Hund ist ja auch kein sündiger Hund, nur weil er den armen Postboten gebissen hat. Seid euch immer bewusst, dass ihr aus dem weiten Kosmos nur einen extrem kleinen Ausschnitt wahrnehmt und den auch noch völlig verzerrt.

Devanando: Gibt es karmische Zusammenhänge zwischen Eltern und Kindern?

Jesus: Die Menschen suchen sich vor der Inkarnation die Eltern aus, die Lebensumstände und die anderen Menschen mit denen sie Erfahrungen machen wollen. Dabei bleibt wenig dem Zufall überlassen. Meistens haben sie mit ihren Eltern schon viele Inkarnationen in den unterschiedlichsten Rollen verbracht.

Das wird viele Menschen überraschen; besonders diejenigen, die eine schwere Kindheit hinter sich haben und ihre Eltern infolgedessen nicht mögen. Ich kann das verstehen.

ES IST ABER IRRIG ZU GLAUBEN, MAN KÖNNE TEILASPEKTE DER ELTERN, UNANGENEHME EIGENSCHAFTEN ODER BEHANDLUNGSWEISEN, DIE SIE UNS ANGEDEIHEN LIESSEN, VERURTEILEN UND ALS SCHÄDLICH UND NUTZLOS ABLEHNEN.

Das greift nicht. Wir haben sie gewählt und zwar wissenden Herzens. *Wir wollten sie so, wie sie sind, damit wir ganz bestimmte Lektionen lernen.* Wir haben sie gewählt, weil sie zum bevorzugten Kreis derer gehören, mit denen wir schon seit Äonen gemeinsam inkarnieren. Wir kennen und lieben uns seit langem und das gewährt uns Schutz, macht Mut.

Devanando: In diesem Zusammenhang fällt mir das vierte Gebot ein! Es lautet: "*Du sollst Vater und Mutter ehren, auf dass es dir wohl ergehe und du lange lebest auf Erden*".

Jesus: Es fordert euch auf, eure Eltern zu "ehren", d. h. sie anzunehmen, hochzuhalten, und ihnen für alles zu danken, was Sie für euch getan haben. Schließlich habt ihr sie selbst gewählt und seid durch sie zur Welt gekommen!

Ich habe mich ja auch nicht bei Maria und Josef beschwert, dass sie mich in einem Schafstall zur Welt gebracht haben statt in einem Palast, was mir zugestanden hätte. Ich selbst wollte das so. Ich wollte dadurch bekanntlich meine Menschennatur betonen und dass ich auch für die Armen da bin. Damit das klappt, habe ich mir arme Eltern ausgesucht.

IN DEN KIRCHEN IST LEIDER AUCH DIESES SCHÖNE UND ÄUSSERST SINNVOLLE GEBOT PERVERTIERT WORDEN. ES WURDE ZU EINER DISZIPLINIERUNGSMASSNAHME DEGRADIERT. DIE THEOLOGEN HABEN DAS NICHT VERSTANDEN UND GESAGT: "DU SOLLST DEINEN ELTERN GEHORCHEN". SO WAR DAS NICHT GEMEINT.

Gehorsamkeit den Eltern gegenüber kann eine Lernaufgabe in einer Inkarnation sein, Ungehorsamkeit in einer anderen. *Beides ist gleich gut* oder besser gleich gültig. Ehren sollten wir die Eltern immer - es sei denn wir wollten es erspüren, wie es ist, wenn es uns nicht wohl ergeht und wir nicht lange auf dieser Erde leben.

Devanando: Die Hellinger`sche systemische Familientherapie arbeitet mit diesem Ansatz.

Jesus: Ich kenne Bert Hellinger natürlich - er bereitet mit seiner Therapie den Boden für eine effizientere Bewusstseinsentwicklung seiner Klienten. Er hat das Thema Reinkarnation aber ausgeklammert und deshalb greifen seine therapeutischen Maßnahmen fallweise ein bisschen kürzer als nötig.

Damit ist das Thema Karma aber noch lange nicht ausgeschöpft. Ich möchte nämlich mal meine ganz "private" Version von Karma hier ausbreiten. Bisher haben sich vor allem östliche Meister dazu geäußert. Du weißt, dass ich Idealist bin und was jetzt kommt ist *radikaler Idealismus:*

Karma ist im Grunde genommen ganz einfach. Es ist doch so, dass wir über viele Inkarnationen hier auf Erden sind, bis wir alle Einweihungen hinter uns gebracht haben und an der Vergeistigung der Materie des Planeten ausreichend mitgewirkt haben. *Mein lieber Freund Meher Baba spricht übrigens von 1,8 Millionen Inkarnationen, die ein Mensch durchschnittlich auf diesem Planeten verbringt. Das heißt nichts anderes als sehr, sehr viele.*

Während dieser gesamten Zeit hat jeder von uns Menschen ein gewisses Lernprogramm zu durchlaufen. Dieses Programm steht in Absprache mit den himmlischen "Behörden" schon seit vor der Abreise fest - ähnlich wie das Programm für jedes einzelne Leben schon vor der Geburt abgesprochen wird. In beiden Fällen gehen diese Absprachen aber für unser Tagesbewusstsein verloren, wir erinnern uns nach Ankunft nicht mehr. Diese Absprachen enthalten in beiden Fällen ein Potential: einmal für den gesamten Aufenthalt auf dem Planeten, zum anderen für ein einzelnes Leben.

Dieses Potential befähigt uns zu allem, was wir lernen wollen; auch die "Gefälligkeiten", um die wir von unseren Schwestern und Brüdern gebeten werden und die Bösartigkeiten, die wir aus freien Stücken loslassen, wenn uns der Teufel reitet, wie man so sagt; sogar die Späße, die wir machen, wenn uns der Schalk im Nacken sitzt.

Man könnte das Ganze mit einer weiten Reise vergleichen, auf die man sich einen Reiseführer mitnimmt. In dem Führer stehen all die Dinge, die man sich ansehen will und die Veranstaltungen, die man besuchen will und die Menschen, die man treffen und mit denen man etwas erledigen will. In guter amerikanischer Touristenmanier schreitet man dann in Shorts und Turnschuhen durchs Leben bzw. von Inkarnation zu Inkarnation und hakt eins nach dem anderen ab, bis alles erledigt ist.

Devanando: Da ist alles? So einfach? Und völlig wertfrei?

Jesus: Na ja, das war sozusagen der Rahmen. Es steht nämlich nicht alles im Reiseführer, sonst hättet ihr ja keinen freien Willen und könntet nicht richtig experimentieren, forschen, auskundschaften, erleben. Es ist nicht einfach alles vorherbestimmt, aber es ist wirklich und wahrhaftig wertfrei. Im Führer für alle Inkarnationen stehen nur die Generalthemen. Schon die Reihenfolge dieser Aufgaben ist nur locker vorgegeben.

INDEM IHR LEBT UND AKTIV WERDET ERZEUGT IHR LAUFEND ZUSÄTZLICHE LEKTIONEN (SANSKARAS). AM ENDE MUSS ALLES ABGEARBEITET, AUSGEGEBEN, AUSGEGLICHEN SEIN.

Wenn ihr einmal freundlich seid, dürft ihr ein andermal unfreundlich sein. Wenn ihr in einem Leben einen Partner leichtfertig habt sitzen lassen, werdet ihr in einem anderen selbst sitzen gelassen oder ihr müsst im nächsten Leben etwas für Menschen tun, die abserviert wurden. Wenn ihr einmal verzeiht, wird euch ein anderes mal verziehen, einmal seid ihr der Superathlet, ein anderes mal ein Behinderter im Rollstuhl, einmal sterbt ihr im Bett, ein andermal ertrinkt ihr usw. Es gibt dabei natürlich unendlich viele Möglichkeiten.

Devanando: Das klassische Hindu-Karma kennt verschiedene Arten des Ausgleichs.

Jesus: Ich auch. Eine Möglichkeit ist die Vergeltung die ihr erdulden und erleiden müsst. Zum anderen könnt ihr den angerichteten Schaden auch aktiv wieder gut machen und schließlich dürft ihr erworbenen Verdienst genießen und an andere weiterreichen. Welche Möglichkeit ihr wählt, hängt von eurem Entwicklungsstand ab. Je entwickelter ihr seid, um so weniger leidet ihr.

Gewisse Grundlektionen sind für alle gleich, besonders während der ersten 99% der Inkarnationen. Vieles lernt ihr aber auch en bloc, als Familie, Sippe, Dorfgemeinschaft, Volk, Nation, Rasse oder als Teil der Menschheit insgesamt.

DAS ENTSCHEIDENDE DABEI IST, DASS ES EUCH GELINGT, DAS ALLES WERTFREI ZU SEHEN. WOHER WOLLT IHR AUCH DIE BEFÄHIGUNG UND DAS RECHT NEHMEN, DAS SCHICKSAL DER MENSCHEN BEURTEILEN ZU KÖNNEN. JEDE ERFAHRUNG IST EINE GUTE ERFAHRUNG - SO LANGE IHR SIE ALS LERNMÖGLICHKEIT NUTZT.

Und wenn ihr sie nicht als Lernmöglichkeit seht, dann ist das auch eine gute Erfahrung. Es ist sogar eine gute Erfahrung, wenn ihr das Gefühl habt, aus einer Situation nichts zu lernen - weil das nicht geht. Ihr lernt immer etwas.

Am wenigsten lernt ihr, wenn ihr gewisse Fehler endlos wiederholt. Der Kollege Osho hat mal gesagt, *wir sollten kreativ werden im Fehler machen.* Das ist des Pudels Kern.

Devanando: Warum leben wir unter dem Karmagesetz?

Jesus: Karma ist notwendig, weil wir ohne Karma nichts lernen und damit Sinn und Zweck unseres Aufenthaltes auf diesem Planten versäumen.

WENN DER MENSCH TUN UND LASSEN KÖNNTE, WAS ER WOLLTE UND ES HÄTTE NIEMALS IRGENDWELCHE FOLGEN, WIE SOLLTE ER DANN ABSCHÄTZEN, OB ER SEIN LEBENSPOTENTIAL ERFÜLLT UND WIE DAS LEBEN AUF DIESEM PLANETEN STRUKTURIERT IST?

Wir sollten jedoch aufhören, immer nur von sogenanntem schlechtem Karma zu sprechen, so als ob alle Menschen ständig Böses täten und das dicke Ende dann nachkäme. Es gibt ebenso viel gutes Karma wie schlechtes Karma; d. h. wir werden nach gewissen Taten häufig angenehm empfundene Zeiten erleben.

ES WÄRE AM BESTEN, DIE BEWERTUNG IN GUTES UND SCHLECHTES KARMA GANZ AUFZUGEBEN UND ZU SAGEN, DASS ALLES KARMA NÜTZLICHES KARMA IST.

Es ist völlig egal, ob es als angenehm oder unangenehm empfunden wird. Erstens ist das nur eine Empfindung, die aus höherer Sicht gar nichts bedeutet und zweitens hat in der Regel das schmerzvolle Karma die größeren Lerneffekte.

Devanando: Kann man durch Schmerz und Leid den Erdenpfad abkürzen?

Jesus: Nein. Erstens begehst du ja eine Tat nicht deshalb, weil du dir Leid wünschst sondern eher nur, weil du nicht ahnst, dass das Leid, das sie dir bringt, so schwer ist oder weil du das Leid aus Liebe in Kauf nimmst. Und zweitens gibt es auf dem Pfad grundsätzlich keine Abkürzungen. Du darfst den Planeten erst verlassen, wenn du alles gelernt hast!

Devanando: Ich werde häufig gefragt, warum wir uns in jeder neuen Inkarnation so gut wie nicht an die alten Inkarnationen erinnern können.

Jesus: Das ist oberflächlich betrachtet richtig. Praktisch müssen wir jedoch differenzieren. Erstens erinnern sich viele Menschen durchaus an Vergangenes aus früheren Leben - sie sind sich jedoch dieses Faktums nicht bewusst. Zum Beispiel kommt ein Mensch einem anderen sehr bekannt vor, obwohl er ihn in diesem Leben definitiv noch nie gesehen hat.

Zweitens fangen wir ja nicht in jedem Leben von vorne an. Wir bauen auf die vorhergegangenen Erfahrungen auf. Wir erinnern uns nur nicht an Einzelheiten - *wir genießen aber den einmal erreichen Bewusstseinsstand.*

Drittens würde es uns nicht helfen, wenn wir uns an all die Details auf früheren Leben erinnern würden. Unser Kopf ist jetzt schon überlastet, die alten Konditionierungen sind Legion. Wie furchtbar wäre es, wenn sie immer noch voll präsent wären.

Devanando: Das Karmagesetz lehrt, dass wir in jedem Leben mit gewissen Wirkungen (Geschehnissen, Symptomen etc.) rechnen müssen, die auf Ursachen in früheren Leben zurückgehen. Wie unterscheidet sich diese Feststellung von der Idee der Erbsünde? Auch bei ihr müssen wir ja etwas abarbeiten, was wir angeblich - noch dazu als Menschheit - versiebt haben.

Jesus: Das Karmagesetz diktiert niemandem Schuld und Strafe *für* Handlungen zu. Es beschreibt lediglich den *Vorgang,* dass das, was von einer Person ausgeht, wieder zu ihr zurückkommt. Der Betreffende wird nicht von einem Dritten (Gott oder dem Karma) für sein Tun oder Lassen bestraft oder belohnt, vielmehr wird *ihr Tun* im gleichen oder in späteren Leben die notwendigen Reaktionen auslösen, durch die der Mensch begreift, was zu Lernen war.

Vielleicht hilft euch folgende Analogie: Wenn jemand mit seinen Händen gegen eine Wand drückt, erfährt er einen Gegendruck. Es gibt *keinen Dritten,* der darüber entscheiden müsste, welcher Druck auf die Hände zurückzufallen hat. Vielmehr fällt der selbst ausgeübte Druck auf den Verursacher zurück. Das ist einfach eine physikalische Gesetzmäßigkeit.

DESHALB GIBT ES IN DER KARMALEHRE AUCH KEINEN STRAFENDEN GOTT UND KEINE NOTWENDIGKEIT ZU RETTUNG ODER VERGEBUNG.

Devanando: Wenn die Spanier die Azteken abschlachten, die Nordamerikaner die Indianer, Hitler und die Nazis die Juden, Stalin und die Kommunisten die Systemgegner, die Türken die Armenier oder die Inquisition die Einwohner einer ganzen Stadt mit Katharern, um nur wenige Beispiele zu geben, dann macht es den Menschen Schwierigkeiten, hier die Gerechtigkeit des Karmagesetzes zu erkennen.

Jesus: Trotzdem bitte ich euch, die Augen nicht aus Angst, Hass oder Überheblichkeit zu verschließen. Was in diesen und ähnlichen Fällen geschehen ist, solltet ihr auf keinen Fall verharmlosen. Es kommt aber auch nicht auf die absoluten Zahlen an. *Und es besteht überhaupt kein Grund, warum das Karmagesetz hier nicht greifen sollte.*

In keinem dieser Fälle sind alle Menschen eines Volkes, einer Glaubensrichtung oder einer Weltanschauung etc. betroffen. *Das Karmaverständnis bezieht sich in erster Linie auf die verkörperte Seele und nicht auf den Körper mit seinen unterschiedlichen und zeitweiligen Bezeichnungen* wie Schwarzer, Weißer, Mann, Frau, Russe, Deutscher, Atheist, Christ, Hindu, Jude, arm, reich usw. Karma beurteilt auch nicht, ob etwas - gemäß ständig wechselnden gesellschaftlichen Normen - sogenannt gut oder schlecht ist, *es wertet nicht nach zeitweiligen moralischen oder ethischen Bekenntnissen.* Es gibt einfach jedem genau das zurück, was er selbst durch sein eigenes Handeln verursacht hat, unabhängig von Rassen- oder Religionszugehörigkeit.

Devanando: In diesen Pogromen trifft es also in erster Linie individuelle Menschen und erst in zweiter Linie Angehörige einer bestimmten Gruppe.

Jesus: Ja, aber auch die Gruppe darf nicht übersehen werden. Ein bekannter Jude und Autor zweier Bücher, die sich unter anderem mit dem Holocaust befassen, Rabbi Yonassan Gershom, lehrt, dass es so etwas wie eine "jüdische Seele" gibt; d. h. Seelen von Juden inkarnieren meistens wieder als Juden. Er betreut Menschen, die in ihrem früheren Leben in einem der Konzentrationslager der Nazis umkamen. Er ist unter anderem Reinkarnationstherapeut. Die Gruppe als Ganzes hat somit ein Karma, das sich jedoch nicht bei allen Mitgliedern gleichermaßen auswirkt. Deswegen sind auch immer eine bestimmte Anzahl gar nicht dabei, andere nur Zuschauer.

Wenn nun die Gruppe ein schweres Schicksal erleidet, dann nicht deshalb, weil hier Bösewichter "ein ganzes Volk" zerstören wollen, sondern weil dieses Vernichtungserlebnis durch frühere Taten im Namen der Gruppe herausgefordert wird. Wir wollen hier nicht spekulieren, welche Taten das waren - es würde nur Proteste auslösen und das Verständnis der subtilen Zusammenhänge behindern.

KARMA BRAUCHT AUCH KEINE ERFÜLLUNGSGEHILFEN - WOMÖGLICH SOLCHE, DIE DAFÜR BELOHNT WÜRDEN. EIN WIRKLICHER GEHILFE WÜRDE KEINE REAKTIONEN FÜR SEIN TUN ERHALTEN. STATTDESSEN LADEN DIE MORDKOMMANDOS ALLER ART SCHWERES NEGATIVES KARMA AUF SICH. AUCH BEI IHNEN KANN GRUPPENKARMA ZUM TRAGEN KOMMEN.

Dass die Massenermordung der Juden nicht als Beleg dienen kann, dem Karmaverständnis rassistische Tendenzen vorzuwerfen, geht auch daraus hervor, dass gerade bei zwei jüdischen Nobelpreisträgern der jüngeren Zeit (Nelly Sachs und Isaac B. Singer), der Wiedergeburts- und damit verbundene Karmagedanke als Aufarbeitung des jüdischen Schicksals im

Dritten Reich auftaucht. Die Nazis haben die Juden ja auch nicht vernichtet, weil sie Juden waren sondern weil sie sich von gewissen, in der Geschichte immer wieder auftauchenden Verhaltensweisen dieser Volksgruppe bedroht fühlten. Die Gruppe hätte ebenso moslemisch oder hinduistisch sein können. Roma und Sinti waren ja auch betroffen ohne Juden zu sein und dass keine Afrikaner umgekommen sind, liegt sicherlich nur daran, dass es von ihnen in Deutschland nicht viele gab. *Die Nazis waren generell fanatisch rassistisch.* Ihre Aggression richtete sich gegen alle, die ihrer sogenannten reinen Rasse nicht entsprachen.

Devanando: Und wie ist das mit dem Untergang der Titanic und der ICE-Katastrophe in Enschede, um nur zwei Beispiele auszuwählen?

Jesus: Karma wirkt in diesen Fällen individuell; es obliegt dem Willen der Individuen, zu bestimmten Zeiten als große Zahl von Seelen an einem Ort zusammenzukommen, so dass sich ihr individuelles Karma gemeinsam erfüllen kann; bedingt durch die Größe des Ereignisses wird gleichzeitig bei vielen anderen Seelen, welche ein solches Ereignis nur beobachten oder durch die Geschichte erzählt bekommen, ein individueller Lernprozess ausgelöst werden.

Devanando: Im Rahmen von Karma wird immer wieder die Geschichte angeführt, dass man jemandem, der in einen Brunnen gefallen ist, nicht helfen dürfe, weil man dann in sein Karma eingreift und dass das Karmakonzept soziales Engagement verhindert.

Jesus: Diese Idee greift zu kurz. Wer kann denn beweisen, dass der potentielle Helfer *zufällig* an dem Brunnen vorbei kommt? Es ist ebenso möglich, dass die Hilfe abgesprochen war oder dass der Gefallene ohne es zu planen, unbewusst dem potentiellen Helfer eine Chance für eine gute Tat geben wollte. Wenn der Gefallene um Hilfe ruft und/oder den Helfer freudig begrüßt, dann greift die Argumentation sowieso nicht, denn *der freie Wille steht immer über den genauen Modalitäten der Karmawirkung*. Ihr könnt die Wirkung modifizieren und auch zeitlich hinausschieben. Ihr könnt auf Genuss verzichten und ihr könnt das Leid begrüßen und dadurch erträglicher machen oder gar in ein kreatives Projekt umwandeln.

Devanando: Ich führe dazu ein Beispiel an! Stellen sie sich eine Familie vor, die bei einem Verkehrsunfall ihren einzigen Sohn verliert, weil der Rettungswagen nicht rechtzeitig benachrichtigt werden konnte. Mit dem daraus resultieren Schmerz und Leid können die Eltern unterschiedlich umgehen. Ich kenne einen Fall, da haben die Eltern eine Stiftung gegründet, die schnelle medizinische Unfallhilfe finanziert und auf diese Weise vielen Menschen das Leben rettet. Die Eltern sind mit dem Leid kreativ umgegangen. Das kann man natürlich nur, wenn man schon auf einer gehobeneren Entwicklungsstufe steht.

Jesus: Wenn ihr das Leid einfach hinnehmt, fahrt ihr in der Regel immer noch wesentlich besser, als wenn ihr mit eurem Schicksal hadert und euch womöglich zu rächen versucht: an den Frauen, an den Männern, am Staat, an den Ärzten etc.

Devanando: Manche Kritiker bezeichnen die Karma- und Reinkarnationslehre als leibfeindlich, da sie den Körper bloß als ein (wechselndes) Fahrzeug für das höhere Selbst betrachtet.

Jesus: Ich unterscheide zwar deutlich zwischen dem zeitweiligen physischen Körper und der Seele, dem Bewohner dieses Körpers; ich betone jedoch gleichzeitig, wie wertvoll der menschliche Körper ist: *er ist der Tempel Gottes*. Jede Verkörperung (auch wenn sie bloß zeitweilig ist), bietet dem Lebewesen die Möglichkeit für Erfahrungen und für weitere Schritte im persönlichen Lernprozess, welcher letztlich aus dem Kreislauf der Geburten und Tode hinausführt. Und damit der Körper seinen Zweck erfüllen kann, sollte man ihn pflegen und man darf ihn auch genießen. Die Sinnesfreuden können zwar zu Zwangshandlungen führen und alle Religionen wollen den Menschen aus dem Gefängnis seiner Wünsche und Begierden befreien, dies ist jedoch nicht Selbstzweck. Die Befreiung gelingt erst, wenn alles gelernt ist. Im übrigen liegt ein ganz klarer Fall von Projektion vor, wenn die Christen den Hindus und Buddhisten Leibfeindlichkeit vorwerfen. Der Dieb schreit: haltet den Dieb!

Devanando: Die Aussage, Karma sei eine Lebensschule, und es gebe deshalb nichts Schlechtes, was nicht aus einem guten Grund heraus geschehe, erscheint Menschen, die das Karmagesetz mit all seinen Facetten nicht begreifen (wollen) als blanker Zynismus; sie verweisen dann auf Leprakranke, stark Behinderte, Verhungernde, Missbrauchte etc.

Jesus: Mangelndes Verständnis oder Kritik ohne Nachdenken wird immer zu Fehlschlüssen kommen - vor allem, wenn man nach Argumenten sucht, um ein Konzept abzulehnen. *Wenn ihr das Karmagesetz verstanden habt, dann begreift ihr es als ausgleichendes Prinzip auf dem Lernplanet Erde,* ohne zu behaupten, Lepra sei super und vergewaltigende Väter gehörten zum guten Ton einer Gesellschaft etc.

Ich wiederhole nochmals: das Leid ist weder Strafe Gottes, noch ein freiwillig gewähltes Schicksal, sondern eine Reaktion, die mit eurem eigenen vergangenen Tun und deshalb mit eurer Entwicklung zu tun hat. Schmerz und Leid werden im Karmakonzept nicht einfach als ein isoliertes Geschehen, sondern als Ereignis in einer langen Abfolge verstanden. Daraus ergibt sich die rechte Einstellung zur Situation: ihr setzt euch mit ihr auseinander, geht mit ihr möglichst kreativ um und weist Gott, dem Zufall oder der bösen Umwelt etc. keine Schuld zu.

Das Leid, das euch einholt, hat mit euch selbst persönlich zu tun, es ist etwas, das euch ereilt, weil es von euch verursacht wurde und mit eurer Bewusstseins-Entwicklung zusammenhängt.

Persönliche Wünsche und Begierden haben euch dazu geführt auch - oder besser - gerade deshalb, weil ihr nicht absehen konntet oder wolltet, welche Konsequenzen sich daraus ergeben. Abgesehen von Ausnahmen suchen sich die Menschen Schmerz und Leid nicht absichtlich aus, es fällt ihnen meist nur als Reaktion zu - im Rahmen der ausgleichenden Gerechtigkeit.

JEDE SITUATION IST EIN TEIL DES EIGENEN WEGES DURCH DIE MATERIELLE WELT UND KEIN WILLKÜRLICHES, SINNLOSES ODER ZUFÄLLIGES EREIGNIS.

Devanando: Mich hat mal einer gefragt, welchen Nutzen diese Lebensschule für ein dreijähriges Kind haben soll, das in Indien an Malaria stirbt?

Jesus: Jede Erfahrung hat einen Einfluss - auf die betreffende Person wie auch auf seine Umwelt - und zwar unabhängig davon, ob diese Erfahrung noch in derselben Inkarnation gemacht werden kann oder erst in einer nächsten Geburt. So wie viele Erfahrungen dieses Lebens - an die ihr euch konkret gar nicht mehr erinnern könnt - dazu beitrugen, dass ihr zu der jetzigen Persönlichkeit wurdet, genauso ist es mit Erfahrungen, welche das Lebewesen von einem Körper zum anderen mitnimmt. In diesem Beispiel ist erst dann kein Sinn mehr zu erkennen, wenn man Reinkarnation und Karma *ablehnt!*

Devanando: Der Lernprozess oder die Lernmöglichkeit ist nicht allein auf die Person beschränkt, die unmittelbar betroffen ist.

Jesus: Jede Person, welche direkt oder indirekt eine bestimmte Situation wahrnehmen kann, hat die potentielle Möglichkeit zu lernen - oft sogar leichter als der unmittelbar Betroffene, welcher häufig erst später im Rückblick profitiert, wenn er begreift, warum sich sein Leben so entwickelt hat. Auf das obige Beispiel bezogen, kann der Impuls aus dem miterlebten Leid beispielsweise dahin gehen, sich in jeder möglichen Weise um Menschen zu kümmern, die Hilfe benötigen und sich gegenüber ihrem Leid nicht gleichgültig zu verhalten.

Devanando: Das Karmakonzept beinhaltet drei Fallen, wenn es nicht richtig verstanden wird.

Jesus: Das ist richtig. *Erstens kann es sein, dass dieses Konzept zu Fatalismus und Kismetglauben führt und in den Glauben an Vorherbestimmung mündet.* Die Betroffenen glauben dann, dass aufgrund ihrer früheren Taten alles vorher bestimmt sei und dass sie sowieso nichts tun können. Das führt zu einem Leben lähmender Inaktivität in dem der freie Wille des Menschen völlig unter den Tisch fallt. In moslemischen Ländern trifft man häufig auf dieses Phänomen. Dahinter liegt jedoch ein Missverständnis der Karmalehre.

LEDIGLICH DAS AUSMASS DES GENUSSES UND DES LEIDES IST INNERHALB GEWISSER GRENZEN VORHERBESTIMMT. DIE INDIVIDUELLE FREIHEIT, ÜBER SEIN TUN ZU BESTIMMEN, WIRD DAVON NICHT BERÜHRT.

Der Mensch kann sich immer anders entscheiden und er kann vergangene gute und schlechte Taten immer auf vielfältige Weise ausgleichen und er kann in Grenzen den Zeitpunkt wählen, an dem eine bestimmte vergangene Tat sein gegenwärtiges Leben bestimmt.

Wie er sich jeweils entscheidet und wie sehr er leidet ergibt sich aus seinem Bewusstheitsstatus. Je weniger ein Mensch bewusst ist, um so eher lässt sich vorhersagen, wie er sich verhalten wird und um so zwanghafter läuft das ganze ab. Er hat halt noch nicht gelernt, mit seinem freien Willen umzugehen.

Außerdem müsst ihr euch - ich betone das ausdrücklich - davon lösen, immer nur von Aktion und Reaktion zu sprechen.

Auf dem Karmaplan stehen viele Handlungen. Alle kommen einmal dran. Nicht jede Tat ergibt sich zwingend aus einer vorherigen. Ihr geratet sonst zu leicht in die Gefahr immer nur von Zwängen zu reden, die ohne Eingriff von außen nicht beseitigt werden könnten - etwa durch Gnade, von der im nächsten Kapitel die Rede sein wird.

**DAS KARMAGESETZ IST VÖLLIG WERTFREI UND NEUTRAL.
ES WIDERSPRICHT NICHT DER LIEBE GOTTES.
GOTTES "SUPERLIEBE" LIEBT ALLE MENSCHEN GLEICHERMASSEN
UND IN ALLEN KARMISCHEN SITUATIONEN.
ES GEHT NIEMALS UM BESTRAFUNG UND SÜHNE.**

Es kommt euch unter dem Eindruck eurer kirchlichen Glaubenssätze nur so vor, weil ihr nicht gerne leidet. Es geht einzig und allein ums Lernen und Erkennen und das dadurch hervorgerufene Wachstum eures Bewusstseins. Auf diese Weise werden eure Aufgaben immer anspruchsvoller und subtiler.

**NIEMAND AUF DIESEM PLANETEN ERDE MUSS SICH SELBST RETTEN
ODER VON MIR ODER ANDEREN MEISTERN GERETTET WERDEN.
DAS EXPERIMENT ERDE LÄUFT DOCH NICHT SCHIEF!**

Es hat sich höchstens zeitlich verzögert. Ihr Menschen seid auf der Erde nicht in einer Situation, mit der ihr ohne Hilfe nicht zurecht kämet. Dass trotzdem - wie bereits geschildert - Unterstützung von außen kommt ist eine andere Geschichte.

Devanando: Die "Herren des Opfers", die Avatare und die vielen anderen Meisterinnen und Meister kommen nicht, um das Gesetz des Karmas durch Gnade auszuhebeln?

Jesus: *Nein, sie inkarnieren freiwillig, um den Lerneffekt zu steigern, indem sie euch zu erhöhter Aufmerksamkeit veranlassen.* Sie können den Prozess auf diese Weise beschleunigen und das Leid abkürzen - etwa dadurch, dass sie euch den Einweihungsweg gebracht haben. Ihre hohe Energie - etwa im

Rahmen eines Buddhafeldes - kann eure Bewusstheit steigern, so dass ihr schneller lernt und Fehler weniger oft macht und auf diese Weise Zeit spart. Wenn ihr unbedingt wollt, könnt ihr sagen, dass sich ihr Opfer für euch als eine Art Gnade auswirkt.

IHR MÜSST MEINE FUNKTION ALS ERLÖSER ANDERS DEFINIEREN. ICH ERLÖSE EUCH NICHT VON DEN WIRKUNGEN EURER TATEN SONDERN AUS DER TRETMÜHLE DER UNENDLICHEN WIEDERHOLUNGEN, AUS DEM GEFÄNGNIS UNENDLICHEN WÜNSCHENS UND FALSCHEN DENKENS, AUS DER ILLUSION DER DUALITÄT.

Die Schwingungen dieser Materie sind extrem niedrig und die Trägheit dementsprechend groß. Die Gnade, die ich euch gewähre, besteht darin, *dass ihr die Trägheit der Materie schneller durchschauen und ablegen könnt.*

Devanando: und die zweite Falle?

Jesus: Die zweite Falle eines falsch verstandenen Karmakonzeptes ist es, wenn ihr *zu stolz auf das viele gute Karma seid, das euch in einem bestimmten Leben teilhaftig wird.* Diese spirituelle Einbildung kann zur Selbstverherrlichung führen. Ein solches Verhalten lässt nur wenig Raum für ein Gefühl der Verbundenheit mit Gott, dessen Liebe alles, was ihr erlebt, erst möglich gemacht hat. Er hat euch auf die Reise geschickt, damit ihr Erfahrungen machen könnt, um die uns andere "beneiden". Ihr dürft euch glücklich schätzen, dabei zu sein können. Bedankt euch dafür!

WENN IHR DEN KARMISCHEN ERDENWEG RICHTIG VERSTEHT, DANN WERDET IHR FÜR ALLES, WAS EUCH WIDERFÄHRT, DANKBAR SEIN; ZUNÄCHST VIELLEICHT NUR FÜR DIE ANGENEHMEN ERLEBNISSE, SPÄTER MIT ZUNEHMENDER REIFE FÜR ALLES, WAS EUCH IN EINEM BESTIMMTEN LEBEN "ZUFÄLLT".

Wenn ihr dagegen im Rahmen eines falschen Verständnisses des Karmakonzeptes positive Erlebnisse auf egoistische Weise allein als euren eigenen Verdienst anseht, dann werdet ihr in erhebliche Schwierigkeiten geraten, wenn negative Erlebnisse auf euch zu kommen. Dann hadert ihr mit eurem Schicksal, macht euch selbst fertig und verliert den Kontakt zu Gottes bedingungsloser Liebe und leidet unter Einsamkeit und Isolation. Auch in diese Falle geratet ihr um so weniger, je mehr eure Bewusstheit gewachsen ist.

Diese Fallen sind jedoch sehr nützliche Lernaufgaben. Jeder muss da durch und Gott denkt nicht im Traum daran, euch diese besonders wichtigen Erfahrungen wegzunehmen. Deshalb greift er auch nicht ein. Warum sollte er auch? Es läuft doch alles *nach seinem sehr gut durchdachten Plan.* Ihr könnt das gut und gerne selbst erledigen. Schließlich seid ihr die Krone der Schöpfung und habt unendlich viel Potential, das erweckt werden soll. Und das klappt eben am besten, wenn Gott nicht eingreift. Erleichterungen hätten in den meisten Fällen keinen positiven Effekt.

Devanando: Und die dritte Falle?

Jesus: Die dritte Falle - sagt man - liegt darin, dass sich viele Menschen unter dem Eindruck des Karmakonzeptes nicht besonders anstrengen. Sie glauben, sie haben unbegrenzt Zeit. Wenn ihr daran glaubt, nur einmal zu leben, dann kann es sein, dass ihr euch mehr anstrengt, denn ihr geht davon aus, sehr wenig Zeit zu haben. Nach meinen Beobachtungen gibt es nur verschwindend wenig Menschen, die derart langfristig denken und vor allem handeln.

Devanando: Können wir unter Umständen auch zurückgestuft werden, wenn wir uns besonders schlecht betragen, wenn wir unsere Chancen nicht wahrgenommen haben? Können wir z. B. als Hund wiedergeboren werden?

Jesus: Nein, keinesfalls.

WIR FANGEN IM NÄCHSTEN LEBEN IMMER GENAU DA AN, WO WIR IM VORHERGEHENDEN LEBEN AUFGEHÖRT HABEN.

Der Entwicklungsstand unseres Bewusstseins ist im Kausalkörper verzeichnet, oder anders ausgedrückt: es ist dokumentiert, in wie weit wir unsere Seele, die wir mit Bewusstsein gleichsetzen können, realisiert haben; im Tode wird festgehalten, inwieweit wir als Persönlichkeit in dem abgelaufenen Leben tatsächlich das gelernt und verwirklicht haben, was wir uns als Seele vorgenommen hatten. Die Summe der Vergangenheit wird auf der Festplatte, genannt "permanente Atome", des Kausalkörpers gespeichert. Dieser stellt den feinstofflichen Körper, das "Gefäß" der Seele dar.

20. Gnade

Man liest immer wieder von Heilern, die den Menschen das Karma auflösen und Meistern, die ihren Lieblingsschülern Gnadenakte gewähren. Jesus soll die gesamte Menschheit erlöst haben. Ich hab auch eine Ankündigung von einem bekannten deutschen Therapeuten gelesen, der für viel Geld an einem Wochenende das Karma der Teilnehmer abzubauen versprach. Und Martin Luther regte sich über die Ablasssitten der Kirche auf: "*Wenn das Geld im Kasten klingt, eine Seele in den Himmel springt.*"

Das trifft jedoch nicht zu. Das kann dieser Trainer selbstverständlich nicht. Es gibt das Karmagesetz nicht deshalb, damit es so ohne weiteres ausgehebelt werden kann. Jeder Mensch ist selbst dafür verantwortlich, was und wie er lernt. Niemand kann für einen anderen Karma abtragen, d. h. die Folgen seines Handelns erledigen - der Lerneffekt wäre dahin! Niemand darf einem Menschen Vorzüge gewähren, die sich der Betreffende durch lange Leben erst hätte erwerben sollen.

Es gibt auf dem Lernpfad auf dieser Erde keine Abkürzungen. Man muss alle Erfahrungen selbst machen. Niemand darf einem Menschen etwas verleihen, was er sich *nicht* verdient hat. *Gnadenakte sind ja definitionsgemäß Zuwendungen, die dem Betreffenden nicht zustehen, die er von Rechts wegen nicht erhalten dürfte.*

Ein Zitat aus einer Hinduschrift lautet, dass es drei Dinge gibt, die wir durch die Gnade Gottes besitzen:

- die Gabe, ein menschliches Wesen zu sein,
- die Sehnsucht nach Befreiung aus der Welt der niederen Sinne, und schließlich,
- der Führung eines vollkommenen Weisen im eigenen Herzen teilhaftig zu werden.

Diese drei "Dinge" sind jedoch bereits seit Urzeiten grundlegende Bestandteile des göttlichen Plans, im Karmakonzept enthalten und ereilen sie in der Tat "unverdient", genauso unverdient wie die gesamte Erdenreise.

IM GRUNDE IST DER GESAMTE PLAN GOTTES FÜR ALLE BETEILIGTEN EINE UNVERDIENTE BEGÜNSTIGUNG - ALSO GNADE.

Wenn wir unsere Situation also recht mit dem Herzen erspüren, so kann aufgrund unserer Gesamtsituation sich nur Dankbarkeit entwickeln.

DANKBARKEIT IST DAS SCHÖNSTE UND TIEFSTE GEBET.

Auch in den Einweihungen werden wir keiner extra Portion göttlicher Gnade teilhaftig, höchstens in dem Sinne, dass diese Strukturierung des Erdenpfades uns hilft und wir es dankbar begrüßen, dass es dieses System überhaupt gibt. Wir erhalten eine Einweihung immer erst dann, *wenn wir die Voraussetzungen dafür erfüllt haben*, wenn wir alles erfahren und gelernt haben, was dazu nötig ist. Dann werden wir zugelassen, werden geprüft, ob wir wirklich alles können und erhalten dann den Segen und weiteres Wissen - aber nur insoweit, wie wir in dem jeweiligen Entwicklungsstand unseres Bewusstseins verkraften können. Nicht mehr und nicht weniger.

Selbst wenn wir die Voraussetzungen erfüllt haben, können wir nicht erwarten, sofort eingeweiht zu werden. Wir werden nicht auf Verlangen eingeweiht. Verlangen erzeugt Karma und verhindert die Einweihung. Wir können auch nicht darauf pochen, zu einem bestimmten Termin eingeweiht zu werden. Es kann sein, dass uns eine Einweihung bereits zusteht, dass im Plan zum betreffenden Zeitpunkt solche Einweihungen aber nicht vorgesehen sind. In diesem Falle muss man demütig warten; unter Umständen mehrere Leben. Dies ist aber keine Bestrafung. Man kann ja in der Zwischenzeit die Mitmenschen ermuntern.

Und es gibt wirklich keine Ausnahmen? Das Karmagesetz schlägt immer voll zu? Es gibt immer Ausnahmen. Ich möchte drei Möglichkeiten herausstellen:

Erstens kann sein, dass ein spiritueller Meister wie Jesus aus bestimmten, für die anderen Menschen nicht nachvollziehbaren Gründen, die Anzahl der Erdenwege eines Menschen dergestalt kürzt, dass er verhindert, dass ein Mensch ein und denselben Fehler häufig wiederholt. Er wird dann z. B. den Betreffenden so sehr schockieren, dass dieser die Vergeblichkeit seines Handelns schneller begreift als ein anderer. Solche therapeutische Schocks sind unter Umständen so plötzlich und schmerzhaft, dass nur wenige das vertragen. Es gibt Meister, die sind auf diese Methode spezialisiert, Osho z. B.

Eine zweite Möglichkeit betrifft sehr weit entwickelte Individuen, die z. B. kurz vor der vierten Einweihung stehen und danach nicht mehr inkarnieren müssten. Um diese Einweihung zu vollziehen, muss der Mensch frei von Karma sein. *Dies ist aber so gut wie unmöglich, solange man noch hier inkarniert ist.*

JEDE TAT, JEDER GEDANKE UND VOR ALLEM AUCH JEDER WUNSCH SCHAFFT NEUES KARMA, WAS IN DER REGEL ERST IM NÄCHSTEN LEBEN ABGEARBEITET WERDEN KANN. DAZU GEHÖRT Z. B. AUCH DER WUNSCH, DIE NÄCHSTE EINWEIHUNG ZU ERHALTEN! IN DIESEN SITUATIONEN IST ES UNMÖGLICH, OHNE HILFE DURCH EINEN SPIRITUELLEN MEISTER WEITER ZU KOMMEN.

In diesen Fällen darf der Meister das Karmaband, das den Menschen an die Erde bindet, durchschneiden. Auch in diesem Sinne greift der Satz Jesu: "*Es kommt niemand zum Vater außer durch mich*" (... außer durch einen vollkommenen Meister).

Bei dieser Gelegenheit stürzen die Einzuweihenden in der Regel noch einmal in ein ganz tiefes Loch. Man nennt das "*die dunkle Nacht der Seele*". Der einzuweihende Jünger ist zutiefst mutlos und verzweifelt, weil er weiß, dass er den letzten Schritt nicht ohne den Meister gehen kann. Deshalb hat Jesus am Kreuz gerufen: "*Mein Gott, warum hast du mich verlassen*".

Eine dritte Möglichkeit besteht darin, dass es eine besondere Gnade sein könnte, wenn ich zu einer bestimmten Zeit in der Entwicklungsgeschichte der Menschheit inkarnieren darf. Es gibt ja Zeiten, wie die jetzige, in denen die Bewusstseinsentwicklung ein wenig rascher abläuft als normal. Dies hängt mit dem Wechsel von einem Weltzeitalter zum anderen zusammen. In solchen Zeiten sind die Entwicklungschancen besonders groß und viele Menschen lernen in einem Leben mehr als sonst in fünf oder zehn.

Ob diese Beispiele wirklich Gnadenakte sind, darüber kann man diskutieren. Vermutlich greifen die Meister in den beiden ersten Fällen nur dann ein, wenn wirklich Anlass dazu besteht. Die Hilfestellung kommt auch da nicht plötzlich aus dem Blauen, ist nicht wirklich ungerechtfertigt. Im dritten Fall kann es vielleicht sein, dass man inkarnieren darf, weil man zu einer Gruppe gehört und von dieser Gruppe gebraucht wird - auch wenn man allein vielleicht hätte pausieren müssen.

Das ist das Beispiel mit dem Photonenring. Es gibt da ein Buch, in dem wird behauptet, dass die Erde und damit alle Menschen sich im Weltraum jetzt durch einen sogenannten Photonenring bewegen und dass deshalb alle Menschen erleuchtet werden, nicht mehr inkarnieren müssten und dass das Projekt Erde damit abgeschlossen sei. Das ist natürlich Unsinn. Das Projekt Erde ist noch auf mehrere Milliarden Jahre geplant. Die genannten Termine sind ja auch alle verstrichen, ohne dass die Prophezeiungen wahr geworden wären. Für das Wassermannzeitalter sind jedoch Gruppeneinweihungen größeren Ausmaßes vorgesehen. Jeder Beteiligte wird dabei aber "nur" auf *die jeweils individuell unterschiedliche nächst höhere Stufe eingeweiht.*

Gnade, wie sie die katholische Kirche kennt, ist im Grunde eine Art *Willkürakt*. Das ist eine provokante Formulierung, aber man muss die Menschen provozieren, sonst kriegt man sie nicht aus ihrer Lethargie. Einstein hat einmal gesagt: "*Der liebe Gott würfelt nicht*". Ich liebe diesen Satz, denn erstens gibt es im Himmel keine Würfelbecher und zweitens läuft im Kosmos alles gesetzmäßig ab.

GNADE UND ZUFALL HABEN EINEN GESCHMACK VON WILLKÜR.

Es ist für den Menschen sehr schwer, hier durchzublicken und ich tue mich schwer, das alles zu erklären. Es gibt Gesetze, die wir mit unserem falschen Denken nicht begreifen können, die aber alle Unschärfen klären würden. Manchmal täte der Mensch gut daran, demütig zu akzeptieren, dass es Geheimnisse gibt, die er (noch) nicht ergründen kann. Wir sollten zuzeiten unseren Verstand beiseite schieben und das Herz mehr sprechen lassen. Im Seelenbewusstsein fließt die Intuition. Sie bringt Wahrheit und Verstehen.

In einer Interpretation von Readings des bekannten "schlafenden Propheten" Edgar Cayse habe ich gelesen, Karma und Gnade seien zwei sich ergänzende Konzepte im Rahmen der Dualität, sie verhielten sich so wie die zwei Seiten einer Münze. Das ist jedoch lediglich die Interpretation der Autorin.

ES GIBT EIN GRUNDLEGENDES KOSMISCHES GESETZ DES KARMAS. EIN GLEICHRANGIGES GESETZ DER GNADE GIBT ES NICHT. DIE IDEE DER GNADE IST IN EINEM RECHT VERSTANDENEN KARMAKONZEPT BEREITS ENTHALTEN. DAS KARMAGESETZ IST DIE GNADE, DIE UNS UNVERDIENT GEWÄHRT WURDE.

Die Vorstellung darüber hinaus gehender Gnadenakte wurde erst dadurch nötig, dass man - wie bereits erwähnt - das völlig wertfreie Karmakonzept mit Wertungen und Verurteilungen in gut und böse, mit Sünde, ewiger Verdammnis, Schuld und Sühne vermengt hat, so dass daraus *ein wahrer Alptraum* wurde, der den Menschen in Hoffnungslosigkeit und Verzweiflung zurücklässt. In dieser ausweglosen Situation musste dann eine erfundene Gnade Gottes herhalten, um einen Ausgleich zu diesen teuflischen, menschenfressenden Gestalten der Theologen und Machtpolitiker zu bieten.

Wenn man das Gesetz des Karmas aber so betrachtet, wie es gedacht war und wie das soeben geschah, dann ist Gnade als eigenes ausgleichendes, das Karmagesetz sozusagen in Schach haltendes Gesetz überflüssig. Es ist schon ein Problem mit den Theologen aller Richtungen!

THEOLOGEN GEBEN SCHEINLÖSUNGEN FÜR VON IHNEN ERST ERZEUGTE SCHEINPROBLEME.

21. Glaube, Hoffnung, Liebe

Dieses Kapitel gibt ein Gespräch zwischen Meister Buddha und dem Autor wieder:

Buddha: O. k., ich bin bereit. Nutze die Zeit und frage. Ich werde so antworten, dass sich deine Leser einen Reim darauf machen können. Ich kann zwar nicht garantieren, dass alle alles verstehen; ich weiß aber, dass ich Anstöße geben kann.

> **UND UM GOTTES WILLEN GLAUBT BLOSS NICHT ALLES EINFACH SO, WAS ICH HIER VERKÜNDE, NUR WEIL IHR AUS LAUTER EHRFURCHT, WEIL ICH EIN SO BEKANNTER MANN BIN, EUER UNTERSCHEIDUNGSVERMÖGEN AUSSCHALTET.**

Devanando: Jetzt übertreibst du aber. Dir können wir doch glauben!

Buddha: Einfach zu glauben führt zu nichts außer zu Neurosen. Bitte nehmt nur das als wahr an, *was tief in euch mitschwingt*. Nur wenn ihr in eurem Innersten spürt, dass das, was ihr lest, für euch stimmt, nehmt ihr es an. *Ihr braucht es dann nicht mehr zu glauben*. Meine Worte haben euch an etwas erinnert, was ihr schon wusstet und das jetzt ganz präsent geworden ist. Was ihr (noch) nicht versteht, lasst ihr ruhen. Es wird später klar werden. Und wenn meine Worte euren Widerspruch herausfordern, ist das ebenfalls in Ordnung. Richtet euch danach.

Echtes Glauben heißt Zeugnis ablegen für unsichtbare Dinge; eine solche Bezeugung aber, die auf das eben erwähnte innere Erinnern zurückgeht, *fehlt heute den meisten Menschen.*

> **GLAUBE IST NICHT WUNSCHDENKEN ODER EINE KÜNSTLICH ERWECKTE HOFFNUNG. ER IST DIE BEKRÄFTIGUNG EINER WOHLBEGRÜNDETEN INNEREN ÜBERZEUGUNG.**

Ich habe zu Lebzeiten zu diesem Thema die alles entscheidenden Worte bereits gesagt:

- *dass wir nicht an etwas glauben sollen, nur weil es gesagt worden ist;*
- *auch nicht an Traditionen, weil sie uns von altersher übermittelt wurden;*
- *oder an Gerüchte an sich;*
- *oder an Schriften der Weisen, weil sie von Weisen stammen;*
- *oder an Phantasiegebilde, von denen wir nur vermuten, sie seien auf dem Weg geistiger Inspiration in uns wachgerufen worden;*
- *oder an Schlussfolgerungen, die wir aus etwaigen von uns aufs Geratewohl gemachten Annahmen gezogen haben mögen;*
- *oder an das, was uns als analoge Notwendigkeit erscheint;*
- *oder an die bloße Autorität unserer Lehrer oder Meister.*

Wir sollen aber glauben, wenn die Doktrin, das Gesagte oder Geschriebene *in unserer eigenen Vernunft und im eigenen Bewusstsein Bestätigung erfährt.* «Denn solches», sagte ich abschließend, «habe ich euch glauben gelehrt, nicht nur weil ihr es gehört habt, sondern damit ihr das, was in eurem Bewusstsein Glauben fand, auch dementsprechend und in vollstem Maß in die Tat umsetzt.»

Devanando: Welchen Wert legst *du* in diesem Zusammenhang auf Werke?

Buddha: *Glaube ohne Werke ist leer und tot.* Wenn der Glaube echt ist, wenn er im Grunde kein Glaube sondern inneres, direktes, intuitives Wissen ist, dann folgen die entsprechenden Werke automatisch - etwa so, dass ihr automatisch auf den Füßen lauft und nicht auf den Händen. Ihr müsst euch nicht bemühen, auf den Füßen zu laufen und niemand musste euch unter Androhung von Strafe dazu zwingen. Ihr wisst von Innen heraus, dass das gut und richtig ist und tut es automatisch.

Angelernter, antrainierter, blinder Glaube führt nicht zu entsprechendem Handeln. Ihr müsst euch dann bemühen oder besser gesagt, ihr bemüht euch gegen euer besseres Wissen - nur weil ihr glauben müsst und nicht zweifeln dürft, wenn ihr in den Himmel kommen wollt.

Dies ist der Fall bei fast allen Menschen und daran kannst du erkennen, dass fast alle Menschen auf der Ebene eines blinden Glaubens operieren und nur wenig inneres, intuitives Wissen besitzen.

Devanando: Es gibt also verschiedene Arten von Glauben.

Buddha: Zunächst einmal ist Glauben das Gegenteil von Wissen. In diesem Sinne ist Glauben eine Art von Denken und ein Fürwahrhalten fremder Überzeugungen, die ihr annehmt, weil die Quelle der übermittelten Inhalte Autorität besitzt oder aus Erfahrung glaubwürdig erscheint. Ihr könnt ja nicht alles im Leben selbst überprüfen und die religiösen Glaubensinhalte sind häufig überhaupt nicht nachprüfbar. *Ihr glaubt hier also jemandem etwas* (engl. belief). Glauben ist hier Ersatz für Wissen - aber nur ein Abklatsch davon. Aber wie das im Leben heute so ist: Die Leute sehen sich lieber einen Liebesfilm an als sich selbst zu verlieben. *Das Unechte hat allenthalben Hochkonjunktur.*

Ihr könnt jedoch auch etwas glauben, was ihr euch selbst vorgestellt habt. Bei diesem Vorgang *denkt ihr sozusagen Vorstellung*. Ihr malt euch etwas aus, z. B. so wie ihr es gerne hättet oder so wie es die Angst euch eingibt. Auf diese Weise, kreiert ihr eure eigene Sicht der Welt und da nach einem alten Gesetz *dem Gedanken die entsprechende Energie folgt*, wird das, was ihr ersehnt oder gefürchtet habt, auch eintreffen. Manchmal spricht man hier von einer sich selbst vollfüllenden Prophezeiung oder Erwartung. Ein Optimist geht deshalb mit angenehmeren Erfahrungen durchs Leben als ein Pessimist.

Diese Art falschen Denkens bzw. Glaubens erscheint mir trotzdem als besonders gefährlich. Ihr glaubt, die Glaubensinhalte wären authentisch von euch. Ihr denkt in diesem Fall aber nur das, was in eurer Gesellschaft sozusagen in der Luft liegt. Ihr habt euch aus angelernten Versatzstücken etwas zusammengebastelt, was euch gefällt, was aber natürlich nicht der Wahrheit entspricht.

DIE MEISTEN MENSCHEN GLAUBEN AM LIEBSTEN AN DAS, WAS IHNEN KÖRPERLICH ODER EMOTIONAL BEHAGT. PROVOKANT KÖNNTE MAN SAGEN, IHR GOTT IST DAS PRODUKT IHRER EMOTIONEN UND IHREM WUNSCH NACH WOHLBEFINDEN.

Ihr könnt unschwer erkennen, wie ihr euch auf diese Weise selbst belügt. Zu diesen Lügen gehören auch die vielen unangenehmen Dinge, *die ihr als Vorstellung erdacht habt und dann auf andere projiziert.*

Schließlich und endlich gehört in diese Kategorie auch die Unsitte, sich seinen Gott mit all seinen hypothetischen Eigenschaften selbst zu erdenken. Ihr projiziert dabei eure menschlich/irdischen Vorstellungen auf ein hypothetisches Wesen, von dessen Wirklichkeit, seinen Dimensionen und Eigenschaften *ihr nicht die geringste Ahnung habt.* Ihr landet so in der dicksten Illusion, Gott aber lebt außerhalb davon und sieht schmunzelnd zu. Er wartet darauf, intuitiv mit dem Herzen erspürt zu werden. *In dieser Falle windet sich seit Jahrhunderttausenden die Theologie.*

Sie treibt immer neue Blüten und sammelt wie der Rattenfänger von Hameln immer neue Schäfchen, die blind alles glauben, was sich die Herren Akademiker am grünen Tisch erdacht haben. Heute sind die New-Age-Gurus an ihre Stelle getreten und verbreiten ihre Versionen von Kuschelesoterik für die Leichtgläubigen. Über Auftragsforschung und bezahlte Gutachten geschieht das gleiche in den korrupten Teilen der Wissenschaft.

Vor diesen Arten von Glauben solltet ihr euch hüten. *Auf diese beziehe ich mich, wenn ich vor dem Glauben warne.* Diese Art des *falschen Denkens* ist extrem weit verbreitet - im Grunde besteht der größte Teil des menschlichen Denkens aus Vorstellung denken. *Deswegen leben wir in einer selbstgemachten Illusion von unsinnigen Glaubenssätzen.*

Diese Glaubenssätze haltet ihr das ganze Leben oder während größerer Abschnitte davon aufrecht, weil sie euch innerlich etwas bedeuten. Sie können von außen stammen, ihr könnt sie euch auch "selbst" zusammengereimt haben. Weil sie euer Leben langfristig bestimmen, sind sie das Gegenteil von vorübergehenden Meinungen, die ihr rasch wieder ablegen könnt.

Da ihr diese Glaubenssätze unter dem Gesichtspunkt der Sicherheit ausgewählt habt, und weil Sicherheit für die meisten Menschen und die Gesellschaft Priorität hat, handelt ihr - wenn immer möglich - entsprechend und sie erweisen sich deshalb immer wieder (irrtümlicherweise) als richtig. Auch hier liegt ein klassischer Fall von Selbstmanipulation vor.

DIE FALSCHEN, EINSCHRÄNKENDEN GLAUBENSSÄTZE BLEIBEN BESTEHEN, WEIL IHR ALTERNATIVEN NIE AUSPROBIERT HABT. GEGEN EINE SOLCHE STAGNATION IM IRRTUM GEHE ICH VOR. ES IST DIE AUFGABE EINES SPIRITUELLEN MEISTERS, DIESE ANERZOGENEN, VERANKERTEN GLAUBENSSÄTZE ZU ZERSTÖREN. SIE HABEN MIT DER WIRKLICHKEIT NICHT DAS GERINGSTE ZU TUN. GLAUBENSSÄTZE KERKERN EIN, ZERSTÖREN DEN LERNEFFEKT.

Man kann aber auch an einen Menschen, den Staat oder eine höhere Wesenheit glauben. Das ist die nächste Kategorie. Ihr könnt von einem Menschen, einem spirituellen Meister oder von Gott so sehr überzeugt sein, dass ihr ihm alles glaubt, was er sagt, tut oder veranlasst - selbst wenn ihm dies jemand angedichtet hat - ihr prüft womöglich nicht einmal nach, ob es von ihm stammt. Ihr habt dann ein Vertrauen, dass z. B. alles wahr, schön und gut ist, was von ihm kommt oder dass er Gerechtigkeit walten lässt oder auch - bei als negativ erachteten Wesen wie z. B. dem Teufel - dass von ihnen nur Schlechtes ausgeht.

In diesem Fall *glaubt ihr an diese Person* (engl. faith). Anders formuliert, ihr denkt, dass es so ist, ihr hofft, dass dieses Wesen existiert und so ist, wie ihr glaubt. In Wirklichkeit habt ihr in diesem Fall einen unbewussten Filter in euch eingebaut, der alles ausblendet, was euch in euren Annahmen und eurem Fürwahrhalten stören könnte.

Der Glaube des Atheisten, dass es keinen Gott gibt liegt auf der gleichen Linie. Atheismus ist um keinen Deut anders als Theismus. Wenn sich ein Atheist bekehren lässt, dann wird er deshalb nicht notwendigerweise ein besserer Mensch. Häufig hat er lediglich die Glaubensinhalte gewechselt, gar nicht so verschieden von anderen, die ihren Beruf oder ihre Wohnung wechseln.

WENN IHR WIRKLICH WACHSEN WOLLT, MÜSST IHR AUFHÖREN, ZU GLAUBEN. DER AKT DES FÜRWAHRHALTENS OHNE INNERE GEWISSHEIT IST DAS HINDERNIS.

Viele Menschen haben eine Höllenangst vor dem Staat und davor, was die Leute sagen. Sie glauben, dass es ihnen schlecht geht, wenn sie sich nicht danach richten und vegetieren auf diese Weise ein Leben lang wie in einem Gefängnis, das sie gerade durch Wohlverhalten vermeiden wollten. Das eigene Gefängnis ist auf Dauer aber schlimmer als jede "Justizvollzugsanstalt".

DIE HÖCHSTE SPIRITUELLE QUALITÄT EINES MENSCHEN IST DAS URVERTRAUEN. IHR VERTRAUT DABEI FELSENFEST DARAUF, DASS ALLES, WAS GESCHIEHT, ZUMINDEST LANGFRISTIG ZU EUREM GUTEN IST. IHR MISCHT EUCH MIT DEM DENKEN NICHT MEHR EIN.

Ihr habt den feien Willen der Persönlichkeit für die Hingabe an euren göttlichen Wesenskern, die Seele, geopfert. Dies ist in der Regel nur möglich, *wenn der Glaube zu einer inneren Gewissheit geworden ist,* die sich auf Intuition gründet. Hier haben wir genau genommen, den Bereich des Glaubens bereits verlassen; *es ist zutiefst wissendes Urvertrauen* (engl. trust).

Es ist die innere Erkenntnis, das erschütternde Wissen, dass ihr nicht von den anderen Menschen, von Gott oder dem Universum getrennt seid. Gegen diese Spielart des Glaubens habe ich überhaupt nichts einzuwenden - im Gegenteil. Sie muss aber echt sein. Prüfet euch! Diese Art des Wissens beginnt spätestens mit der ersten Einweihung, über die wir oben schon gesprochen haben: "Die Geburt des Christusbewusstseins im Herzen" durch mystische Erlebnisse.

Es wäre besser, dieses Vertrauen gar nicht mehr Glauben zu nennen. Ich plädiere immer dafür, einfach von Vertrauen oder Urvertrauen zu sprechen und damit den himmelweiten Unterschied zum schädlichen, blinden Glauben zu demonstrieren.

VERTRAUEN, IST DER AUSDRUCK DER PERSÖNLICHKEIT ANGESICHTS DER SELBST ERKANNTEN TATSACHE DER SEELE UND DER EXISTENZ EINES GÖTTLICHEN PLANS, IN DEM ALLE WESEN EINS SIND.

Devanando: Das mit dem Glauben ist also eine sehr heikle Angelegenheit, die in der Geschichte zu unzähligen Verwirrungen und Verirrungen geführt hat.

Buddha: Viele Menschen beherzigen meine obige Mahnung nicht, dass die Glaubensinhalte *in unserer eigenen Vernunft und im eigenen Bewusstsein Bestätigung erfahren müssen.*

Das schlimmste, was es gibt, ist das bekannte "blinde Glauben". Dieses Glauben nutzt überhaupt nichts - es schadet nur.

Etwas provokativ sage ich:

- *Wenn ihr eure Seele nicht selbst entdeckt und lebt, dann habt ihr keine.*
- *Wenn ihr euch an eure innewohnende eigene Weisheit nicht selbst erinnert, dann habt ihr keine.*
- *Wenn ihr euren Willen zum Wahren, Schönen und Guten nicht selbst entdeckt und lebt, dann habt ihr keinen.*

Diese "Dinge" kann man auch nicht einfach kultivieren. Ihr könnt euch "Weisheit" nicht anlernen, antrainieren, überstülpen. Auf dem spirituellen Pfad zu Liebe und Weisheit geht es einzig und allein um Authentizität; es geht um kompromisslose Ehrlichkeit gegenüber den eigenen individuellen Anlagen. Die müssen entdeckt und gelebt werden. Das ist die individuelle Wahrheit, die euch frei macht.

DIE "WAHRHEIT" DER KIRCHEN UND ANDEREN SEKTEN ERNIEDRIGT EUCH ZU SKLAVEN, WO IHR DOCH ALLE GOTTESSÖHNE UND GOTTESTÖCHTER SEID!

Die Kirchen und die anderen Sekten verpassen den Gläubigen eine falsche Identität, veranstalten Fasching und Maskeraden. Die höheren Würdenträger tun dies sogar äußerlich. Unter den Talaren wohnt aber der Muff von Tausenden von Jahren, wie ihr schon in den Sechzigern an den Universitäten feststellen durftet.

Devanando: Die Kirche vertritt die Besserung der Menschen durch von *außen* aufgezwungene Gebote, die nicht angezweifelt werden dürfen.

Buddha: Der wahre spirituelle Weg wirkt von *innen* heraus, indem er die innenwohnende Weisheit zum tragen bringt, die über jeden Zweifel erhaben ist. Deshalb halte ich auch den Zweifel an meinen Worten für gut. Die Kirche jedoch bezeichnet Zweifel an Gottes Wort als Sünde.

Erstens bin ich nicht Gott und zweitens macht es keinen Sinn, an Gott zu glauben.

GLAUBEN UND ZWEIFELN SIND DIE BEIDEN SEITEN EIN UND DER SELBEN MÜNZE. WENN IHR GLAUBT, WERDET IHR AUTOMATISCH AUCH ZWEIFELN. UND WENN DIE KIRCHE DAS ALS SÜNDE BEZEICHNET, DANN VERURTEILT SIE DEN GLÄUBIGEN FÜR ETWAS GANZ UND GAR NATÜRLICHES.

Sie hat durch den Zwang zum Glauben den Zweifel erst herausgefordert. So kreiert man planmäßig ein schlechtes Gewissen. Das sogenannte "apostolische Glaubensbekenntnis" stammt übrigens weder von Jesus noch von den Aposteln. Es entstand im 2. Jhdt. in Rom und wurde später noch viele male ergänzt und verändert.

Es hilft auch nichts, den Zweifel zu verdrängen - im Gegenteil, es schadet. So entstehen Neurosen, so wird Unbewusstes geschaffen.

WENN IHR AUFHÖRT ZU GLAUBEN WIRD DER ZWEIFEL ALS KONSEQUENZ EBENFALLS VERSCHWINDEN UND MIT IHM DIE ANGST. DANN WERDET IHR FREI SEIN UND NIEMAND - UND SEI ER NOCH SO MÄCHTIG - KANN EUCH MEHR MANIPULIEREN.

Die Wahrheit kommt wie ein Dieb in der Stille der Nacht und raubt euch eure Vorurteile und Glaubenssätze. Die Zeit des Glaubens ist vorbei. Glauben ist nicht wissen - das weiß jedes Kind. Jetzt geht es um unmittelbares Wissen.

WARUM WOLLT IHR GLAUBEN, WENN IHR WISSEN KÖNNT?

Devanando: Das ist einer der wichtigsten Kernsätze dieses Interviews. Ich bitte dich deshalb, das noch ein wenig auszuweiten, damit es noch klarer wird.

Buddha: Es wundert mich schon lange, warum die wissenschaftsgläubigen Menschen immer nur an die Ergebnisse der Wissenschaftler glauben statt sich die *wissenschaftliche Methode* anzueignen, die sie im Ringen um die täglichen Erfahrungen einsetzen könnten. Auch bei der Rückverbindung mit Gott kann man mit Versuch und Fehler zu handfestem, sehr nützlichem Wissen kommen.

Es geht auf diesem Planeten nicht ums Glauben und schon gar nicht ums Hoffen, dass eines Tages (am St. Nimmerleinstag?) vielleicht etwas geschieht, obwohl alles dagegen spricht. Wenn alles dagegen spricht, die Hoffnung nicht aufzugeben kann Dummheit sein. Das ist Hoffnung gegen jede Wahrscheinlichkeit, die euch von mutigem Handeln abhält.

ES GEHT AUF DIESEM LERNPLANETEN ERDE VIELMEHR UM LIEBE. TÄTIGE LIEBE. TÄGLICH LIEBE. LIEBE IN AKTION. ABSICHTSLOSE LIEBE. LIEBE, DIE SICH NICHTS ERHOFFT. LIEBE, DIE LIEBT, WEIL SIE DEN SEELENKANAL NUTZT. UND ES GEHT UM VON INTUITIVEM WISSEN GETRAGENES URVERTRAUEN.

Glauben und Hoffen sind out. *Glauben und Hoffen blockieren den Kanal.* So einfach ist das. Wenn ihr an etwas glaubt, verhindert ihr die Intuition, die monadische Botschaft. Sie kann dann nicht durch den Kanal. *Der Kanal ist durch Glaubenssätze verstopft!* Glauben und Hoffen sind deine Schlacken und andere Körpergifte wie Schwermetalle.

HOFFNUNG HAT SCHEUKLAPPEN. DU HOFFST, DASS ETWAS SO EINTRITT, WIE DU ES GERNE HÄTTEST. DAMIT LÄSST DU KEINEN SPIELRAUM! DU KENNST DEN PLAN NICHT. WENN DU HOFFST, KANN ER SICH FÜR DICH NICHT FREI ENTFALTEN.

Devanando: Ja aber wenn ich hoffe, dass für mich nur das beste geschieht ...

Buddha: Das klingt verführerisch. Ich sehe aber, dass sich

viele Menschen damit selbst betrügen. Sie sind nicht wirklich offen, für *alles* was da kommen mag. Sie wollen im Grunde genommen nur das, was sich gut anfühlt. *Zum Teufel aber mit dem angenehmen Gefühl.* Was meinen die Menschen denn wirklich damit: Sie wollen, dass es mollig, anheimelnd, gemütlich, bequem und schmerzlos zugeht. So kann man aber nicht weiterkommen. In dieser Atmosphäre entsteht Stagnation, *keine* Transformation.

Devanando: Wenn ich aber darauf vertraue, dass der Plan Gottes mir stets nur das Allerbeste bringt?

Buddha: Schon wieder so eine süßliche Formulierung. Was meinst du mit "*das Allerbeste*"? Darf`s ein bisschen weh tun? Darf`s ein bisschen mehr sein? Nein lieber nicht über meine Verhältnisse! Sag doch einfach ganz ehrlich:

ICH BIN OFFEN FÜR ALLES WAS KOMMT UND WENN ES DA IST, LERNE ICH DARAUS, EGAL WAS ES IST. WENN ES DER PLAN ES VORSIEHT, LERNE ICH AUCH UNTER LEID UND SCHMERZ.

Solange *du als Persönlichkeit* bestimmst oder scheinbar richtige, sehr gescheit klingende Formulierungen aus der Kuschelesoterik benutzt, hast du schon verloren. Du manipulierst dich selbst. Zucker ist ungesund - auf allen Ebenen. Das klingt hart, aber bei den alten Theologen und Philosophen wie dir muss man höllisch aufpassen. Die glauben immer noch, sie könnten diesen Planeten durch Nachdenken verbessern. Dabei geht es um *tätige Liebe*.

Die Menschen brauchen keine Theologen, sie brauchen liebevolle Seelsorger. Das hab ich vorgelebt. Auch Jesus ist kein Philosoph und Dogmatiker. Wir sind esoterische Psychologen und Praktiker. Wir sind lebendige Vorbilder. *Ihr sollt weder an uns glauben noch uns anbeten!* Was ich kann, weiß und vor allem *bin*, schlummert auch in Euch. Erweckt und lebt es selbst in euch!

22. Wahrheit

Dieses Kapitel gibt ein Gespräch zwischen dem spirituellen Meister Zarathustra und dem Autor wieder:

Devanando: Was ist Wahrheit?

Zarathustra: *Wahrheit ist das, was wirkt.*

Devanando: Kannst du diesen überraschenden Satz näher erläutern?

Zarathustra: Mit dem größten Vergnügen. Die Wahrheit soll definitionsgemäß die Wirklichkeit wiedergeben - und wirklich ist eine Sache nur so lange, als sie wirkt ...

> **DAS, WAS NICHT (MEHR) WIRKT, IST UNWAHR. WENN ICH JEMANDEM ETWAS SAGE, WONACH ER FRAGT UND ER WILL DIE WAHRHEIT HÖREN, DANN SAGE ICH DAS, WAS BEI IHM DIE RICHTIGE REAKTION AUSLÖST, DAS, WAS "SITZT", "TRIFFT"; NUR DAS WIRKT.**

Die richtige Reaktion ist diejenige, die den Menschen veranlasst, etwas zu tun, was ihn langfristig spirituell, bewusstseinsmäßig weiterbringt. Der Zweck heiligt in diesem Fall sozusagen die Mittel, aber natürlich nur, wenn derjenige, der zu den Mitteln greift, lautere Motive hat. Sobald auch nur ein Fünkchen Eigeninteresse darin enthalten ist, heiligt der Zweck die Mittel nicht mehr. *Ihr Menschen lasst also lieber die Finger davon.*

Devanando: Wahrheit hat also nichts mit Tatsachen zu tun?

Zarathustra: Nein, hier nicht, oder möchtest du darüber sprechen, ob eins und eins zwei sind?

MEINE WAHRHEIT HAT NICHTS MIT ANGELERNTEM "FAKTENWISSEN" ZU TUN, SONDERN MIT WEISHEIT.

Wenn z. B. ein gesunder Mensch zu mir kommt, der seit Jahrzehnten faulenzt und sein Potential vermeidet, ja zu vergeuden sucht und fragt, was er tun soll, dann könnte es sein, dass ich ihm sage, er hätte nur noch einen Monat zu leben. Ich muss ihn schockieren, damit er aufwacht. Diese Therapie kann dann dazu führen, dass er versucht, sein Leben doch noch in den Griff zu bekommen, und dann ist diese nicht der normalen Lebenserwartung entsprechende Aussage für ihn die Wahrheit.

Ein Mensch kann völlig objektive Beobachtungen weder anstellen noch die Wahrheit herausfinden. Das ist für ihn - bei seinem Bewusstseinsstand - unmöglich. Das gilt auch für die Physiker, denen diese Tatsache jetzt allmählich schmerzlich zu dämmern beginnt.

WAHRHEIT IST IMMER RELATIV UND/ODER PERSONENBEZOGEN.

Jeder Mensch erkennt nur das, was für ihn im Augenblick passt und er sieht die Dinge immer nur so, wie er sie gerade sehen kann oder (häufig unbewusst) sehen will. *Deshalb gibt es unendlich viele Aspekte der Wahrheit.*

Deshalb ist die Wahrheit der Wissenschaft von heute der Irrtum der Wissenschaft von morgen. Diesen Satz sollten die Menschen verinnerlichen. Dann würde die Wissenschaft nicht mehr als Religionsersatz herhalten. Es macht keinen Sinn wissenschaftliche Ergebnisse für die Wahrheit zu halten, weil man dann sein Handeln ständig revidieren muss.

Devanando: Als ich noch Student war hat mein Freund und Dozent Alfred Wirthmann eines Tages den für mich alles entscheidenden Satz gesprochen: "*Alles ist relativ*". Dieser Satz hat mein gesamtes Leben geprägt.

Zarathustra: Das war eine glückliche Fügung. Man trifft immer die richtigen Menschen zur richtigen Zeit. - So wie ihr Menschen die Schöpfung erlebt, ist wirklich alles relativ.

Devanando: Ich hab` als Bub einen evangelischen Pfarrer gelöchert und gesagt, wenn die Lehre der katholischen Kirche wahr ist, und es nur eine Wahrheit gibt, wovon man im normalen Sprachgebrauch ausgeht, dann können die Lehrinhalte der evangelischen Kirche, die sich von denen der katholischen Kirche unterscheiden, nicht wahr sein. Er hat darauf keine Antwort gewusst.

Zarathustra: Es gibt niemals nur "*die Wahrheit*". Selbst vor Gericht hat (auf einer ganz subjektiven Ebene, eventuell sogar gespickt mit erfundenen Schutzbehauptungen,) jeder seine eigene Sicht der Wahrheit. Jeder empfindet ein und den selben Vorgang anders. Er braucht deswegen noch nicht einmal zu lügen.

NIEMAND HAT DIE GESAMTE WAHRHEIT. AUCH DIE WESENHEIT, DIE IHR CHRISTEN GOTT NENNT NICHT. ERST EINMAL MÜSSTEST DU SAGEN, WER ODER WAS GOTT ÜBERHAUPT IST.

(Darüber erfahren die Leser in Kapitel 27).

Auch wir spirituellen Meister haben niemals die Wahrheit *verkündet*. Jesus hat z. B. immer betont: ich *bin* die Wahrheit und das Leben. Will sagen: ich lebe Euch meine Wahrheit vor.

Meine eingangs gegebene Definition von Wahrheit hilft euch jedoch wenig bei der Bewältigung des Alltags - ihr seid ja noch nicht frei von Eigeninteressen. Ihr solltet euch stets bemühen, ehrlich zu sein, d. h. wenn ihr etwas gefragt werdet, sollt ihr so antworten, wie es - aus eurer Sicht - den Fakten entspricht. Viele Menschen manipulieren ihre Aussagen, um sich selbst zu schonen. Das geht zuzeiten so weit, dass sie dabei auch noch vorgeben, damit den anderen zu nutzen.

Damit erheben sie sich in eine überlegene Position und erniedrigen den anderen. Es wäre besser, sie gingen davon aus, dass sie nicht weiter entwickelt, reifer sind, als die anderen.

In engen, emotionalen oder familiären Partnerschaften ist es wenig angebracht, den überlegenen Therapeuten zu spielen. So etwas zerstört die Partnerschaft.

Auch wenn Ärzte ihren Patienten ihren wahren Zustand verschweigen, ist es wenig nützlich. Ich müsste sehr lange suchen, um einen wirklich triftigen Grund dafür zu finden. Aber ihr könnt natürlich auch eine Menge lernen, wenn ihr euch im Lügen übt. Diese Lektionen empfindet ihr nur ungleich härter.

Es ist zuzeiten das schwerste im Leben, ehrlich zu sein. *Das beginnt mit der Ehrlichkeit euch selbst gegenüber.* Je mehr ihr euch auch eure Schwächen und das eingestehen könnt, was andere als negativ ansehen, je leichter fällt es euch auch, nach außen das zu zeigen, was wirklich in euch vorgeht.

Devanando: Die katholische Kirche hat jedoch immer behauptet, sie sei im Besitz der Wahrheit und der Papst sei der Stellvertreter Gottes auf Erden.

Zarathustra: Die armen Theologen sind mit ihrem religiösen Machogehabe - wie auch zu meinen Lebzeiten im alten Iran - einer dicken Illusion aufgesessen. Sie konnten das behaupten, weil sie mit wenigen Ausnahmen, deren Einfluss leider nicht maßgebend war, *nicht* die Wahrheit lebten. Sie waren ganz einfach nicht die Wahrheit, sie waren *nicht* erleuchtet. Sonst hätten sie eine so anmaßende und unsinnige Behauptung niemals aufgestellt. Sie waren "religiöse" Politiker, übten Macht aus und versuchten zusammen mit der weltlichen Macht für Ruhe und Ordnung im Lande zu sorgen.

Das hätten sie den weltlichen Herrschern allein überlassen sollen. Religion und weltliche Macht sollten in *keiner* Weise mit einander verquickt sein.

Man braucht nur die Kirchengeschichte der ersten 500 Jahre betrachten. Dabei zeigt sich vieles, was zu wissen den Menschen gut täte. Ich möchte die wichtigsten Punkte kurz aufzählen, weil sich die Absurdität der Behauptung der Kirche, die Wahrheit zu besitzen, auf diese Weise am leichtesten und schlüssigsten zeigen lässt.

Die Kirchenvertreter haben sich erstens nachweislich so sehr von Jesu Lehre entfernt, dass sie über weite Strecken schon gar nicht mehr erkennbar ist. Die wichtigsten Punkte werden in diesem Buch genannt. Im Zuge dieser Bemühungen haben sie aus den vorliegenden schriftlichen Dokumenten die herausgesucht, die am besten zu ihren Intentionen passten und die verbliebenen "korrigiert", d. h. mehr oder weniger krass entstellt. Die ganz ausgesiebten Dokumente nannten sie apokryph (verborgen) - wenn sie sie nicht ganz verschwinden ließen - und die anderen kanonisch (zur offiziellen Kirchenlehre gehörig).

Was ich hier sage ergibt sich völlig zweifelsfrei aus den Forschungen der Kirchenhistoriker und aus den in der zweiten Hälfte des letzten Jahrhunderts aufgefundenen Schriftrollen aus der Zeit, in der Jesus lebte. *Der Vatikan und andere Kirchenvertreter bestreiten die Manipulationen der vorliegenden Teile des Neuen Testaments und sind äußerst bemüht, dass von den entdeckten alten Schriftrollen so wenig wie möglich bekannt wird.*

Diese Fakten zeigen eindeutig, dass die Kirche selbst bestimmt, was die Wahrheit ist. Die Kirche ist des Vertrauens nicht würdig, das ihr viele Gläubige noch immer schenken. Warum wendet ihr euch nicht an lebende spirituelle Meister, welche die Wahrheit aus eigener Schau vermitteln? Es gibt zu allen Zeiten immer genügend von ihnen. *Theologen können immer nur Theorien verkünden, denen Wunschdenken oder Vorstellungsdenken zugrunde liegt. Und was davon zu halten ist, brauche ich hier nicht noch einmal zu wiederholen.*

Zweitens mischte sich, spätestens seit die sogenannte christliche Religion durch Kaiser Konstantin im Mailänder Edikt (313) den heidnischen Kulten gleichgestellt war, der jeweilige Kaiser massiv in Glaubensinhalte ein. Dabei hatte er in der Regel *rein politische Beweggründe,* sich für das eine oder andere zu entscheiden. Es ging ihm niemals um die Wahrheit; *es ging ihm darum, die zerstrittenen Parteien durch faule Kompromisse und durch Verbannung einzelner Kirchenlehrer zu befrieden.* Das konnte jedoch nur selten gelingen und deshalb setzte sich der Streit um Reinkarnation, Karma, Vegetarismus, Dreifaltigkeit und Christologie und vieles andere zum großen Schaden der Menschen unendlich lange fort und fand schließlich seinen blutrünstigen Höhepunkt in den Kreuzzügen und der Inquisition. *Was für ein dilettantischer Umgang mit der Weisheit der Meister!*

Devanando: Es ging und geht der Kirche darum, wer Recht und Macht hat - ein harter Lernprozess, der sich so lange fortsetzen wird, wie es Gläubige geben wird, die sich das gefallen lassen.

Zarathustra: Damit sind wir beim dritten Punkt, der ebenfalls belegt, dass es der Kirche nie um die Wahrheit gegangen ist oder geht. Jesu Hauptgebot, das Liebesgebot, war niemals ihr Anliegen.

ES WÄRE DIE AUFGABE DER KIRCHE GEWESEN, EIN BOLLWERK DER LIEBE ZU SEIN UND ALLEM MIT LIEBE ZU BEGEGNEN.

Die Liebe steht über allem. Wenn man seinen Glaubensbruder verdammt und verbannt, dann handelt man eindeutig nicht wahrheitsgemäß, wenn man eine Botschaft wie diejenige von Jesus vertritt, deren Hauptinhalt die Liebe ist. Liebe schließt nicht aus, mordet nicht und foltert nicht. *Liebe ist von Natur aus altruistisch und einschließlich.* Deshalb ist sie die stärkste Macht in diesem Sonnensystem.

DIE KIRCHE HAT DAS NIE BEGRIFFEN, NIE DARAUF VERTRAUT. SIE HAT AUF WELTLICHE MACHT GESETZT UND NUR GELEHRT, WAS SIE ÜBER DIE LIEBE KOPFIG AUSWENDIG GELERNT HATTE.

Devanando: Die Kirche wäre erst gar nicht entstanden, wenn sie nicht Macht ausgeübt hätte ...

Zarathustra: Jesus hätte mit Sicherheit gerne darauf verzichtet - es war nicht sein Anliegen. Spirituelles Wachstum kann man außerhalb von großen, machthungrigen Institutionen *viel effektiver verbreiten.*

SPIRITUELLE LEHRER MÜSSEN UNABHÄNGIG SEIN UND SOLLEN NUR DER INNEREN STIMME IHRES EIGENEN HERZENS FOLGEN.

Jeder Lehrer findet seine Schüler und auf diese Weise wird die individuelle Weisheit des Einzelnen gefördert. Es gibt Aspekte der Wahrheit, in denen alle Erleuchteten übereinstimmen. *Diese Aspekte kann man aber nicht mit Waffengewalt verlangen oder durch Angst und Schuldgefühle erzwingen.* Diese Wahrheiten müssen die Menschen selbst erspüren. Es ist widersinnig, darüber Kriege zu führen oder Menschen zu morden und zu foltern. Das hat aber offensichtlich zum Lernprogramm des Fischezeitalters gehört.

WENN MAN DIE MENSCHEN SICH FREI ENTFALTEN LÄSST, KOMMEN SIE IM LAUFE DER ZEIT VON GANZ ALLEIN ZUR SELBEN WAHRHEIT.

22. Jesus, Christus, Erlöser, Retter, Vorbild

Dieses Kapitel gibt ein Gespräch zwischen Meister Jesus und dem Autor wieder:

Jesus: Bevor wir beginnen, möchte ich etwas Grundsätzliches sagen. Ich spreche damit vor allem die Christen, besonders die christlichen Theologen an. Ihr werdet in diesem Interview im Rahmen meiner Stellungnahmen wenig schmeichelhafte, ja sogar ablehnende Worte finden, was die Leistungen der christlichen Kirchen, besonders der römisch katholischen anbelangt. Dies geschieht nicht, um die dafür verantwortlichen Menschen zu verurteilen. Sie haben ihr Menschenmögliches getan und dabei viel gelernt.

Es drängt mich zu diesen Aussagen, weil sich die Verantwortlichen "Geistlichen" auf mich berufen haben. Am Ende des Fischezeitalters muss ich einfach einiges klarstellen. Ich greife dabei ganz bewusst nicht in die Diskussion darüber ein, wie es "damals" war. Diese Debatten mögen die Kirchenhistoriker führen, wenn sie unbedingt wollen.

Ich sage hier, wie ich die Glaubensinhalte aus heutiger Sicht sehe und ich formuliere sie für den heutigen Menschen. Darüber kann man nicht diskutieren, man kann sie nur verstehen und als erinnertes eigenes Wissen annehmen oder man kann es auch bleiben lassen. Niemand wird zu irgend etwas gezwungen und *ihr solltet nur dann etwas annehmen, wenn ihr tief in eurem Herzen spürt, dass das Betreffende für euch richtig ist.*

Devanando: Bitte sprich zunächst über dich selbst.

Jesus: Ich bin zuerst einmal ganz normaler Mensch gewesen, mit allem Drum und Dran und ohne Wenn und Aber. Ich war bei der Menschheitsentwicklung auf diesem Lernplaneten

Erde von Anfang an dabei und habe *alles* Menschliche durchgemacht, durchlitten und durchfeiert - *genau wie alle anderen.* Der einzige Unterschied, liegt darin, dass ich ein bisschen schneller in meiner persönlichen Entwicklung war als ihr; vielleicht könnte man auch sagen "effektiver": ich bin seit über 2000 Jahren das, was ihr in Anlehnung an die östliche Philosophie als *erleuchtet* bezeichnet.

Damit habe ich zu tiefst erfahren, dass ich von allem Anfang an schon Gottes Sohn war - *was ihr auch alle seid,* und nur vergessen habt; ihr habt dieses innere, alles entscheidende Wissen zur Zeit nur nicht parat. Ihr begrüßt Euch in Bayern und Österreich zwar mit den schönen Worten "Grüß Gott". Das heißt so viel wie: "Ich grüße den Gott in dir" oder "Ich grüße dich als ein göttliches Wesen". Danach versucht ihr aber wieder, den anderen übers Ohr zu hauen.

Devanando: Du bist auch der Messias?

Jesus: *Ich bin nicht der Messias, den die Juden erwarteten;* ich hätte niemals ihr König werden können, der sie aus dem Joch der Römer befreite. Für die Essener Gemeinde, in der ich aufwuchs, war ich jedoch der erwartete Messias.

Ich unterscheide mich jedoch überhaupt nicht von anderen erleuchteten Meistern und Religionsstiftern wie Zarathustra und Buddha. Beides waren Menschen und sind seit längerem Erleuchtete, Gottrealisierte - so wie ich.

Wir sind aber nicht Gott im eigentlichen Sinne - etwa so wie Gottvater. Keiner von uns hat je den Anspruch auf Vergottung erhoben - und doch wurden wir in allen drei Fällen durch übereifrige Anhänger dazu gemacht. Zu meiner Zeit kam das häufig vor, wie ja auch die römischen Kaiser auf diese Weise zu Göttern aufstiegen. Sie waren das natürlich in keinem Fall.

Der heilige Paulus hat mich über all die vielen großen und kleinen Götter jener Zeit (in Gemeinschaft mit meinem Vater) als den einzigen wirklichen Gott überhöht, um die Griechen und Römer von ihren vielen Göttern wegzulocken. Wenn ich nur einer unter vielen bin, so schloss er messerscharf, dann gibt es für diese Menschen keinen Grund, christlich zu werden. Also musste er ihnen etwas besonderes bieten. Um das auszudrücken hat er mich Christus genannt, nicht Jesus.

Devanando: Wie nannten dich deine Jünger?

Jesus: Meine ersten Schüler in Jerusalem nannten mich "Mari" (mein Herr) bzw. "Maran" (unser Herr). Das war ein jüdischer Ehrentitel, eine dogmatisch belanglose Höflichkeitsbenennung für den Lehrer und Meister. *Und das war genau richtig.* Alles andere sind spätere Strategien von Anhängern, die sich z. Tl. selbst dadurch erhöhen wollten, dass sie ihren Meister erhöhten.

Ich habe gegen die vielen nachträglichen Veränderungen meiner Lehre kein Zeichen gesetzt, weil ich im Verborgenen gewirkt habe, ohne den freien Willen der Menschen zu verletzen; so konnte und durfte ich vieles nicht verhindern.

WIR SPIRITUELLEN MEISTER SIND NICHT ALLMÄCHTIG! BLINDE HINGABE MIT UNBEWUSSTEN PROJEKTIONEN IST NICHT NUR LÄSTIG FÜR DEN MEISTER SONDERN VERDREHT AUCH DIE BOTSCHAFT.

Ich kenne keinen Meister, dessen Botschaft nach seinem Tode nicht verfälscht worden wäre. So sind die Menschen nun einmal. *Sie schaffen sich durch Projektionen ihre eigene Welt und glauben dann auch noch daran.*

Devanando: Was verstehst Du unter Erleuchtung? Was wird da lichtvoller und welche Konsequenzen hat das für das tägliche Leben?

Jesus: Ein Erleuchteter unterscheidet sich von einem normalen Menschen dadurch, dass er gewisse Dinge nicht nur im

Kopf weiß, sondern dass sie bei ihm in Fleisch und Blut übergegangen sind. Er lebt diese Wahrheiten, ohne sich bemühen zu müssen. "*Der Geist ist willig, aber das Fleisch ist schwach*". Dieser Satz trifft auf ihn nicht mehr zu. Geist und Fleisch ziehen dank der inneren Gewissheit an ein und dem selben Strang. Man könnte auch sagen: "*Das Herz (die Seele) sagt ja und die Persönlichkeit stimmt ein*".

Devanando: Ein Erleuchteter braucht sich nicht mehr bemühen?

Jesus: Ein Erleuchteter braucht sich auf eurer Ebene nicht mehr bemühen. Es gibt jedoch neue Aufgaben auf anderen Ebenen.

ERLEUCHTUNG BEDEUTET EINEN ZUSTAND, BEI DEM DIE UNSTERBLICHE SEELE DES MENSCHEN - DIE VERBINDUNG ZUM GEIST GOTTES - DIE VOLLSTÄNDIGE HERRSCHAFT ÜBER HANDELN, FÜHLEN UND DENKEN GEWONNEN HAT. EIN SOLCHER MENSCH LEBT DAMIT IM LICHT SEINES GÖTTLICHEN FUNKENS, DEN SEINE SEELE ÜBERTRÄGT.

Er wird durch die Instinkte seines physischen Körpers, seine Wünsche und Begierden und das Chaos seines widersprüchlichen Vorstellungs-Denkens nicht mehr beherrscht. Er ist frei, zumindest ganz wesentlich freier als zuvor.

Devanando: Die menschliche Seele stellt eine Art Transformator zu höheren göttlichen Bereichen dar.

Jesus: Du stellst das in diesem Buch richtig dar. Ich hab` das vor 2000 Jahren in Palästina nur nicht so formuliert. Ich musste mich ja an die Sprache der damals noch recht ungebildeten Menschen anpassen. Die Seele verbindet in der Tat den Menschen als Persönlichkeit in all seinen Rollen wie z. B. Mutter, Geliebte, Geschäftsfrau, Autofahrerin, Kleingärtnerin usw. mit seinem individuellen Anteil am göttlichen Ganzen, den man

Monade (göttliche Essenz) nennt. Mit dieser *Monade - mit dem Gott in uns* - könnt ihr noch nicht direkt in Kontakt treten wie ich. Alles in dieser Schöpfung beruht auf einem hierarchischen System von Energien. Ein solches System ist stufenförmig aufgebaut. Von unten nach oben nimmt die Schwingungszahl zu und alle höher schwingenden Energiefelder durchdringen alle niedriger schwingenden.

Devanando: Sie müssen das vergleichen mit Funkwellen, die dicke Mauern durchdringen, damit sie im Raum Radio hören können; und wenn sie ein Gerät haben, mit dem sie UKW-Sender empfangen können, dann taugt der Apparat nicht für den Empfang von Handysignalen. Die müssten erst heruntertransformiert werden. Sie können ihre Elektrogeräte ja auch nicht einfach an die Hochspannungsleitung anschließen. Die würden sofort durchbrennen. Der Strom muss erst heruntertransformiert werden.

Jesus: Und so ist das auch mit feinstofflichen Energien.

FEINSTOFFLICHE ENERGIEN, DIE VON MEISTERN WIE CHRISTUS ODER BUDDHA UND ANDEREN AUSGEHEN, SCHWINGEN SO HOCH UND KRÄFTIG (JENSEITS DER LICHTGESCHWINDIGKEIT), DASS EUER MENSCHLICHES ENERGIESYSTEM SIE BEI DIREKTEM KONTAKT ÜBERHAUPT NICHT VERKRAFTEN KÖNNTE.

Diese besonders hoch entwickelten Meister nehmen deshalb auch niemals direkt mit euch Kontakt auf. Auch ich spreche jetzt nicht unmittelbar zu deiner Persönlichkeit, sondern auf dem Umweg über meine höher entwickelten Schüler und deine Monade und deine Seele. Dein Alltagsdenken, das jetzt die Finger über die Tastatur deines Computers tanzen lässt, wäre für meine hohen Schwingungen gar nicht direkt empfangsbereit. Die Sicherungen würden durchbrennen.

Devanando: Und die vielen Medien und Channels, deren Bücher jetzt zuhauf in den Buchhandlungen auftauchen?

Jesus: Diese häufig sehr sensitiven Menschen wissen leider nicht immer, wen sie übermitteln. Es gibt im Jenseits viele Wesen, die sich aus verschiedenen Gründen bemerkbar machen wollen. Die meisten davon sind bewusstseinsmäßig nicht weiter oder weniger entwickelt als ihr Lebenden. Man braucht eine gute Unterscheidungsgabe, um hier die Spreu vom Weizen zu trennen.

Viele Menschen hören auch Stimmen, weil ihr Gemüt gestört ist. Andere übermitteln Belanglosigkeiten von verstorbenen Wesenheiten aus dem Jenseits, die auf keiner bemerkenswerten Entwicklungsstufe stehen.

SIE ÜBERMITTELN NICHT SELTEN WÜNSCHE UND BEFÜRCHTUNGEN DER MENSCHHEIT, DIE SICH IM ENERGIEKÖRPER DIESES PLANTEN ANGESAMMELT HABEN. DESHALB LIEFERN VIELE CHANNELS ANNÄHERND DAS GLEICHE.

Devanando: Man hätte besser spirituell hoch entwickelte Lebende zu Wort kommen lassen.

Jesus: Das ist für viele Menschen aber nicht geheimnisvoll genug. In einer Zeit der Desillusionierung durch die Naturwissenschaften hat man Mysteriöses und Geheimnisvolles als Gegengewicht gerne. Viele dieser Bücher haben jedoch in erster Linie Unterhaltungswert und verschwinden nach kurzer Zeit sang und klanglos von der Bildfläche. *Manche der übermittelten Botschaften verstoßen gegen der Schöpfung innewohnende kosmische Gesetze* - deshalb erscheinen sie dem unbedarften Leser sensationell. Ein wirklich gebildeter Esoteriker hätte von Anfang an erkannt, dass es sich dabei um eine Quelle handelt, die - aus welchen Gründen auch immer - nur Illusionen verbreitet, die des Menschen Herz und Verstand vernebeln.

Devanando: Diese Bücher enthalten auch eine ganze Reihe von Prophezeiungen - positive und negative.

Jesus: Kaum eine von ihnen hat sich bewahrheitet. Viele dieser Prophezeiungen waren von Anfang an falsch - besonders die übertrieben euphorischen. Andere - z. B. Katastrophenweissagungen über Polsprünge und ähnliches - sind Gott sei dank nicht eingetreten, weil sich die Menschheit in den letzten fünfzig Jahren schneller als erwartet weiterentwickelt hat und deshalb solche Aufwecker nicht mehr nötig sind. Es passiert ja ohnehin schon genug. Des Menschen Phantasie neigt stets zu Übertreibungen.

Devanando: Die Heiligen, der Papst und die Pfarrer sind für das einfache Volk auch solche Kanäle?

Jesus: Die meisten "Heiligen" sind nicht wirklich heilig, also erleuchtet; die meisten Päpste hatten mit mir nicht mehr Kontakt als andere Menschen - sie hatten in den meisten Fällen gar kein Interesse daran; die Pfarrer bemühen sich oft gar nicht darum, selbst göttlicher Kanal zu werden. Sie suchen die Wahrheit nicht, sie wollen sie nicht direkt aus erster Hand.

PAPST, BISCHÖFE UND PFARRER WISSEN BEREITS BESCHEID - ALLES STEHT IM KATECHISMUS.

Sie wiederholen meist nur Informationen, die sie von anderen auswendiggelernt haben. Sie wissen es nicht besser. Sie sind leider nur insofern Transformatoren, als sie Bibel und Katechismus nach den vorgegebenen Regeln der Kirche auslegen.

SOLCHE QUELLEN SOLLTE MAN AB EINEM BESTIMMTEN ENTWICKLUNGSSTAND NICHT MEHR VERWENDEN. DIESEN HABEN INZWISCHEN VIELE MENSCHEN ERREICHT. DIE DOGMEN DER KIRCHE WÜRDEN SIE BEI IHREM WEITEREN WEG ZU GOTT EINDEUTIG BEHINDERN.

Devanando: Das erklärt in vielen Fällen, warum sie jetzt aus der Kirche austreten.

Jesus: Die Menschen lernen, ihren eigenen Weg zu gehen. *Sie werden so reif, dass sie die Verantwortung für sich selbst wahrnehmen*, so wie ich es mir immer vorgestellt habe.

Devanando: Wenn sie blieben, würden sie aber zumindest einen karikativen, pardon karitativen Verein unterstützen.

Jesus: Karikativ - das passt auch gut, nicht war? Die Kirche ist ja wirklich eine Karikatur dessen, was ich mir ursprünglich vorgestellt habe. Im Grunde wollte ich gar keine Kirche.

Devanando: Das wird viele LeserInnen überraschen! Im Neuen Testament ist ja die Rede von "Petrus, dem Felsen, auf dem du deine Kirche baust"!

Jesus: Diesen Satz hat man mir untergeschoben - wie so vieles. Ich wollte weder Dogmen noch ein Geschäft mit Nächstenliebe und schon gar keine Kombination von beiden, gekrönt durch Machtausübung. Zu meinen Lebzeiten und in den ersten Jahrhunderten hat es keine Kirche gegeben. Sie ist danach langsam erst entstanden; dabei haben weltliche und religiöse Organe in unheilvoller Weise zusammengewirkt.

Ich wollte keine Kirchenorganisation, keine kirchlichen Gesetze, keinen Kult, keine Rituale, keine Sakramente und vor allem keinen eitlen Klerus.

Ich habe zeitlebens gegen das organisierte Judentum und die Pharisäer gekämpft. Wie könnte ich da für eine weitere organisierte Religion sein?

Devanando: Die Kirchenväter sahen das anders.

Jesus: Zu Beginn des Fischezeitalter hab ich zunächst die Marschrichtung vorgegeben, dann mussten sich die Menschen die Ideale im Laufe von Jahrhunderten selbst erkämpfen. Die Kirche hat dabei leider nicht die Vorreiterrolle übernommen.

Sie hat den Gegenpart gespielt, an dem sich die Idealisten und Revolutionäre "reiben" konnten. Diese Rolle hätte der Staat übernehmen sollen. Stattdessen haben sich Staat und Kirche aus Sicherheitsgründen zusammengetan - übrigens ohne dadurch Sicherheit zu bringen.

Devanando: Diese unheilige Allianz ist die Ursache für die meisten Glaubensprobleme der Kirchen - ich gehe weiter unten noch darauf ein.

Jesus: *In der Regel waren die Suchenden, die sich am weitesten von der Kirche entfernt hatten, mir am nächsten.* Die Kirche ist auf Dauer zu dieser Bremserrolle aber nicht verdammt. Dazu gibt es überhaupt keinen Grund - sie tut das aus eigenem Antrieb. Die Kirche hat reichlich Zeit gehabt, sich nach den vielen anfänglichen Misskonzepten und späteren krassen Fehlern und Versäumnissen zu reformieren und an die Liebesbotschaft anzupassen. Sie hat es jedoch nicht getan, hat ihre Chance versäumt.

WENN DIE KATHOLISCHE KIRCHE NICHT UMSCHWENKT UND DIE LIEBESBOTSCHAFT KONSEQUENT VERWIRKLICHT, DANN SEHE ICH SCHWARZ FÜR IHREN WEITERBESTAND. SIE WIRD IN IHRER ALTEN ROLLE NICHT GEBRAUCHT.

Devanando: Welchen Grund könnte der Kaiser gehabt haben, mit der Kirche zu paktieren?

Jesus: *Über Angst vor ewiger Verdammnis kann man die Untertanen viel besser gängeln und beherrschen.* Außerdem könnten die Priester ohne Einfluss des Kaisers zu mächtig werden.

Die Gläubigen durften die Bibel nicht selbst lesen und schon gar nicht nach eigenem Empfinden auslegen. Dies wurde dadurch erreicht, dass der Text in fremden Sprachen verfasst und nur in wenigen handschriftlichen Exemplaren zugänglich war. Deswegen wurden die ersten Druckmaschinen von den Bischöfen als Werk des Teufels bezeichnet. Man hat in kirchlichen Kreisen damals prophezeit, dass damit das Ende der Kirche eingeläutet wird. Und jetzt läuft vieles darauf hinaus ...

JEDER MENSCH HAT AB EINER BESTIMMTEN ENTWICKLUNGSSTUFE, AUF DER HEUTE VIELE MILLIONEN STEHEN, DIE GABE, FÜR SICH SELBST ZUTIEFST PRÄGENDE WAHRHEITEN ZU FINDEN. ER SOLLTE SICH JEDOCH ZURÜCKHALTEN, WENN ES IHN ÜBERKOMMT, DAMIT HAUSIEREN - SPRICH MISSIONIEREN - ZU GEHEN.

Devanando: Vielleicht sollte ich dieses Buch doch nicht veröffentlichen.

Jesus: Das ist deine Entscheidung. Wenn du aber spürst, dass es deine Aufgabe ist, Menschen auf dem Weg *zu ermuntern,* wie ich das von dir sehe, dann solltest du es veröffentlichen, weil du sonst dein Lebenspotential nicht ausschöpfst, deine Wahrheit nicht lebst. Das ist kein Missionieren. Du drückst ja niemandem was aufs Auge, du behauptest ja nicht die alleinseligmachende Wahrheit zu besitzen.

JEDER KANN AUS DIESEM BUCH DAS ANNEHMEN, WAS ZU IHM PASST. WENN ER NICHTS ANNIMMT, IST DAS AUCH IN ORDNUNG. HIER GIBT ES GAR NICHTS ZU DISKUTIEREN. ICH VERSTEIFE MICH AUF NICHTS, WILL NIEMANDEN ÜBERZEUGEN.

Dieses endlose Diskutieren und fanatische Verkünden hat so viel Unfrieden und Tod gebracht, dass ich hier in aller Form davor warnen möchte. Jede andere Meinung ist willkommen. Ich möchte Denkanstöße geben und ermutigen, die *eigene* Wahrheit zu leben.

Devanando: Wieso nennt man dich Christus?

Jesus: Das geht vor allem auf Paulus zurück. Christus ist identisch mit dem hinduistischen Krishna; der Name bedeutet "der

Gekrönte". Christus alias Krishna verkörpert den zweiten Aspekt Gottes, nämlich Liebe und Weisheit. Christus in der Kombination von Jesus und Christus ist jedoch nicht nur ein Titel. Das ist kompliziert und ich glaube für die meisten Christen nur schwer verständlich. Trotzdem kann ich es nicht länger verschweigen: Christus und ich sind zwei verschiedene Wesenheiten.

Christus ist ein Meister, der wesentlich höher entwickelt ist als ich, der aber ebenfalls aus der Menschheit hervorgegangen ist. Auch er ist ein Menschensohn. Er steht jetzt an der Spitze aller erleuchteten Meisterinnen und Meister auf dieser Erde.

INNERHALB DES MITTLEREN PRINZIPS DER GOTTHEIT VON LIEBE UND WEISHEIT, VERKÖRPERT CHRISTUS BESONDERS DEN ASPEKT DER BEDINGUNGSLOSEN, GÖTTLICHEN LIEBE, WÄHREND BUDDHA, DER IHM BEISTEHT, EHER AUF DEM WEISHEITSASPEKT WIRKT. SIE BEIDE SIND JEDOCH KEINE GÖTTER IM SINNE VON GOTTVATER UND BEIDE SIND NICHT DER SOHN AUS DER TRINITÄT.

Christus ist bereits so hoch entwickelt, dass er auf normal menschlichem Wege nicht mehr inkarnieren kann. Er hat deshalb vor 2000 Jahren in Palästina meinen Körper mitbenutzt - man sagt, er hat mich überschattet oder besser überlichtet -, um der Menschheit die Liebesbotschaft zu überbringen. *Deshalb ist Liebe auch mir das größte Anliegen, das ich in meiner Betonung des sechsten kosmischen Strahls mit totaler Hingabe und Idealismus zu verbreiten suche.*

Devanando: Diese Überschattung war sogar den alten Kirchenvätern bekannt.

Jesus: Ja! Erinnerst du dich an meine Taufe durch Johannes im Jordan? Das neue Testament berichtet, dass der Heilige Geist gleich einer Taube vom Himmel herabfuhr und sprach: "*Dies ist mein geliebter Sohn, an dem ich mein Wohlgefallen habe. Und an diesem Tage habe ich ihn gezeugt.*"

Schon der 215 n. Chr. verstorbene Clemens von Alexandrien, ein bedeutender Kirchenlehrer, hat diesen Vorfall so gedeutet, dass in diesem Augenblick nicht der Heilige Geist sondern Christus auf mich herab kam. Er zitiert dabei aus einem apokryphen (aussortierten, verborgenen) Hebräerevangelium, das die Kirche nicht in das Neue Testament aufnahm.

ICH BITTE EUCH, DESWEGEN KEINE DISKUSSION ANZUFANGEN. DIEJENIGEN VON EUCH, DIE INNERLICH SPÜREN, DASS DIESE AUSSAGEN ZUTREFFEN, DER MAG SIE ANNEHMEN; DIE ANDEREN VERGESSEN SIE AM BESTEN WIEDER.

Devanando: Warum seid ihr beiden - ich meine du und Christus - damals auf Erden erschienen. Hättet ihr das nicht aus dem Jenseits regeln können?

Jesus: *Einer oder mehrere von uns erleuchteten Meistern und Gottessöhnen respektive Gottestöchtern kommen immer dann als Menschen auf den Planeten, wenn Not herrscht.* Das ist besonders häufig am Übergang von einem Zeitalter zum nächsten der Fall. Damals ging das Widderzeitalter zuende und es begann das Fischezeitalter. Wir wollten den Grundstein für dieses Zeitalter legen und haben das mithilfe weiterer Meister und vieler unserer Schülerinnen und Schüler auch so gut wie möglich vollzogen.

Devanando: Viele Menschen sind mit der Entwicklung des Fischezeitalters unzufrieden.

Jesus: Dies liegt aber einzig und allein daran, dass ihr noch nicht den rechten Durchblick habt. Die Entwicklung der Menschheit geht viel langsamer vonstatten, als die meisten von euch es gerne hätten. Wir haben sozusagen die Weichen neu gestellt.

Wir Avatare kommen immer dann, wenn die Menschen verwirrt sind und den göttlichen Plan vergessen haben, wenn sie zu sehr von den Verlockungen dieser Welt verführt werden und ihr Ziel aus den Augen verloren haben, das in der Erkenntnis der eignen göttlichen Natur eines jeden einzelnen liegt.

Der vollkommene Meister (Avatar) des 20. Jhdts., Meher Baba, hat das so formuliert:

DER RUF

"Zeitalter um Zeitalter, wenn der Docht der Rechtschaffenheit niederbrennt, kehrt der Avatar abermals zurück, um die Flamme der Liebe und der Wahrheit neu zu entzünden.
Zeitalter um Zeitalter, inmitten des Wehgeschreis von Spaltungen, Kriegen, Angst und Chaos, ertönt wiederum der Ruf des Avatars: Kommet alle zu mir!

Wenn auch wegen des Schleiers der Illusion, dieser Ruf des Uralten wie die Stimme eines Rufers in der Wüste scheinen mag, dringt sein mannigfaches Echo dennoch durch Zeit und Raum, um zunächst einige wenige und schließlich Millionen aus ihrem tiefen Schlaf der Unwissenheit zu wecken.

Inmitten der Illusion, als die Stimme hinter allen Stimmen, auferweckt er die Menschheit, damit sie Zeuge werde von der Offenbarung Gottes unter den Menschen.

Die Zeit ist da. Ich wiederhole den Ruf und heiße alle zu mir zu kommen. Dieser mein uralter Ruf entzückt die Herzen jener, die geduldig alles ertragen haben in ihrer Liebe zu Gott, die Gott allein um der Gottesliebe willen lieben.

Andere gibt es, die sein Widerhall mit Furcht und Schauern erfüllt, und die fliehen oder widerstehen möchten. Noch andere gibt es, die, verwirrt, nicht verstehen können, weshalb der Höchste der Hohen, der allgenügend ist, diesen Ruf an die Menschheit notwendig ergehen lassen muss.

Unabhängig von Zweifeln und Überzeugungen, um der unendlichen Liebe willen, die ich für alle und jene hege, komme ich weiterhin als der Avatar, von der Menschheit in ihrem Nichtwissen wieder und wieder verurteilt, um den Menschen zu helfen, das Wirkliche zu unterscheiden vom Falschen."

Devanando: Wer kommt jetzt, am Ende des Fischezeitalters?

Jesus: Der vollkommene Meister und Avatar Meher Baba war schon da. Es ist aber geplant, dass auch Christus wiederkommt. Er wird von allen Religionen - allerdings unter verschiedenen Namen - erwartet. Ich darf euch noch nicht sagen, ob er wieder so inkarnieren wird wie damals. Auch der genaue Zeitpunkt steht noch nicht fest. Es gibt viele Möglichkeiten:

Erstens wird er in den Herzen vieler Menschen erscheinen und sich in tätiger Liebe dieser Menschen zeigen.

Zweitens kann er einen oder mehrere lebende Meister überschatten.

Drittens kann er diverse künstliche Körper annehmen, die er im Handumdrehen materialisieren und wieder dematerialisieren kann - auch gleichzeitig an verschiedenen Orten.

Devanando: Gibt es noch andere Wege?

Jesus: Ja. *Das Entscheidende daran ist, dass sich die Menschen innerlich darauf vorbereiten. Sonst werden sie ihn in keiner der genannten Formen erkennen.* Christus wird der Menschheit neues bringen. Die christliche Religion basierte im Fischezeitalter aufgrund des Einflusses des Heiligen Paulus in erster Linie auf meinem Kreuzestod und der davon ausgehenden Wirkung. Ich wurde als der Weltenretter bezeichnet.

Im Wassermannzeitalter nach der Wiederkunft Christi wird das Leitmotiv aller religiösen Lehren die "Auferstehung" sein. Man wird die lebendige Christusnatur in jedem Menschenherzen betonen, den rechten Gebrauch des Willens lehren und die Wege zur Erleuchtung eines jeden Einzelnen weisen.

Devanando: Wie kann man Christus erkennen, wenn er wiederkommt? Wie erkennt man allgemein einen echten, erleuchteten, spirituellen Meister?

Jesus: Wenn du einem vollkommenen Meister begegnest, dann erkennst du ihn daran, *dass er dein Herz erweckt;* er wird dir das Geheimnis der Liebe und der Freiheit offenbaren. Das Erkennen geschieht in einem kurzen Augenblick. Es ist ein Wiedererkennen. Es hat nichts mit Vernunft oder Intellekt zu tun. *Es ist Herzkontakt, Seelenkontakt.* Du bist augenblicklich transformiert. Dein spirituelles Leben beginnt oder wird sehr erheblich intensiviert.

Devanando: Leider sind viele Menschen lüstern auf Wunder.

Jesus: Deshalb hat man mir in der Bibel viele Wunder untergeschoben. Manche sind auch wahr - für mich sind das aber keine Wunder. Ich habe nur in Kenntnis der kosmischen Gesetze gehandelt. Wunder sind auch nicht notwendigerweise ein Zeichen spiritueller Vollendung.

Die Befähigung Wunder zu vollbringen, schließt nicht unbedingt hohe Geistigkeit in sich ein. Selbst solche, die nicht eins geworden sind mit dem Unendlichen können unter bestimmten Bedingungen Wunder vollbringen. Viele Meister verzichten ganz bewusst auf Wunder, um nicht die unreifen Massen anzuziehen. Meher Baba und Osho haben z. B. deshalb keine Wunder vollbracht - *außer in den Herzen der Menschen.*

IHR BEREITET EUCH AUF DIE WIEDERKUNFT CHRISTI VOR, INDEM IHR DIE ALTEN GLAUBENSSÄTZE ABLEGT UND ZUR EIGENEN INNEREN HERZENSWEISHEIT VORDRINGT.

Devanando: Man hat dich als den Weltenretter bezeichnet und dabei auf deinen Kreuzestod hingewiesen.

Jesus: Ja, ja. Ich soll am Kreuz für euch gestorben sein. Das trifft aber nicht zu. Es ist für mich schmerzlich - wenn ich das mal so sagen darf, um mein Mitgefühl für euch auszudrücken - wenn ich euch diese Illusion rauben muss. Die Christen sind darauf besonders stolz. Ich kann euch die Verantwortung für eure Taten aber nicht abnehmen - elementare kosmische Gesetze hindern mich daran. Lest die Kapitel über Reinkarnation, Karma und Gnade nötigenfalls noch einmal durch.

DIE KIRCHE SIEHT MICH ALS ERLÖSER ODER RETTER UND BEHAUPTET, ICH WÄRE AM KREUZ GESTORBEN, UM DIE MENSCHHEIT VON DEN SÜNDEN REIN ZU WASCHEN. DIESE ANSICHT, DIE AUF PAULUS ZURÜCKGEHT, ENTSPRICHT ÜBERHAUPT NICHT MEINEN INTENTIONEN.

Paulus glaubte, das einführen zu müssen, weil ich einmal gesagt hatte: "*Kommet alle zu mir, die ihr mühselig und beladen seid, ich will euch erquicken*". Er wollte den Leuten helfen und sie trösten und sie auf diese Weise dort abholen wo sie sind - im Prinzip der richtige Ansatz. Die Kirche ist jedoch in diesem Ansatz steckengeblieben. Auf Dauer drängt sie damit die Gläubigen in die Rolle von Unfähigkeit und Schuld.

ICH SEHE MICH JEDOCH NICHT ALS SÜNDENBOCK.

Die Menschen können und müssen allein wachsen! Unter anderem deshalb sind sie hier! Durch die nicht zu rechtfertigende Behauptung, ich hätte die Menschheit erlöst, *werden die Menschen zu manipulierbaren Schafen,* wo sie doch eher mit Löwen zu vergleichen wären. So etwas liegt mir völlig fern.

MEINE AUFGABE WAR UND IST ES, DEN MENSCHEN ZU ZEIGEN, WIE SIE SELBST SO FREI WERDEN KÖNNEN, DASS DER PHYSISCHE TOD IHNEN NICHTS MEHR ANHABEN KANN. ICH HABE SIE ERLÖST VON ALTEN, TIEF VERWURZELTEN GLAUBENSSÄTZEN, DIE IHRE ENTWICKLUNG BLOCKIERTEN.

Devanando: Wenn ich richtig gerechnet habe, dann hast du also in deinem letzten Leben zwei Einweihungen durchschritten, die vierte und die fünfte.

Jesus: Nein. Ich verrate Euch jetzt ein Geheimnis, das die Kirchenväter bislang vertuschen konnten; mein Leben als Jesus von Nazareth war nicht mein letztes. Ich hatte das allerdings mehrmals angekündigt und von meiner baldigen Wiederkehr gesprochen. *Und das habe ich getan.*

Ich habe mich nach der Himmelfahrt noch einmal inkarniert und zwar sofort als Apollonius von Tyana, dem größten Heiler aller Zeiten. Damals gehörte ich zu der schon erwähnten Gruppe der Gnostiker. In dieser Lebenszeit habe ich die fünfte Einweihungsstufe erreicht.

Die Kirchenväter haben das Christentum jedoch nicht auf mich als Apollonius gegründet, weil ich als Apollonius mit weitem Abstand viel bekannter und berühmter war als Jesus. Ich wurde in vielen Tempeln, in denen ich auch heilte und predigte fast wie ein Gott verehrt. Statt als Jesus ins Judentum, war ich als Apollonius total eingebunden in die griechische Philosophentradition, meine Lehre war gut bekannt und historisch ist mein Leben als Apollonius sehr gut belegt. Über meine Zeit als Jesus ist erheblich weniger Gesichertes bekannt.

DIE KIRCHENVÄTER HABEN DIE SCHRIFTEN ÜBER APOLLONIUS ZERSTÖRT UND SICH LIEBER DEN WENIGER EXPONIERTEN JESUS GEANGELT, IN DEN SIE ALLES HINEININTERPRETIEREN KONNTEN, WAS SIE WOLLTEN. MIT APOLLONIUS WÄRE IHNEN DAS NICHT MÖGLICH GEWESEN. SIE HÄTTEN SICH NICHT DEUTLICH GENUG VON DEN "HEIDEN" ABGRENZEN KÖNNEN.

Devanando: Die Kirche sagt, du wärst mit deinem physischen Körper "in den Himmel" aufgestiegen.

Jesus: Wenn du nachliest, dann findest du, dass sie mich ein paar Seiten vorher nach der Auferstehung, in einen verklärten Leib gesteckt haben. Die Hindus nennen das "Mayavirupa", einen illusionären Kunstkörper. Den können erleuchtete Meister nach Belieben materialisieren und auch wieder auflösen. Nichts anderes habe ich bei der Himmelfahrt gemacht.

Devanando: Es gibt moderne Autoren, die sind durch gründliche Erforschung aller ihnen zur Verfügung stehenden Quellen darauf gekommen, dass du gar nicht am Kreuz gestorben bist; du hättest vielmehr nach Verlassen des Grabes und deiner Genesung Palästina den Rücken gekehrt und hättest noch viele Jahrzehnte in Kaschmir gelebt.

Jesus: Zu diesem Thema möchte ich mich hier jetzt nicht äußern - es würde euch nur wenig weiterhelfen.

Zum Schluss dieses Kapitels möchte ich euch jedoch mitteilen, dass mir mein Herz weh tut, wenn ich sehe, wie die von mir gelehrte Einfachheit und der von mir nachdrücklich betonte einfache Weg zu Gott im Nebel der gelehrsamen Theologie sowie in den endlosen Diskussionen der Geistlichen in all den Jahrhunderten verloren ging. Die Menschen haben sich vom einfachen Leben im Geiste, wie es die ersten Essener-Christen gelebt haben, meilenweit entfernt.

Es ist eine irrige, fatale Anmaßung der Theologen, wenn sie (wie geschehen) die Welt in Gläubige und Ungläubige, in Christen und Heiden, in sogenannte Wissende und Unwissende teilen. Das steht ganz im Gegensatz zu allem, was ich selbst für wahr und richtig hielt, wenn ich sagte: «Ich habe auch noch andere Schafe, die nicht zu dieser Herde gehören." (Joh. 10/16).

23. Ist der heilige Geist eine Lady?

Von einer ausgewogenen Mischung von männlichen und weiblichen Energien - wie das im Hinduismus vorkommt - kann in dem angeblich so fortschrittlichen Christentum keine Rede sein. Der weibliche Aspekt fiel darin völlig unter den Tisch - allerdings erst im Laufe von vielen Jahrhunderten! Er wurde im frühen Christentum durch den Heiligen Geist verkörpert. Dieser steht - wie Brahma - für aktive Intelligenz und zugleich für die Mutter und das Prinzip der Materie.

In frühen Darstellungen der heiligen Dreifaltigkeit - wie z. B. in der Kirche von Urschalling am Chiemsee - *wurde der heilige Geist durch eine junge, hübsche Frau dargestellt.* Diese Art der Darstellung wurde später von der Kirche verboten. Die bayerischen Frauenverbände pilgern seit Freilegung der Bilder in Scharen zu dieser Kirche.

IN URSCHALLING WIRD SOZUSAGEN AMTLICH BESTÄTIGT, DASS WEIBLICHKEIT UND INTELLIGENZ ZUTIEFST VERBUNDEN SIND, JA EINEN GEMEINSAMEN ASPEKT GOTTES DARSTELLEN! DER HEILIGE GEIST IST ALSO TATSÄCHLICH EINE LADY.

Und was für eine! Sie verkörpert alles, was eine Frau ausmacht: das Mütterliche, das Liebreizende, das Nährende, das Erhaltende und *nicht* zuletzt das Intelligente. Diese Grundwahrheit wurde vertuscht, weil sie nicht in die Machowelt des Patriarchats passt. In früheren Kulturen, die eher feminin orientiert waren, spielte immer eine weibliche Göttin die Hauptrolle: Denken sie nur an Isis aus der ägyptischen Trinität: Osiris, Horus, Isis.

In dem ausgezeichneten Buch: "*Das heilige Boot der Mysterien*" von John Berges können sie nachlesen, dass Isis die selbe Rolle spielt wie Pallas Athene. Pallas Athene steht für weibliche mentale Kreativität.

Sie hat die griechischen Olympioniken mit Mentaltraining auf die Spiele vorbereitet. Auch hier findet sich wieder die innewohnende, innige Verbindung zwischen der Mutter und der Intelligenz. Diese beiden sind wirklich eins. *Pallas Athene hat vorgelebt, wie frau gleichzeitig intelligent und feminin sein kann.* So manche moderne Feministin entwickelt zwar ihre Intelligenz, vernachlässigt aber ihre Weiblichkeit.

Der weibliche Aspekt steht für den intelligenten, aktiven Umgang mit der Materie. Frauen haben eine angeborene, intelligente Geschicklichkeit, sich an materielle Umweltbedingungen anzupassen, denn nur dadurch können sie erfolgreich Mutter sein - ihren Nachwuchs durchbringen. Diese Energie ist erfinderisch in der Lage, selbst in Notzeiten immer genug herbeizuzaubern, um das Überleben zu sichern.

FRAUEN HABEN MEIST AUCH MEHR VERSTÄNDNIS FÜR INNERE ZUSAMMENHÄNGE, DESHALB SIND SIE AUCH DIE BESSEREN UMWELTSCHÜTZER UND KOMMEN DORT ZUM EINSATZ, WO ES DARUM GEHT, DEN MENSCHEN WIRKLICH ZU HELFEN - MIT LIEBEVOLLEN HERZEN. DAS IST WAHRHAFT INTELLIGENTER UMGANG MIT DER SCHÖPFUNG.

Also zurück zum Matriarchat? Nein. Im Wassermannzeitalter geht es um ein Gleichgewicht zwischen männlich und weiblich, zwischen denken und fühlen, zwischen Kopf und Bauch. *Wir brauchen beides und zwar in ausgeglichener Harmonie.*

Auf dem Konzil von Nicäa (325 A. D.) wurde durch Kaiser Konstantin eine Übereinkunft gefunden, welche die Heilige Dreifaltigkeit genau definierte. Er hat einen Vorschlag durchgesetzt, den er von einem intuitiven Ratgeber hatte; die Bischöfe waren damals sehr zerstritten und versuchten durch logisches Denken den Wirrwarr zu erhellen, dass es zwar nur einen Gott geben durfte, dass aber drei Figuren vorlagen: Gottvater, der Heilige Geist und der Sohn. Solche Fragen kann man ohne göttliche Eingebung rein philosophisch natürlich nicht lösen.

Die Bischöfe haben unter Zwang den Vorschlag des Kaisers übernommen, der keinem ihrer Vorschläge entsprach. Nach ihm sind Gottvater, der Sohn und der Heilige Geist "wesensgleich". Es gibt zwar nur einen Gott, dieser beinhaltet aber drei gleichermaßen wesentliche Aspekte:

- einen ersten Aspekt des Willens und der Macht (den Vater),
- einen dritten Aspekt der Mutter bzw. Materie, der auch den Heiligen Geist beinhaltet (Intelligenz) und
- einen aus deren Vereinigung resultierenden zweiten Aspekt des Sohnes (Liebe und Weisheit, das Christusprinzip).

Diese Einteilung stimmt mit dem Konzept der höchsten göttlichen Energie in einer ganzen Reihe von Religionen überein: im klassischen Griechenland, im alten Rom, in den Veden, im Hinduismus, im Buddhismus, im alten Ägypten etc.

Es macht ausnahmsweise Sinn, dass sich der Vorschlag des Kaisers durchgesetzt hat. Sein Ratgeber muss intuitiv oder in der Zeitlosen Weisheit belesen gewesen sein. Die Sache ist jedoch einigermaßen heikel. Jesus hat sich zu diesem Thema nie genau geäußert; es war ihm nicht so wichtig und er konnte nicht ahnen, dass sich die Menschen deswegen töten würden. Freilich steht ganz am Ende des Matthäus-Evangeliums der berühmte Satz, den Jesus nach der Auferstehung gesprochen haben soll: "Darum geht zu allen Völkern und macht alle Menschen zu meinen Jüngern; *tauft sie auf den Namen des Vaters und des Sohnes und des Heiligen Geistes* ..."

Diesen Satz hat er aber nie gesprochen. Die kritische Bibelforschung hat das inzwischen eindeutig als Fälschung erkannt. Er hat auch nicht getauft. Die Apostel sind nie getauft worden. Sie haben das Taufen aus den alten Religionen übernommen und allein in Jesu Namen getauft. Er habe sie auch *dazu* nicht angeregt oder autorisiert.

AUF DIESE WEISE ERGIBT SICH DER PIKANTE TATBESTAND, DASS DAS ZENTRALE DOGMA DER KATHOLISCHEN KIRCHE - WIE VIELES ANDERE AUCH - EINDEUTIG HEIDNISCHEN URSPRUNGS IST.

24. Das Fundament der Katholischen Kirche

Die christliche Religion stammt also keinesfalls von Jesus. Dieser Tatbestand ergibt sich schon aus dem heidnischen Dogma der Trinität, wie soeben gezeigt wurde. Jesus wollte gar keine Kirche und zweitens fußen die Inhalte der christlichen Religion nur zu einem kleinen Teil auf seinen Aussagen und statt dessen hauptsächlich auf älteren Vorlagen, die vor allem Paulus, aber auch die Kirchenväter ausgegraben haben. Das ist den Kirchenhistorikern klar, wird aber die meisten Christen überraschen, weil man sie nicht aufgeklärt hat.

Ich möchte das deshalb ein wenig präzisieren: Die christlichen Kirchen - allen voran die katholische - haben im Grunde drei Stifter und drei Lehren: Jesu Lehre, die Lehre von Paulus und die Lehre von Apollonius von Tyana und den Gnostikern. Paulus und Apollonius waren wie Jesus erleuchtete Meister. Diese drei haben sozusagen das Fundament der Kirche gelegt und Jesus fungierte als Aushängeschild. Es gibt auch Hinweise, dass Paulus nur eine symbolische Figur darstellt.

In den verflossenen zwei Jahrtausenden haben die Theologen bis zum Tode diskutiert, welche Details von wem und richtig seien. In diese Diskussionen flossen noch unzählige abweichende Ansichten hinein und viele Aussagen der drei "Gründer" wurden entstellt und verfälscht. Besonders Jesus und Paulus wurden die unmöglichsten Dinge in den Mund gelegt und viele haben versucht (und tun das noch heute) besonders zwischen Jesus und Paulus einen Keil zu treiben. Paulus wird von einem amerikanischen Pfarrer im Internet als ein von Dämonen besetzter Geheimagent Roms bezeichnet, dem es einzig und allein darum ging, die Lehre Jesu zu zerstören. Ein deutscher Kirchenhistoriker leugnet die historische Existenz von Paulus, die wenigsten haben Apollonius wahrgenommen. Die Kirche hat die Schriften über ihn zu zerstören versucht, ihn totgeschwiegen.

Es ist falsch, immer noch zu behaupten, der eine oder andere hätte allein die Wahrheit; das ist nur deshalb möglich, weil *alle* Schriften verfälscht wurden - auch die Paulusbriefe - einige von ihnen sind komplett Fälschungen bzw. inhaltliche Kopien alter heidnischer Schriften. Es ist zwar richtig, dass die Entwicklung völlig anders verlaufen wäre, wenn das, was Jesus verkündete, ohne jeden Abstrich in die Praxis der Seelsorge und Bewusstseinsarbeit umgesetzt worden wäre. *So war es aber schlicht und ergreifend nicht*. Und dass es so nicht war, war ebenfalls kein Zufall und das ist nicht einfach nur den bösen sogenannten satanischen Kräften zuzuschreiben.

Ich wiederhole nochmals eindringlich: Es liegt mit völlig fern, jetzt eine theologische oder kirchenhistorische Diskussion anzuzetteln, und aufzuzeigen, wer Recht hat. So manches Entscheidende lässt sich sowieso nicht eindeutig beweisen und selbst wenn das gelänge, es gäbe immer genug Menschen, die Teile davon ablehnten und die Diskussion würde endlos weiter laufen und die Menschen von der Arbeit an sich selbst ablenken. Es würde nur einen weiteren - völlig unnötigen und unfruchtbaren - Glaubensstreit anstoßen. *Ich möchte die Herzen der Menschen bewegen, sich selbst zu erinnern ... Die daraus erwachsende Wahrheit macht frei.*

Es hat mich zwar schon immer brennend interessiert, einmal die volle Wahrheit über die Entstehungsgeschichte des Christentums herauszufinden. Das ist für unser eigenes spirituelles Wachstum und für das unserer Mitmenschen jedoch eher belanglos. Die Vergangenheit ist vergangen und wir alle haben eine Menge dabei gelernt. Es kommt jetzt am Beginn des Wassermannzeitalters nicht mehr auf theologische Spitzfindigkeiten an. Wir müssen uns auf die Essenz besinnen. Um die geht es in diesem Buch. Akademische Diskussionen helfen uns nicht weiter. *Es geht einzig und allein ums Hier und Jetzt und um das, was praktisch wirkt.*

Dazu ein paar Andeutungen allgemeiner Art: Jesus hat sozusagen in Gemeinschaft mit Apollonius von Tyana die hohen

Ideale aufgestellt und Paulus hat daraus das gemacht, was ihm praktisch umsetzbar erschien. Es sollte nicht nur eine asketisch betonte Eliteschule (der Essener) weitergeführt werden, sondern eine Bewegung, die breiteste Kreise erfasste, entstehen. *Paulus war der Stratege dazu.* Er war in weltlichen Dingen besser bewandert als die anderen. Dass er dabei mit Jesu Bruder Jakobus in Konflikt kam, der die jüdische Essenergemeinde leitete, war nicht zu vermeiden. Paulus leitete die Heidensektion der jungen "Christen" und da waren andere Wege nötig.

Auch die sogenannte böse Seite, die das gesamte Projekt gefährdete, kam zum Zuge. Vieles in den Kirchen geht darauf zurück. Wir wollen hier aber keine Einzelheiten ausbreiten. Es hat schon genug Tote gegeben. Der Mensch soll mit diesen Widersprüchen wachsen.

WENN EIN ERLEUCHTETER, VOLLKOMMENER MEISTER, WIE JESUS, KOMMT, UM DIE MENSCHHEIT AUFZURÜTTELN, DANN KANN ER NICHT ERWARTEN, DASS DIE LEUTE ALLES SOFORT KOMPLETT ÜBERNEHMEN UND AUSFÜHREN. ER TUT DAS AUCH NICHT - ER IST WEISE UND KENNT DIE MENSCHENNATUR.

Religion ist wie Politik die Kunst des Machbaren. Hüten sie sich davor, Menschen des Fischezeitalters zu verurteilen. Die meisten von ihnen sind nicht weiter als die, die sie angreifen.

Wir sollten jedoch unterscheiden lernen, was für uns und unsere Freundinnen und Freunde gut ist und was schadet. Das, was wir für uns aus gutem Grund ablehnen, kann aber einem anderen Menschen nutzen.

DAS HÖCHSTE GEBOT IST IMMER DAS LIEBESGEBOT UND DAVON IST TOLERANZ DAS ABSOLUTE MINIMUM, DAS SIE AUF JEDEN FALL UMSETZEN SOLLTEN. ICH HOFFE, DASS SIE ERKANNT HABEN, WIE FURCHTBAR FANATISMUS WÜTEN KANN.

Zunächst aber etwas Grundsätzliches, das mir ein besonders Anliegen ist; Djwhal Khul schreibt sinngemäß: Die Tätigkeit des Klerus in der Kirche war so "erfolgreich", dass von Jesu Lehren *ganz Entscheidendes* nicht beachtet wurde. Das Unvermögen oder Versagen des Christentums kann auf die (von Paulus betonte) jüdische Herkunft zurückgeführt werden, so dass es eine Fülle von Lehren verbreitete *statt liebevolles Handeln zu betonen;* es lehrte Jesu Blutopfer anstatt humanitären Dienst; es betonte die Existenz eines rachsüchtigen Gottes, der durch seinen Tod (teilweise) versöhnt wird; und es übernahm die Drohungen des alttestamentarischen Jehova in die christliche Lehre vom Höllenfeuer.

DURCH DIE LEHRE DER CHRISTLICHEN THEOLOGIE ZIEHT SICH UNAUFHÖRLICH DAS THEMA JESU BLUTES.

Und die Quelle des Heils wird in die Blutbeziehung gelegt und nicht in den Lebensaspekt, der durch das Blut verhüllt und symbolisiert wird. Der Glaube an den gekreuzigten und toten Christus beherrscht die Christenheit, nicht das Vertrauen zum *lebenden Meister*. Auf dem Land hängt an jeder zweiten Weggabelung in einem Marterl der Gekreuzigte, die Hochaltäre der Kirchen beherrscht das Kreuz und in bayerischen Schulzimmern müssen die Schüler unter dem Kreuz lernen.

Einer der Gründe für diese Verzerrung der Wahrheit ist der, dass Paulus vor seiner dritten Einweihung, (in der Zeit seines Wirkens laut Apostelgeschichte), astrologisch gesehen stark unter dem Einfluss des Mars stand und im Skorpion geboren war - wie Alice Bailey ausführt. Er gab daher der christlichen Lehre die starke Skorpion-Mars-Tendenz und leitete ihre Energie in Kanäle um, die Jesus niemals im Sinn hatte.

Der Mars ist der Kriegsgott. Er steht für Kampf und fanatische Hingabe, für das Schwert, das Blut und für männlich vorwärts stürmende Rücksichtslosigkeit. Der Skorpion hat seine Hauptthemen in den Bereichen Macht, Sex, Geld und Tod.

Der Kampf (Mars) hat die Christenheit ebenso beherrscht wie den Islam, weil Paulus die esoterischen Hintergründe Jesu Botschaft anders interpretiert hat; und dies geschah, weil die Wahrheit - wie alle Wahrheiten, wenn sie die Menschheit erreichen - durch den Filter seines persönlichen Denkens und Gehirns gehen musste. Dadurch kam unvermeidlich eine persönliche paulinische Tendenz und Modifikation hinein; das erklärt die "traurige" Geschichte des Christentums.

Ich möchte auch, dass ihnen klar wird, *dass es kein Alleinstellungsmerkmal der christlichen Kirchen gibt.* Jesus hat zwar folgende Sätze herausgestellt und mit allen Konsequenzen besonders betont.:

**"DU SOLLST DEN HERRN, DEINEN GOTT, LIEBEN MIT DEINEM GANZEN HERZEN UND MIT DEINER GANZEN SEELE UND MIT DEINEM GANZEN DENKEN. DIES IST DAS GRÖSSTE UND ERSTE GEBOT.
EIN ZWEITES IST IHM GLEICH:
DU SOLLST DEINEN NÄCHSTEN LIEBEN, WIE DICH SELBST. "**

(Mt. 22.37/40). Man nennt das, wie sie wissen: "*Die Liebesbotschaft*". Das ist aber nicht wirklich ein Alleinstellungsmerkmal. Liebe gehört zur Essenz aller Religionen. Jesus hat es nur besonders betont, weil es zum Fischezeitalter passte.

In der Schule im Religionsunterricht haben wir gelernt, dass das herausragende Merkmal des Christentums der "*Eingottglauben*" sei. Und in der Tat, wenn man sich umschaut, findet man durchaus Abweichendes: Die Hindus z. B. haben tatsächlich viele Götter!

WENN DIE HINDUS VON VERSCHIEDENEN GÖTTERN SPRECHEN, DANN HABEN SIE JEDOCH DIE UNTERSCHIEDLICHEN ASPEKTE UND EIGENSCHAFTEN GOTTES IN DER SCHÖPFUNG IM SINN.

Der erste Aspekt (Shiva) verkörpert Willen, Macht, Freiheit und Zerstörung.

Der zweite Aspekt (Vishnu) verkörpert Liebe, Weisheit und Bewahren.

Der dritte Aspekt (Brahma) steht für Intelligenz, das Mutterprinzip und den geschickten Umgang mit der materiellen Schöpfung.

Das ist die hinduistische Dreifaltigkeit - genau wie im Christentum. Darüber hinaus gibt es noch viele weitere personifizierte Aspekte der einen Gottheit. So ähnlich war das auch im antiken Griechenland und in Rom: Jupiter, Juno und Minerva.

Und was ist dann mit Maria und den Heiligen in der Kirche? Offiziell sind sie Mittler zu Gott. In der Praxis werden sie von den einfachen Gläubigen genauso verehrt und angebetet wie die göttlichen Aspekte im Hinduismus.

Man könnte sagen, dass viele sogenannte Unterschiede zwischen den Religionen auf einer unterschiedlichen Sprache, andersartigen Riten und einem individuellen Erklärungsansatz beruhen und vieles aufgebauscht wird, *obwohl die Essenz gleich ist.* Der Kampf der "verschiedenen" Religionen ist aus heutiger Sicht ein gutes Beispiel für den berühmten Streit um des Kaisers Bart. Der Kaiser hat aber gar keinen Bart. Eben!

Dieses theologisch-spitzfindige Pochen auf Unterschiede schadet nur: die Leute schlagen sich die Schädel ein.

ALSO SIND DIESE UNTERSCHIEDE GEFÄHRLICHE LÜGEN.

Die Wahrheit ist es, dass die Unterschiede unwesentlich sind; das vereint und fördert das gemeinsame Wachstum. Die Unterschiede sind dazu da, dass die Menschen in ihrer Einmaligkeit und für ihre unterschiedlichen Entwicklungsstände Wahlmöglichkeiten bekommen. Sie können das als Entwicklungshilfe nutzen, was ihnen entspricht. Der Alte Fritz hat *sehr weise* zu Recht gesagt, dass "*jeder Mensch nach seiner eignen Fasson selig werden soll*".

Im Fischezeitalter haben viele von uns das fanatische Betonen der Unterschiede bzw. das idealistische Festhalten an dem, was für die (angenommene) eigene Wahrheit gehalten wurde, mit dem Tode bezahlt. Damals war das die Wahrheit und wir haben dadurch gelernt. Heute wissen wir das und sehen andere Wahrheiten.

Päpste und Kardinäle haben ein großes Problem damit und reagieren ausgesprochen allergisch, wenn man sie darauf anspricht, dass das zentrale Dogma der Heiligen Dreifaltigkeit der katholischen Kirche heidnischen Ursprungs ist. Es ist aber so, dass es in den christlichen Kirchen generell nicht viel Eigenständiges gibt - wie sollte es auch.

Alle Erleuchteten haben bei den Meistern der zeitlosen Weisheitslehren gelernt, sich an das erinnert, was unser gemeinsames, essentielles Fundament ausmacht, und das Erkannte mit eigener Autorität nur wenig an die Bedürfnisse ihrer Schüler angepasst weitergegeben.

Wir müssen gut unterscheiden zwischen den Kernpunkten der Zeitlosen Weisheit, in denen alle übereinstimmen, *die selbst erleuchtet sind* und den Ausführungsbestimmungen und Ritualen etc., welche die Gläubigen und ihre Priester selbst erfunden oder übernommen haben. *Auf diese letzteren legen die Meister überhaupt keinen Wert und man sollte mit ihnen die Kernwahrheit nicht verschleiern. Das ist in der katholischen Kirche und in anderen Sekten aber passiert.*

Beichte, Firmung, Kommunion, Zölibat und vieles andere könnte als Beispiel dienen. Sie entsprechen nicht den Tatsachen der Zeitlosen Weisheit und auch nicht den Absichten Jesu - wie uns die Kirchenhistoriker zweifelsfrei berichten.

Die Haupttriebfeder für diese Theologie war - wie gesagt - der Stratege Paulus. Er gehörte nicht zu den ursprünglichen 12 Aposteln, er war kein direkter Jünger von Jesus und er hat weder ihn noch Apollonius persönlich gekannt. Er hat seine Theologie außer von den Aposteln und von einem dreijährigen Training bei den Essenern aus dem Schatz anderer Religionen - besonders auch dem klassischen Judentum - übernommen und sich auf seine *eigene* Offenbarung vom Himmel berufen.

Das heutige sogenannte Christentum ist auf diese Weise in Wirklichkeit ein heidnisches *Paulustum* geworden. Der tibetische Meister Djwhal Khul hat von den sehr unheilvollen Wirkungen Pauls auf das Christentum geschrieben. Er ist im Verein mit vielen berühmten Persönlichkeiten der Menschheitsgeschichte der Meinung, dass Paul in einer Reihe von Punkten viel zu weit von Jesu Lehre abgewichen ist. Paul hat das selbst zu verantworten. Er hat vermutlich nach bestem Wissen und Gewissen gehandelt und war der Ansicht, dass man nicht zu viel von Jesu Lehre auf einmal umsetzen konnte. Er war nicht der Revolutionär wie Jesus sondern eher der Funktionär. Er ging auf Nummer sicher indem er von den alten Lehren nicht so stark abwich, wie Jesus das vorgesehen hatte.

Wenn Jesu hohe Ideale lupenrein zum Einsatz gekommen wären, dann hätte das möglicherweise zunächst nur wenige Menschen angesprochen - die Essener-Gemeinde.

AUCH DIE MEISTER WISSEN NICHT, WIE SICH DIE MENSCHEN ENTSCHEIDEN UND WAS SIE AUS IHREN LEHREN MACHEN. DIE MENSCHEN HABEN EINEN FREIEN WILLEN, DIE MEISTER MÜSSEN IHN RESPEKTIEREN.

Und die Menschen müssen selbst verantworten, was sie tun. Sie können nicht den Paulus oder die katholische Kirche dafür verantwortlich machen und dauernd über den einen oder anderen oder beide schimpfen. Es ist jedoch hilfreich, die hier ausgebreiteten Tatsachen zu kennen. Die Verhältnisse zu Beginn des Fischezeitalters sind immer noch verworren genug - es gab damals wie heute eine multikulturelle Gesellschaft.

KEIN RELIGIONSSTIFTER HAT JEMALS EINE NEUE RELIGION ERFUNDEN ODER EINE VÖLLIG NEUE WAHRHEIT ENTHÜLLT. SIE ALLE WAREN ÜBERLIEFERER, KEINE ORIGINALEN LEHRER. SIE WAREN URHEBER NEUER FORMEN UND INTERPRETATIONEN. DIE WAHRHEITEN JEDOCH, AUF DENEN IHRE LEHREN BERUHTEN, SIND SO ALT WIE DIE MENSCHHEIT.

Bezüglich der Heiligen Dreifaltigkeit möchte ich noch etwas ergänzen. Kaiser Konstantin war zu sehr auf Jesus fixiert und hat ihn mit dem Gottesbegriff vermischt. Die heilige Dreifaltigkeit ist ein Gott ganz allgemein - existiert ganz unabhängig von Jesus.

Jesus ist nicht persönlich der Sohn aus der Trinität! Er kommt - wie wir alle - aus Gott, ist - wie wir alle - vor Urzeiten Mensch geworden - und ist jetzt auf dem Weg zurück zu Gott - wie wir alle. Oder anders ausgedrückt: Jesus lebt - wie wir - in Gott. Nur ist er schon ein wesentliches Stück weiter und hat dementsprechend mehr Durchblick als wir Menschen dank eines wesentlich höheren Bewusstseins.

Der von Paulus angezettelte Streit der Kirchenväter befasste sich damit, wie sie *Jesus* einordnen sollten. Der Kaiser war ein schlauer Fuchs, gewiefter Taktiker und hervorragender Machtpolitiker. Er wählte die Formel von der "Wesenhaftigkeit" (Homousie), weil sie ihm unklar und deshalb als Kompromiss höchst geeignet erschien. Er ließ die Auslegung bewusst allen offen. Er verbat sich geradezu eine authentische Interpretation und forderte nur die Anerkennung des Wortes selbst, wie der Kirchenhistoriker Deschner ausführt.

In der Zeitlosen Weisheit ist die Dreifaltigkeit nicht an Menschen gebunden. *Sie gibt die Aspekte höherer Energien und Wesenheiten wieder.* Jesus ist also - entgegen den Ansichten der Kirche - nur einer von vielen erleuchteten Gottessöhnen, die man auch spirituelle Meister nennt. Er ist nicht Gott! *Er ist nicht der Sohn aus der Heiligen Dreifaltigkeit!* Er ist - wie wir alle - nur ein Symbol dieses Sohnes, ein Verkörperung von, ein Beispiel *für die Christusenergie von Liebe und Weisheit.*

Und seine leibliche Mutter hatte kein Verhältnis mit dem Heiligen Geist?

Natürlich nicht! Die Kirchenväter wollten nur verhindern, dass ihr Gottessohn durch einen sexuellen Akt gezeugt wurde - Sex und Religion passten für sie nicht zusammen. Der Heilige Geist spielt nur im übertragenen Sinn eine Rolle. Für die einfachen Gläubigen wurde dieser auf die körperliche Ebene verlagert und wirkt dort *ausgesprochen lächerlich.*

Vielleicht hängt es auch damit zusammen, dass der dritte Aspekt der Gottheit das Mutterprinzip darstellt und damit die Kraft, auf diesem Planeten einen Körper anzunehmen. Zugleich steht das dritte göttliche Prinzip auch für aktive Intelligenz, also für das höhere Denken, den Heiligen Geist, wie die Kirche das nennt. Die zwei sind aber immer eins. Hier ist eine Vereinigung gar nicht möglich.

Wer kam denn dann zusammen? Es sind Vater und Mutter (Josef und Maria) und es resultiert der Sohn (der fleischliche Körper Jesu). Jesus als Monade (als Göttlicher Funke) hatte sich diesen Körper ausgesucht und ist selbst in den Fötus in Marias Leib sozusagen hineingeschlüpft.

Wie konnte Jesu leibliche Mutter Maria empfangen und gebären und auf geheimnisvolle Weise doch Jungfrau bleiben?

Das ist wieder nur im übertragenen Sinne zutreffend. Man hat das bei vielen Religionsstiftern und spirituellen Meistern behauptet, um ihnen den Nimbus des Außergewöhnlichen zu geben. Maria und Josef waren ein Paar und hatten viele Kinder. Neben Jesus das bekannteste ist Jesu Bruder Jakobus, der als Gegenspieler von Paulus eine bedeutende Rolle in der Urchristengemeinde spielte.

Die Sache mit der Jungfrauengeburt ist nicht Jesu Stil. Jesus hat immer wieder betont, *dass er ein Sohn der Menschen war. Er hat seine Menschennatur extra herausgekehrt. Er war besonders mit den einfachen Leuten zusammen, sogar mit Zöllnern, Steuereintreibern, Fixern, Sandlern, Alkoholikern und Prostituierten. Die waren nicht so verbildet und heuchlerisch wie die Schriftgelehrten und Pharisäer.*

Diese Idee von der Jungfrauengeburt stammt nicht von Jesus und ist noch nicht einmal eine Erfindung der Kirchenväter. Im Terrassentempel der Hatschepsut in Ägypten findet man z. B. ein mehrere Dekameter langes Wandgemälde auf dem diese Geschichte in Bezug auf die Pharaonin ebenfalls erzählt wird.

TROTZDEM IST ES GERECHTFERTIGT, DASS WIR DIE HEILIGE MARIA VEREHREN UND ZWAR SO, WIE MAN AUCH ANDERE HOCHSTEHENDE, ERLEUCHTETE MENSCHEN UND MEISTER VEREHRT. JESU MUTTER MARIA WAR EINE HOCHENTWICKELTE DAME: SIE WAR WIRKLICH REIN IN GEDANKEN, WORTEN UND WERKEN - EINE "JUNGFRAU". DAS IST DER GRUND, WARUM ER SIE SICH AUSGESUCHT HATTE.

Sie müssen sich vorstellen, dass es für einen Eingeweihten seiner Stufe schwer ist, eine geeignete Mutter zu finden. Die meisten Frauen sind dafür zu unbewusst. Und Josef? Jesu irdischer Vater Josef hat tatsächlich mit Hingabe und Freude "seine eheliche Pflicht" erfüllt. Der Heilige Geist hat ihm keine Hörner aufgesetzt.

Was ist dann mit dem Ausspruch: "*Niemand kommt zum Vater außer durch mich?*"

Die Kirche hat das auf sich bezogen und den verhängnisvollen Satz geprägt: "*Außerhalb der Kirche kein Heil*". Eine verlogenere Anmaßung kann man sich kaum vorstellen.

Die römische Glaubenskongregation - die Nachfolgerin der Inquisition - hat den alleinigen Heilsanspruch "extra ecclesiam non salus" in einer Erklärung ("Dominus Jesus") soeben wieder bekräftigt - und das am Beginn des dritten Jahrtausends! Aber was kann man von diesen alten, verknöcherten Theologen anderes erwarten? Sie wollen und können ihren Machtanspruch nicht aufgeben. Er wird sich genauso in Luft auflösen wie das Regime der DDR. Die Menschen werden mit den Füssen abstimmen und austreten.

DIE KIRCHE WIRD ZUR BEDEUTUNGSLOSIGKEIT HERABSINKEN, WENN SICH DIE LIEBESBOTSCHAFT NICHT DURCHSETZEN UND EIN NEUANFANG GEMACHT WERDEN KANN. LIEBE UND WEISHEIT STELLEN NUN EINMAL DAS ALPHA UND DAS OMEGA AUF DIESEM PLANETEN DAR.

Es ist ein Problem, dass immer noch Millionen von Menschen daran glauben, dass sie der ewigen Verdammnis anheim fallen, wenn sie aus der Kirche austreten. Helfen sie ihren Mitmenschen, diese Manipulation abzuschütteln und frei zu werden!

MENSCHEN ALLER RELIGIONEN "KOMMEN IN DEN HIMMEL ", WERDEN ERLEUCHTET. KEINE KIRCHE HAT DAS FÜR SICH ALLEIN GEPACHTET. ES GIBT KEINE ALLEINSELIGMACHENDE LEHRE.

Es gibt überhaupt *keine einzige* Lehre, die selig machen kann. Wie soll eine Lehre selig machen? Eine Lehre ist zunächst einmal eine Sammlung von Worthülsen. Sie kreiert Papageien, Imitatoren, Schafe ...

Die Lehren der Kirchen und der anderen Sekten suggerieren den Gläubigen, dass sie durch Annehmen der Lehre die Wahrheit bereits besitzen. Das ist aber eine dicke Illusion. Sie führt zu falschen Verhaltensweisen:

DIESE MENSCHEN HÖREN AUF, ZU SUCHEN! SIE BEMÜHEN SICH NICHT MEHR, IHRE EIGENE, INNERE WAHRHEIT ZU FINDEN, DIE JEDOCH ALLEIN ZÄHLT.

Deswegen sind Lehren, die angeblich geoffenbartes, gesichertes Wissen über Gott verbreiten gefährlich - sie wirken in die entgegengesetze Richtung! Die Amtskirchen verraten die Erleuchtung ihrer Schäfchen. Der Mensch muss sich selbst bemühen, muss selbst suchen. Er ist nämlich kein Schaf.

Man kann das gar nicht klar und drastisch genug darstellen. Wie anders sollen die Menschen ihre Angst verlieren. Die Erfahrung der letzten 2000 Jahren zeigt ganz eindeutig, dass die meisten Menschen *außerhalb* orthodoxer Religionen erleuchtet wurden. Man muss und kann daraus messerscharf folgern, dass die Kirchen und Religionen ein spirituelles Bewusstseinswachstum nicht fördern oder noch genauer: sie verhindern es.

Und diejenigen, die es innerhalb der Kirche geschafft haben, waren dazu bestimmt, die alten verkrusteten Strukturen von innen heraus etwas auszuhöhlen. Sie waren zu Beginn der jeweiligen Inkarnation schon so gut wie erleuchtet, z. B. der Heilige Franz von Assisi. Welche Probleme hat der den Kirchenoberen bereitet, als er ihnen ihre Gier nach Macht und Reichtum vorgehalten hat? Er war doch ein ausgesprochener Fremdkörper in der Kirche. Er hat sich mit gutem Recht auf Jesus berufen. Man kann sich nur wundern, wie die Menschen sich von der Kirche für dumm verkaufen lassen.

Die Amtskirchen hatten noch nie etwas mit Erleuchtung am Hut. Sie waren Disziplinierungs-Institute für die Massen. Und auch das hat überhaupt nicht geklappt. Ständig ist irgendwo Krieg auf der Welt; und viele davon haben die Theologen durch ihre Streitigkeiten selbst ausgelöst. Sie können das leicht nachprüfen.

DIE KATHOLISCHE KIRCHE HAT DIE GLÄUBIGEN AUF EIN JENSEITS VERTRÖSTET UND GESAGT, DASS ES DORT LIEBE UND GERECHTIGKEIT GIBT. ERLEUCHTUNG KANN MAN ABER AUF DER ERDE IN EINEM PHYSISCHEN KÖRPER ERLANGEN - *NUR DORT*.

Jesus ist selbst das beste Beispiel dafür. Und dann gab es ja die sehr große Gruppe der Kirchenväter, die sich Gnostiker nannten; die haben das Christentum das erste halbe Jahrtausend entscheidend mitgeprägt, auch wenn die Kernpunkte von der Kirche unter die Häresien (Ketzereien) eingereiht wurde. Der eingangs zitierte Origines war einer von ihnen. Der innere Kern der Gnosis ist das, was ich ihnen hier das ganze liebe lange Buch über nahe bringen möchte. Folgende Definition stammt sinngemäß vom Kirchenvater Irenäus aus dem 2. Jahrhundert.

GNOSIS IST DAS UNMITTELBARE, INTUITIVE ERKENNEN GOTTES IM HERZEN, ALSO DIE ERLEUCHTUNG. SIE BEFREIT DEN MENSCHEN VON DER PERSÖNLICHKEIT, DEM GEFÄNGNIS SEINER SINNE, UND FÜHRT IHN ZU SEINER WAHREN BESTIMMUNG.

Und wie erreicht man die Erleuchtung?

Jesus verkörpert Energien, Tugenden wie *Liebe und Hingabe;* und *nur durch sie* kommt der Mensch zu seiner eigenen Göttlichkeit. So ist das gemeint, als er sagte: "*Niemand kommt zum Vater außer durch mich*".

Aber man kann alles entstellen, wenn man will. Sie dürfen nicht vergessen, dass die Kirchengründungsväter seit den ersten Jahrhunderten nach Jesu Tod immer mit den weltlichen Regierungen paktierten und dass der Kaiser keine Spaltung wollte, weil er größere Unruhen befürchtete. Die Menschen waren damals ebenso fanatisch wie heute die islamischen Fundamentalisten und es kamen die abenteuerlichsten und phantastischsten Ideen über Gott und die Welt in Umlauf. Sehr vieles davon hat mit der Zeitlosen Weisheit nichts zu tun und es war hilfreich, dass es wieder verschwand.

Was war Jesu spezielle Aufgabe während des Fischezeitalters und womit ist er jetzt beschäftigt? Er hatte und hat sich unter anderem speziell um die christlichen Kirchen zu kümmern.

Er versuchte, den Amtsträgern vom Papst hinab bis zu den einfachsten Klosterschwestern und Landpfarrern, etwas mehr Liebe und Mitgefühl für die Menschen einzuflößen. Leider ist ihm das bei den höheren Chargen nur recht selten gelungen.

"Erfolgreich" war er bei Nonnen und einfachen Seelsorgern. Hier konnte er erreichen, dass bei vielen von ihnen das Herz mehr zählte als die kirchlichen Dogmen. Die Arbeit mit dem Papst und den Kardinälen war jedoch streckenweise ausgesprochen frustrierend, wenn ich das mal so formulieren darf.

Was wäre die Aufgabe der christlichen Kirchen?

AUF DEM HINTERGRUND VON JESU LIEBESBOTSCHAFT HABEN DIE KIRCHEN IN ERSTER LINIE EINEN SEELSORGERISCHEN AUFTRAG. LEIDER HABEN SIE DIESEN NICHT AUSREICHEND ERFÜLLT. ES KOMMT NICHT AUF DOGMEN UND MACHT AN, SONDERN AUF DIE FÖRDERUNG DER BEWUSSTSEINSENTWICKLUNG DER GLÄUBIGEN. DIE MENSCHEN WOLLEN NICHT EINGESCHRÄNKT, BEVORMUNDET WERDEN, SONDERN BEGEISTERT UND ERMUNTERT, DIE EXISTENZ IHRER UNSTERBLICHEN SEELE ZU ENTDECKEN, DAMIT SIE FREI WERDEN VON DER JAHRMILLIONEN ALTEN SKLAVEREI DURCH DIE EIGENEN WÜNSCHE UND BEGIERDEN. DAS WÄRE ERLÖSUNG.

Viele Pfarrer und Klosterschwestern haben sich zeitlebens darauf spezialisiert, Trost zu spenden. Das geht aber nicht weit genug, darf nicht alles sein. Trost ist wie ein Heftpflaster. In vielen Fällen verniedlicht er das Problem, es ist dann nicht mehr so schwer und der Leidensdruck lässt nach. Es bleibt dann alles beim alten. *Menschen ohne Leidensdruck kommen nicht voran. Der Leidensdruck ist ein Segen!* Er ist ein immens forderndes Gefühl, all das im Leben zu ändern, was der Entwicklung des eigenen Potentials schadet. Abmildern oder verdrängen des Leidensdrucks ist deshalb schädlich. Die Geistlichen machen sich beliebt, weil Trost im Augenblick angenehm ist ...

Der wahre Meister verstärkt den Leidensdruck, indem er die Menschen noch tiefer in ihre Probleme hineinstößt, als sie bereits sind. Auf diese Weise wird das Problem so brennend, dass die Menschen schließlich von selbst, aus eigenem inneren Antrieb gegensteuern und sich wandeln. So kommt die nötige Eigenverantwortung zum Tragen. Das ist genau das, was Meister unterstützen möchten. Den Kirchenvertretern ging und geht es ums Gegenteil. Sie wollten sich unentbehrlich machen, damit sie Brot und Macht nicht verlieren.

Die kirchlichen Moralapostel aller Couleur haben stets mit moralistisch erhobenem Zeigefinger Begierden und Lust den Kampf angesagt. Diese Methode funktioniert aber nicht - auch das haben uns die letzten 2000 Jahre gezeigt.

STATT GEGEN DIE NIEDERE MENSCHENNATUR ANZUKÄMPFEN VERSTÄRKT MAN BESSER DAS WAHRE, SCHÖNE UND GUTE, DIE HÖHERE MENSCHENNATUR. MEISTER OSHO HAT GESAGT: "*KÄMPFT NICHT MIT DER DUNKELHEIT, MACHT LIEBER LICHT AN!*" ES HAT KEINEN SINN, SICH PAUSENLOS MIT DEN LEICHEN IM KELLER UND DEM GERIPPE IM SCHRANK ZU BEFASSEN.

Zuzeiten, in besonderen Krisen, und zur Lösung besonderer Blockaden und Erhellung von schweren Traumata ist es sehr hilfreich, psychotherapeutischen Beistand anzunehmen. Das Hauptgewicht sollte jedoch darauf liegen, die Menschen zu ermuntern, *die Existenz ihrer unsterblichen Seele zu erfahren und im Lichte ihrer Seele zu leben.* Das ist auch der ayurvedische Ansatz, in dem man das, was zu schwach ist, anhebt statt gegen das zu kämpfen, was zu stark ist.

Des Menschen Wünsche und Begierden sind so stark, dass es sich bei weitem nicht auszahlt, immer nur gegen sie anzukämpfen. Das kostet viel zu viel Energie und außerdem verstärken sich die Wünsche und Begierden dabei. Wenn sie einer Sache zu viel Aufmerksamkeit schenken, dann ist es häufig so, dass sich das Problem infolge der vielen Energie, die sie in die Angelegenheit investieren, noch verstärkt. Sie rückt einfach zu sehr in den Vordergrund. Sie sind dann dauernd mit dem beschäftigt, das sie *nicht* tun wollen. Es wäre viel besser, sich mit dem zu beschäftigen, was sie wollen!

Wenn sie mit dem Auto von Wien nach Hamburg unterwegs sind, dann legen sie ihre Aufmerksamkeit ja auch nicht auf all die vielen Ausfahrten und Abzweigungen, die sie *nicht* nehmen wollen, sondern vielmehr auf die, die sie weiter bringen!

DAS ERFORDERT VON SEITEN DER MENSCHEN EIN RADIKALES UMDENKEN. DIE KIRCHE HAT SIE AUF DIE SOGENANNTEN SÜNDEN FIXIERT STATT AUF IHRE INNEWOHNENDE GÖTTLICHKEIT.

Aber beschimpfen und verurteilen sie sie deswegen nicht. Die Kirchenväter und Päpste etc. *haben aus Angst gehandelt.* Sie haben befürchtet, das Böse würde sie verschlingen. Wenn man sich aber auf das Niveau des Bösen begibt ... Wer sich in die Gefahr begibt, kommt darin um. Das ist ja auch geschehen. Der sorgsam geplante Schuss ist nach Hinten losgegangen.

DIE PAUSENLOSE BESCHÄFTIGUNG MIT DER VERMEIDUNG VON MÖGLICHKEITEN MACHT UNS BLIND FÜR DAS GÖTTLICHE. VIELES, WAS ALS SÜNDE BEZEICHNET WIRD, STELLT GANZ NATÜRLICHE MENSCHLICHE REGUNGEN UND BEDÜRFNISSE DAR, DIE WEDER GUT NOCH BÖSE SIND.

Devanando: Manchmal stehen mir die Haare zu Berge, wenn ich sehe, was aus deinem Vorbild für Liebe und Hingabe alles geworden ist.

Jesus: Gott sei dank reißt du sie dir nicht aus! Es ist ja auch nicht dein Problem, oder?

Devanando: Manchmal hab ich das Gefühl, ich hätte da etwas gut zu machen, was ich früher versiebt habe ...

Jesus: Willst du es unseren Lesern verraten? Wie ich sehe, stimmt deine Ahnung.

Devanando (zögerlich): Also, vielleicht ist es gut für alle Beteiligten, wenn ich es offen ausspreche: ich habe im Laufe des Fischezeitalters zu diversen Zeiten in der Kirche Posten bekleidet, in denen ich einiges zu sagen hatte...

Jesus: Und?

Devanando (stockend, unter Tränen): Ich habe daran mitgewirkt, dass sich Lehre und Praxis der Kirche von deinen Wahrheiten entfernte.

Jesus: Das ist richtig; du solltest deswegen aber kein schlechtes Gewissen haben. Du hast dann später während der Inquisition bereits Ansichten vertreten, die den heutigen nicht unähnlich waren und deswegen sehr gelitten.

Devanando: Ich spüre es.

Jesus: Du warst in vielen Leben in erster Linie der Philosoph - zu sehr im Kopf, zu wenig im Herzen.

Devanando: Ja, ich wollte schon immer die Wahrheit finden - so wie ich es damals verstand.

Jesus: Und du hast dich für rechte menschliche Beziehungen eingesetzt.

Devanando: Ja, das kann ich fühlen. Ich war dabei zuzeiten enorm zerrissen als Sekretär und Vermittler zwischen hohen und höchsten Würdenträgern und den einfachen Seelsorgern.

Jesus: Und da kam zuzeiten ein einfaches Bauernmädchen und hat dir Liebe und Verstehen vorgelebt.

Devanando: Und das hat mich so sehr beeindruckt, dass ich alle meine Gelübde vergaß.

Jesus: Ja, diese bezaubernden Geschöpfe habe ich dir mehrmals gesandt, um dich aus deinen philosophischen Verstrickungen und politischen Intrigen heraus zur Essenz zu bringen.

Devanando: Danke, danke, danke. Könnte es sein, dass du mir solche Geschöpfe auch in diesem Leben geschickt hast?

Jesus: Was meinst Du? (lacht)
Wenn ich sage, ich habe dir jemanden geschickt, so darfst du das nicht wörtlich nehmen. Deine Seele hat sich diese anderen Seelen gewünscht ... Ihr habt euch abgesprochen.

Devanando: Herz und Kopf sind gleichermaßen wichtig. Das habe ich inzwischen begriffen. Der Weg des Herzens ist der Weg der Liebe. Es ist der Weg der Mystiker, z. B. auch der Sufis aus der Welt des Islam. Dschallaledin Rumi aus Konya in der Türkei ist das beste Beispiel, bei uns im Abendland ist es der Heilige Franz von Assisi.

DIE KENNTNIS VON DER EIGENEN UNSTERBLICHKEIT, DIE GEWISSHEIT EINER EWIGEN ZUKUNFT, DAS ANGEBORENE GESPÜR FÜR GOTT, DIE OFFENBARUNG DER LIEBE, DAS ERLANGEN EINER WEISHEIT, WELCHE HILFT UND FÖRDERT - ALL DAS IST NICHT DAS VORRECHT EINES SENECA, EINES ZARATHUSTRA, DER BERÜHMTEN UND GROSSEN ERLEUCHTETEN MENSCHHEITSLEHRER.

Es findet sich - manchmal sogar in seiner reinsten Form - bei der demütigsten Bäuerin oder Hirtin. Worte weisen Rates fallen von den Lippen der Ungelehrten, und ein Wissen um Gott und die Unsterblichkeit der Seele entdeckt man gerade in Herzen, in denen man es am allerwenigsten vermutet, ja *sogar bei den größten sogenannten Sündern.*

Das war ein sinngemäßes Zitat des genialen tibetischen Meisters Djwhal Khul.

DIE KIRCHE HAT - BESONDERS KRASS WÄHREND DER INQUISITION - EINE ART POLIZEISTAAT ERRICHTET, SIE HAT MASSIV GESINNUNGSTERROR AUSGEÜBT.

Erst hat sie den Menschen unter Strafe völlig unnatürliche Verhaltensweisen auferlegt und sie gezwungen an Dinge zu glauben, die niemand in sich selbst finden kann. Dann kamen dieselben Kirchenvertreter und boten scheinheilig Hilfe in dem Schlamassel und den Zweifeln an, in die sie die Gläubigen durch ihre Gebote erst gestürzt hatten. So machten sie sich unentbehrlich und haben dabei gut gelebt.

Das klingt wie ein abgekartetes, böses Spiel! Und das war es auch. Zum Glück hat die moderne Psychotherapie diese Tatsachen schonungslos aufgedeckt. Sie hat zur Zeit aber noch wenig besseres zu bieten, so lange sie nicht spirituelle Gesichtspunkte in ihre Therapieformen einbezieht.

ES GIBT JEDOCH EINE RICHTUNG, DIE SICH "ESOTERISCHE ODER INTEGRALE PSYCHOLOGIE" NENNT. SIE IST WAHRHAFT GANZHEITLICH, WEIL SIE DIE ALLES ENTSCHEIDENDE EXISTENZ DER SEELE (IM SINNE DES UNSTERBLICHEN, HÖHEREN SELBST`S, DES TRANSFORMATORS) MIT EINBEZIEHT.

Man kann die Zusammensetzung eines Wassers nicht erklären, wenn man die Quelle nicht kennt. Man kann den Menschen nicht verstehen, wenn man nicht weiß, dass er aus einer göttlichen Quelle stammt. *Und in diesen Bereichen ist alles Freiheit. Hier dominiert niemand niemanden. Hier gibt es keine Machtpolitik.* Hier wird nichts ausgeklammert. Hier kann niemand dem anderen ein X für ein U vormachen.

Ich habe den Eindruck, dass die normale Psychotherapie hierzulande ebenso arbeitet wie die Kirche und die Schulmedizin. Im Grunde genommen geht es wieder nur darum, störende Symptome zu beseitigen, damit der Betreffende wieder in den Arbeitsprozess eingegliedert werden kann. Man schreibt ihn nicht wirklich gesund sondern nur arbeitsfähig. Das allein zählt in einer materialistischen Gesellschaft wie der unsrigen.

Der alternative Weg wäre der religiöse - der Weg der Religio, der Rückverbindung zum Göttlichen. Das würde die Psychotherapeuten, Psychiater und die meisten Pfarrer aber völlig überfordern. Sie haben das nicht gelernt. Wenn jemand ein psychisches (= emotionales) Symptom entwickelt - etwa eine Depression - dann nutzt es wenig, wenn man ihn durch Psychopharmaka oder fromme Sprüche aufzuhellen versucht und wieder in die Arbeit schickt. Die Depression wollte dem Betreffenden etwas sagen. Er sollte womöglich etwas in seinem Leben ändern, das den Weg zurück zur Seele und zu Gott erleichtert ...

25. Du sollst nicht töten

Das fünfte Gebot lautet: "*Du sollst nicht töten*". Wen oder was darf man nicht töten?

Dieses Gebot geht auf Moses zurück, der die zehn Gebote jedoch nicht auf dem berühmten Berg von Gott persönlich empfing. Er hat sie aus dem berühmten rd. 4000 Jahre alten "Kodex Hammurapis" aus dem Zweistromland abgeschrieben. Die Religionen hängen alle eng zusammen. Einer hat vom anderen abgeschrieben, das geht kaum anders. Selbst Erleuchtete können nicht jedesmal das Rad neu erfinden.

Auch große Teile des alten Testaments sind keinesfalls original jüdisch. Das Alte ist ebenso wie das Neue Testament eine Sammlung von Schriften unterschiedlicher Quellen und keinesfalls "*die Wahrheit direkt von Gott*". Wenn wir über das fünfte Gebot sprechen, müssen wir berücksichtigen, dass damals noch der "*Alte Bund*" galt und dass darin Tieropfer vorgesehen waren. Also bezog sich dieses Gebot zunächst "nur" darauf, dass keine Menschen getötet werden dürfen. Und auch davon gab es viele Ausnahmen, wie man im alten Testament lesen kann. Es geht dort stellenweise ausgesprochen blutrünstig zu. Was hat sich seither geändert?

JESUS HAT WÄHREND SEINER PALÄSTINA-MISSION VOR 2000 JAHREN DAS SCHLACHTOPFER VON TIEREN KOMPLETT ABGESCHAFFT - UND NICHT NUR DAS: ER WAR AUCH GEGEN DAS SCHLACHTEN VON TIEREN, NUR UM SIE ZU ESSEN.

Jesus selbst war ein Vegetarier (wie die Urgemeinde der Essener, aus der er hervorging), konnte aber als hoher Erleuchteter auch Fleisch essen, ohne sich damit zu schaden. Er hat es zuzeiten getan, um sich mit den Menschen seiner Zeit zu solidarisieren - aus didaktischen Gründen also.

Er ist auch nie ein Asket gewesen. Seinen Weg können sie in der Gesellschaft gehen, Sinnlichkeit und Sexualität hindern sie nicht an der Erleuchtung.

Jesus ist und war kein Fanatiker. Er war gegenüber den Menschen Vorbild als Vegetarier, die ebenfalls dazu neigten und er hat dort - nur gelegentlich wohlgemerkt - Fleisch gegessen, wo er mit zur Schau gestelltem Vegetarismus nichts bewirkt hätte. "*Die Wahrheit ist das was wirkt!*"

Die Tiere sind unsere Brüder und Schwestern. Sie zu essen, macht nicht nur keinen Sinn; sie greifen auch unberechtigt in ihre Inkarnationszyklen ein. Von den gesundheitlichen Folgen von reichlich Fleischgenuss und den Schäden, die aus der Massentierhaltung erwachsen, brauche ich sie hier ja nicht zu warnen. Ich habe in meinen Büchern schon genug darüber geschrieben.

Die Menschen, die Angst haben, sie kämen ohne Fleisch nicht aus, vergessen immer, dass die weit überwiegende Mehrzahl der Menschen weltweit vegetarisch lebt - und dass es ihnen dabei ausgezeichnet ergeht. In dieser Hinsicht ist das Buch über die Blutgruppenernährung auch nicht eben hilfreich. Die Leute rufen mich jetzt an und fragen, ob sie wieder Fleisch essen sollen nachdem sie seit Jahrzehnten erfolgreiche Vegetarier waren, nur weil sie der Gruppe der "Jäger und Sammler" angehören. Das wäre natürlich Unsinn.

Jesus war - wie viele wissen - zu Lebzeiten mit einer religiösen Gruppe verbunden, die sich Essener nannte. Diese Menschen waren nicht nur Vegetarier, sie waren Rohkostveganer. Sie aßen nur rein pflanzliche Rohkost - auch keine Eier, Milch oder Käse.

Diese Art der Ernährung wurde auch von vielen griechischen Philosophen und deren Schülern praktiziert und natürlich auch von vielen Kirchenvätern, die ja überwiegend ein sehr asketisches Leben führten.

Es ist von Pythagoras bekannt, dass er für sich und seine Schülerinnen und Schüler in seiner Weisheitskommune sogar die Bohnen von der täglichen Diät ausschloss, weil ihr Aminosäurenspektrum demjenigen von Fleisch sehr nahe kommt, weshalb Bohnen unnötig schwer und übersäuernd sind. Pythagoras hat das während seines viele Jahrzehnte dauernden Aufenthaltes in Ägypten gelernt; während dieser Zeit hat er sämtliche Einweihungen durchlaufen, die dort "angeboten" wurden. Die große Pyramide von Gizeh nebst Sphinx spielten als Ort der Einweihungen dabei eine große Rolle. (Lesen sie dazu die Visualisierung für den dritten Strahl in meinem Buch "Die Sieben kosmischen Strahlen"!)

Die vegetarische Ernährung ist Teil der Zeitlosen Weisheit; vegetarische Ernährung ist nach Djwhal Khul in gewissen Stadien der spirituellen Entwicklung absolut unumgänglich - in anderen ist es nicht zwingend, wenn auch hilfreich und außerordentlich umweltschonend. Ich möchte ein paar Zeilen von ihm zitieren:

"Diese Regel kann zusammengefasst werden in der genugsam bekannten Anweisung an jeden Jünger, streng vegetarisch zu leben. Die niedere Natur wird verstopft und schwer, und die innen lodernde Flamme kann nicht hervorleuchten, solange Fleisch ein Bestandteil der Ernährung ist. Dies ist eine drastische Vorschrift für den Bewerber" (um Einweihung), "und sie darf niemals verletzt werden. Solange sie Aspiranten" (auf dem Probepfad) "sind, können sie sich entscheiden, ob sie Fleisch essen wollen oder nicht, aber sobald sie einmal ein gewisses Stadium auf dem "Pfad" erreicht haben, ist es im höchsten Grade erforderlich, dass jegliches Fleischessen aufgegeben und der Ernährung größte Aufmerksamkeit zugewandt wird.

Ein Jünger darf nur Gemüse, Getreidespeisen, Obst und Nüsse zu sich nehmen, und nur so kann er einen derartigen physischen Körper erbauen, der den Einzug des wirklichen Menschen aushält, der in seinen feineren Hüllen vor dem Initiator gestanden hat. Sollte er das nicht tun und es ihm dennoch möglich sein, eine Einweihung zu nehmen, ohne dass er sich in obiger Weise entsprechend vorbereitet hat, so würde der physische Körper von der einströmenden Energie, die durch die neubelebten Zentren fließt, zerbrechen, und für Gehirn, Rückgrat und Herz würden grässliche Gefahren entstehen.

Natürlich können keine bis ins einzelne gehende feste Regeln aufgestellt werden, einzig die Grundregel, dass Fleisch, Fisch und gegorene Getränke jeder Art wie auch Tabakgenuss für den "Bewerber um Einweihung" absolut verboten sind. Diejenigen, die den Verzicht auf sich nehmen können, mögen zuzeiten auch Eier und Käse besser aus ihrer Kost streichen, doch ist dies in keiner Weise ein Muss.

Immerhin ist es für solche, die auf dem Wege sind, physische Fähigkeiten zu entwickeln, ratsam, keine Eier und nur wenig Käse zu essen. Milch und Butter gehören zu einer anderen Kategorie, und die meisten Eingeweihten und Bewerber halten es für notwendig, sie in ihrer Ernährung beizubehalten. Einige wenige Ausnahmemenschen können mit der eingeschränkten Kost auskommen und dabei ihre volle physische Arbeitskraft behalten.

Die oben angegebene Diät stellt die ideale Erfüllung der Regel dar. Wir wissen jedoch, dass gerade in der heutigen Übergangszeit Ideale selten voll verwirklicht werden können. In diesem Zusammenhang sollten zwei Dinge betont werden: erstens, dass alle Bewerber einen gesunden Menschenverstand besitzen müssen; dieser fehlt oft, und der Studierende täte gut, daran zu denken, dass unausgeglichene Fanatiker nicht gerade wünschenswerte Mitglieder der Hierarchie sind.

Gleichgewicht, ein gesunder Sinn für Maßhalten, Rücksicht nehmen auf die Umweltbedingungen und Gemeinsinn, das sind die Kennzeichen eines wahren Okkultisten. Kommt dazu noch ein Sinn für echten Humor, so kann manche Gefahr vermieden werden.

Zweitens: der Bewerber muss sich Zeit lassen, er muss langsam vorgehen, wenn er Veränderungen in der Ernährungsweise und in lebenslangen Gewohnheiten vornehmen will. Alles in der Natur vollzieht sich allmählich, und die Bewerber müssen die okkulte Wahrheit des Sprichwortes erlernen: Eile mit Weile. Ein Prozess der gradweisen Ausmerzung ist gewöhnlich der Pfad der Weisheit, und diese Ausscheidungs-Periode sollte unter idealen Bedingungen, die aber selten vorhanden sind, mit jenem Abschnitt, den wir den des Aspiranten nennen, zusammenfallen, damit die notwendige, vorbereitende Reinigung durch die Kost hinter ihm liege, wenn er als Bewerber um Einweihung auftritt." (A. A. Bailey: "Initiation", S. 207f.)

Das sind klare Worte und sie tun gut daran, sich soweit wie möglich/nötig danach zu richten. Wenn sie im Zweifel sind, auf welchem Stadium des Weges sie sich befinden und wenn das Fleischessen nicht gerade ein brennendes Anliegen ist, dessen Unterdrückung sie in Teufels Küche stürzen würde, dann rate ich ihnen, eine vegetarische Ernährung im obigen Sinne zumindest einmal für eine gewisse Zeit auszuprobieren. Sie werden staunen, wie gut sie sich dabei fühlen und wie frei ihr Gehirn wird. Dies ist die Voraussetzung für die Verarbeitung von intuitiven Eingaben.

Warum ist der Vatikan an italienischen Schlachthöfen beteiligt und warum hat die Kirche seit ihrer Konsolidierung das Fleischessen gefördert? Das ist ein trauriges Kapitel der Kirchengeschichte, um deren Erhellung sich der Kirchenhistoriker Franz Susmann in seiner Doktorarbeit an der Gregoriana in Rom verdient gemacht hat. Was geschah damals?

Wie an anderer Stelle schon angedeutet, paktierten viele der Kirchenväter mit der weltlichen Macht, mit dem Kaiser von Byzanz und anderen Herrschenden. Diese wiederum stützten ihre Macht natürlich auf die Reichen im Lande, allen voran auf die Großgrundbesitzer. Diese hatten aber die großen Viehherden auf ihren Ländereien und wollten Fleisch verkaufen.
Ihnen lag nichts am Vegetarismus - sie waren strikt dagegen.

Und sie haben sich natürlich durchgesetzt, weil der Kaiser auf sie angewiesen war.

Es war ganz einfach, das praktisch an den Mann bzw. die Frau zu bringen: man erklärte alle Vegetarier zu Ketzern. Man sagte, dass alle, die kein Fleisch aßen mit den griechischen Philosophen unter einer Decke steckten. Und wer sich nicht zum Fleischessen bekannte und dies auch nicht deutlich sichtbar tat, *wurde zum Tode verurteilt.* Hätten sie das für möglich gehalten?

Die meisten Umweltschäden ließen sich vermeiden und das Welthungerproblem ließe sich lösen, wenn die Menschen zu einer vegetarischen Lebensweise übergingen. Ein immer wieder störendes Moment ist die Vermischung von kirchlicher und weltlicher Macht; das wird jedoch bald ein Ende nehmen, und zwar in dem Maße, indem die Menschen innerlich freier werden und aus der Kirche austreten. Der Staat sieht dann keine Notwendigkeit mehr mit den kirchlichen Machthabern zu paktieren.

26. Dualität und Nondualität: Wer ist Gott?

Devanando: Kannst du uns etwas sagen über die Rolle, die dein himmlischer Vater spielt? Wer ist das? Gibt es diesen bärtigen alten Mann überhaupt noch?

Jesus: Den hat es aus heutiger Sicht noch nie gegeben. Früher war dieses Bild gültig, weil Gott für viele Menschen nicht anders vorstellbar war. Heute kann ich euch erklären:

GOTT IST EIN ZENTRUM REINSTER LIEBE, WEISHEIT UND BEWUSSTHEIT. DIESE DREI ATTRIBUTE HABEN JEDOCH EINEN VÖLLIG ANDEREN INHALT ALS FÜR EUCH MENSCHEN. ES IST SUPERLIEBE, SUPERWEISHEIT, SUPERBEWUSSTHEIT.

Das ist eine Definition für viele von Euch. Ihr könnt auch sagen: Gott ist die Verkörperung sehr hoch schwingender feinstofflicher Energie. Das wäre eine Wahrheit für Esoteriker.

Für mich ist Gottvater wieder etwas anderes. Ihr könnt meine Erfahrungswahrheit aber nicht verstehen. Ich kann das nicht in Worte kleiden. Dafür gibt es keine Ausdrücke in eurer Sprache und selbst wenn, es wären für euch bloße Buchstaben. Ich kann nur soviel sagen: ich selbst erlebe Gott völlig anders als ihr und Christus erlebt ihn wieder anders. Es ist eine Frage der Wahrnehmungsfähigkeit.

Gott ist mein Vater, weil er mein Ursprung ist und das verkörpert, was ich eines Tages sein will und werde. Er ist mein Ursprung und mein Ziel. Ich bin in ihm und er ist in mir. Der heilige Paulus spricht in der Apostelgeschichte von Gottvater als von dem "*in dem wir leben, wirken und sind.*" Das darf man wörtlich nehmen. *Das gilt alles auch für Euch.*

Devanando: Diesen allerletzten Satz - sagst du den nur zur Ermunterung oder ist der wahr?

Jesus: Ja.

Devanando: Wieso ja?

Jesus: Wirkt er oder wirkt er nicht?
Ist die Tatsache, dass ich ein Sohn der Menschen bin und realisiert habe, dass ich zugleich auch ein Sohn Gottes bin und *dass für euch das gleiche gilt*, etwa nicht ermunternd?

Ich lebe in Gott, genau wie ihr, nur in einer anderen Funktion. Aber *ich bin nicht Gott* so wie Gottvater. Dieses Konzept hat Paulus - wie schon erwähnt - sozusagen aus didaktischen Gründen in die Kirche eingebracht. Es war damals die Wahrheit (weil sie wirkte und viele Menschen auf den christlichen Weg gebracht hat), entspricht aber nicht den Fakten. Ich bin ein erleuchteter Mensch. Ihr könnt so werden wie ich - *ich war vor wenigen Inkarnationen so wie ihr jetzt seid.*

Und Gottvater ist keine Person. Nur Kinderseelen kann man so etwas weismachen. Aber das ist alles nur schwer zu verstehen und deshalb haben die Religionsstifter früherer Epochen, genau genommen ihre Schüler, das Märchen vom alten bärtigen Mann aufgetischt. Und die christlichen Konfessionen haben sich zu der Behauptung verstiegen, das sogenannte Christentum wäre die reifste aller Religionen und den anderen dadurch völlig überlegen, dass es den erhabensten Gottesbegriff hätte. Die Sache mit dem Monotheismus, dem Eingottglauben und dem "persönlichen" Gott.

Das ist eine Vorstellung, welche die Kirchenväter für die wenig entwickelten Massen der damaligen Zeit erfanden. Einfache Menschen glauben leichter an einen lieben, gütigen alten Mann als an eine unpersönliche Energie oder eine hohe Wesenheit, über die man wenig bis nichts aussagen kann. Es ist sehr schwierig, Wesenheiten zu beschreiben, die sich in ihrer Erscheinungsform und Rolle von uns so grundlegend unterscheiden wie "Gott".

Es heißt zwar: "*Gott schuf den Menschen nach seinem Ebenbilde*". Das sagt aber "nur", dass der Mensch potentiell ebenso eine Verkörperung von Licht, Liebe und Kraft darstellt wie Gott. Aussehen, Funktion und Rolle in diesem Universum sind jedoch verschieden. Und ihr Potential müssen die Menschen erst noch zur vollen Blüte bringen.

Devanando: Bitte sprich über deinen himmlischen Vater.

Jesus: Dazu muss ich ein wenig ausholen: nach der Zeitlosen Weisheit ist alles belebt vom kleinsten Atom hinauf bis zur Galaxie usw. - man nennt das Hylozoismus. Die Physiker kommen diesem Konzept in der Biophotonenforschung inzwischen sehr nahe. Außerdem ist alles beseelt, was man Panpsychismus nennt. Dabei bedeutet beseelt für höher entwickelte Wesenheiten ab der vierten Einweihung eher, dass sie eine Monade sind. Die Seele als Transformator hat hier schon ausgedient. In Analogie zu den Menschen kann man bei all diesen unendlich vielen Wesenheiten auch von einer Persönlichkeit sprechen. Was hat das mit Gottvater zu tun?

GOTTVATER IST DIE SPIRITUELLE ESSENZ, DIE MONADE, DEREN PHYSISCHER KÖRPER DIE ERDE MIT UNS MENSCHEN DARSTELLT.

In den Schriften wird er auch der "Schweigende Wächter" oder das "innewohnende Leben" des Planeten genannt.
Sanat Kumara, über den man in den Schriften ebenfalls häufig liest, ist die Persönlichkeit (das niedere Selbst) des Schweigenden Wächters (Gottvaters). Man nennt ihn auch:

- den planetarischen Logos,
- den Herrn der Welt,
- Melchisedech,
- den einen Initiator,
- den Alten der Tage,
- den Jungen der endlosen Sommer,
- die zeitlose Jugend und
- die Ursprungsquelle des Willens
  (eines Willens, der sich als Liebe zeigt).

Sanat Kumara hat keinen eigenen Willen und ist von Gott, dem innewohnenden Leben des Planeten Erde völlig durchdrungen.

Und jetzt kommt eine klassische Analogie: der Schweigende Wächter steht zu Sanat Kumara, im gleichen Verhältnis, wie die Seele zur Persönlichkeit des Menschen. Verstanden? Man kann sich von dem hohen Entwicklungsstand dieser großen Wesenheit des Schweigenden Wächters alias Gottvater, vielleicht eine Vorstellung machen, wenn man die gegenwärtig am weitesten verbreitete Entwicklungsstufe des Menschen mit der eines vollkommenen Eingeweihten vergleicht. *Der Schweigende Wächter steht dann noch einmal haushoch über diesem.*

Der Schweigende Wächter wirkt durch seinen Repräsentanten auf der physischen Ebene, Sanat Kumara, welcher der Brennpunkt seines Lebens und seiner Energie ist. Er hält die Welt in seiner Aura. Kannst du das verstehen?

Devanando: Dieser "Schweigende Wächter" ist der alte Mann mit Bart ...

Jesus: Du alter Spötter! Diese hochspirituelle Wesenheit entspricht dem alten Mann mit Bart, er ist aber kein alter Mann mit Bart; er ist der Eine, dessen physischer Körper die Erde darstellt und dessen Persönlichkeit Sanat Kumara heißt.

Der Unterschied zum biblischen Gottesverständnis besteht darin, dass der Schweigende Wächter *kein* Schöpfergott in dem Sinne ist, dass er das gesamte Universum geschaffen hat. Er ist nur für die Verhältnisse auf seinem Planeten zuständig, den er aber auch nicht geschaffen hat. Ich hoffe ich überfordere unsere Leser nicht damit.

Devanando: Für viele bricht jetzt sicherlich die Welt zusammen.

Jesus: *Es wäre allerdings schön, wenn sie zusammenbräche und Platz machte für etwas größeres, das nicht geglaubt und nur dann als Wahrheit angenommen wird, wenn es einen "erhabenen Schauer" und innere Gewissheit auslöst.*

Devanando: Viele Menschen hadern statt dessen mit Gott. Sie hadern mit Gott angesichts des unsäglichen Leids, das Krankheiten, Kriege und der Tod im allgemeinen auslösen. Sie fragen z. B. im Hinblick auf die Brandkatastrophe am Kitzsteinhorn, wobei auch viele Kinder verbrannten, wie Gott so etwas zulassen konnte. Eine häufig in tiefer Verzweiflung gestellte Frage.

Jesus: Viele Menschen macht ein solches Geschehen derart betroffen, dass sie nicht mehr klar denken können; sie werden ganz einfach von ihrem Schmerz überwältigt. *Außerdem glauben viele Menschen noch immer, Gott sei allmächtig und allwissend und er könne jederzeit tun und lassen was er wolle.* Ich komme auf Details später zu sprechen, möchte hier jedoch mit allem gebotenen Ernst sagen, dass die Kirchen auch in diesem Bereich aus Gründen der Vereinfachung und der eigenen Machterhaltung die Menschen ins Dunkel geführt haben.

Gott übt keine Willkürherrschaft aus. Er hält sich an die kosmischen Gesetze. Es ist jetzt müßig darüber zu diskutieren, ob er es anders könnte. Er tut es schlicht und ergreifend nicht. Er tastet den freien Willen eurer Persönlichkeit nicht an. Und wenn nun jemand in die Bahn einsteigt, die später verbrennt, dann hat er das auf der Seelenebene bewusst und absichtlich getan.

Ein solches Unglück ermöglicht einen sehr erheblichen Lerneffekt für alle Beteiligten; *besonders für die Überlebenden.* Ich weiß, dass einige der Toten dieses Opfer aus Liebe zu ihren Angehörigen übernommen haben, damit diese Gelegenheit bekommen als zu tiefst Betroffene etwas über Verlust und Tod zu lernen.

Ihr kennt und versteht von diesen kosmischen Gesetzen, an die auch Gott sich hält, wenn es hochkommt vielleicht sieben Prozent! Jedes Wesen in diesem unserem Kosmos kennt immer nur die Gesetze, die sich auf die Ebene beziehen, auf der es sich befindet und jene, die sich auf die darunter liegenden Ebenen beziehen. Die Wesenheit, auf die sich die Menschen beziehen, wenn sie verlangen, sie sollte eingreifen, lebt - wie wir eben hörten - auf der Bewusstseinsebene unseres Planeten. Das ist im Verhältnis zu uns ein extrem hohes Bewusstsein - *deshalb nennen wir dieses Wesen ja Gott.*

Darüber gibt es noch unzählige höher stehende Wesen auf vielen höheren Ebenen, die alle noch mehr "Durchblick" haben. Auch die Eigenschaften

- *allmächtig (omnipotent, 1. Aspekt),*
- *allwissend (omniscient, 2. Aspekt) und*
- *allgegenwärtig (omnipräsent, 3. Aspekt)*

sind immer als *relativ* zu betrachten!

Devanando: Und das sollen wir jetzt glauben?

Jesus: Gott bewahre! Ich sage dies, weil ich weiß, dass es bei vielen Menschen einen inneren Widerhall erzeugt. Für die ist es dann die Wahrheit (weil es wirkt, das Leben verändert!).

Devanando: Kannst du uns die Sache mit den verschiedenen Gottheiten näher erklären?

Jesus: Gerne: Stellt euch eine Skala von Bewusstheitsgraden vor, auf der man alle Wesenheiten dieser Schöpfung einordnen könnte. Sie beginnt bei der extrem niedrigen Bewusstseinsstufe der "unbelebten" Natur und geht von dort über Pflanzen und Tiere zum Menschen und weiter zu den Meistern und Engeln und dann zu der Bewusstseinsstufe der spirituellen Wesenheit (der Monade), deren physischer Körper die Erde darstellt (Gottvater). Von dort aus folgt als nächstes die Bewusstseinsstufe des Logos der Sonne, unseres Zentralgestirns, dann die des Logos des gesamten Sonnensystems, dann nach einigen Zwischenstufen die des Logos unserer Galaxie und über viele weitere Zwischenstufen schließlich die Bewusstseinsstufe des Logos des gesamten Kosmos.

Bei den höheren Bewusstseinsstufen ab spätestens der fünften Einweihung kann man natürlich nicht mehr von Bewusstsein sprechen, weil dann an dessen Stelle etwas verwandtes Höheres tritt, das wir nicht mehr beschreiben können. Ich habe es "Superbewusstsein" genannt.

Wesenheiten, die ein deutlich höher entwickeltes Bewusstsein haben als ihr Menschen, nennt ihr Gott. Mich z. B. habt ihr ja auch als Gott bezeichnet. Die Monade der Erde nennt ihr Gott, haben die Kirchen und viele Religionen Gott genannt. Auch der solare Logos ist schon als Gott bezeichnet worden, er wird z. B. in dem berühmten vedischen Mantram "Gayatri" verehrt. Natürlich ist auch der (sonnen-)systemische Logos ein Gott.

Über höher stehende spirituelle Wesen lässt sich rein gar nichts mehr aussagen außer dass es sich um extrem hoch schwingende, feinstoffliche Energien, um Geistwesen handelt. Die Zeitlose Weisheit spricht deshalb jeweils von "*dem Einen, über den sich nichts aussagen lässt*". Davon gibt es natürlich unendlich viele in diesem unendlichen Kosmos. Es gibt also eine unendliche Hierarchie von Göttern in den unterschiedlichsten Bewusstseinsstufen. Das ist ein grandioser Entwurf. Und diese Götter sind natürlich alle eins ...

Und jetzt kommt noch ein letztes Schmankerl. Eine Enthüllung über den, der das ganze erschaffen hat. Dieser "Eine, über den sich nun wirklich absolut nichts mehr aussagen lässt" liegt natürlich außerhalb dieser Skala, an der wir die Schöpfung gemessen haben. Ist er der Schöpfer? Durchdringt er die Schöpfung? Welches Verhältnis besteht zwischen ihm und der Schöpfung? Auf diese komplizierten Zusammenhänge gehe ich ein andermal ein.

Devanando: Gibst du uns bitte zum Abschluss noch einige Hinweise, wie wir uns verhalten sollten, damit wir unseren Dienst an der Menschheit erfüllen?

Jesus: Eine gute Idee, sehr gerne. Ihr habt nach Djwhal Khul eine dreifache Aufgabe.

Im *Denken* wird es mehr und mehr nötig werden, über die schon erwähnte Regenbogenbrücke die intuitive Verbindung nach oben zu bauen; dies wird euch inspirieren und befähigen, ein Quell der Stärke für die Umwelt zu sein. Euer Vertrauen wird hinter dem sichtbaren Geschehen das Wesen und die Kraft der unsichtbaren Dinge erkennen, Euer Denken wird im rechten, von der Seele gelenkten Handeln verankert sein.

Im *Fühlen* werdet ihr für unnütze Tränen und für ganz allgemeine, banale Worte des Mitgefühls keine Zeit mehr haben, weil ihr im realen Geschehen völlig aufgehen und eure gesamte Gefühlsenergie darauf konzentrieren werdet, auf jede mögliche Weise die Schmerzen und Leiden tatsächlich zu lindern. Die Energie des Herzens setzt ihr für verständnisvolle Hilfeleistung ein, so dass sich die üblichen Emotionen im Solarplexus nicht entfalten und auswirken können.

Im *Körperlichen* braucht ihr euch erst gar nicht zu fragen, was ihr tun sollt, denn ihr werdet den gerechten Anteil an physischen Anstrengungen, an Zeit und persönlichem Einfluss auf euch nehmen, um die aggressiven Kräfte aufzuhalten, die den göttlichen Plan behindern wollen.

Devanando: Ich danke dir von Herzen, dass du dich uns so lange zur Verfügung gestellt hast.

Zum Abschluss und zur Erläuterung dieses letzten Kapitels möchte ich ihnen noch eine Geschichte erzählen, die ich von Meher Baba aus seinem Buch: "Das Alles und das Nichts" habe. Sie heißt: "*DER OZEAN IST WIE ER WAR*" und sie enthüllt etwas von der inneren Natur der emotionalen und mentalen

Ebenen, die sind, was sie sind: nichts, und weiter nichts als Illusion. Um aber Illusion als Illusion zu erkennen, und den Ozean zu erfahren, müssen diese emotionalen und mentalen Ebenen durchlaufen werden. Nur dann wird erkannt, dass nur der Ozean allein existiert - dass der Ozean ist, was Er ist - ewig, unteilbar und unendlich. In dieser Geschichte steht jeder der sieben Fische für eine innere Ebene, und die Beziehung des Fisches zum Ozean betrifft die Natur der sieben inneren Ebenen. Die Geschichte geht so:

DER OZEAN IST WIE ER WAR

In einem Ozean lebten sieben Fische; der erste Fisch war der kleinste, der zweite Fisch war ein wenig größer, und der dritte Fisch war ein wenig größer als der zweite, und so weiter, bis hinauf zum Siebten Fisch. Der Siebte Fisch war der größte Fisch, und alle diese Fische lebten in den Gewässern des Ozeans.

Eines Tages war der zweite Fisch sehr hungrig und konnte diesen Hunger nicht beherrschen, also fraß er den ersten Fisch. Nach sieben Jahren fühlte sich der dritte Fisch sehr hungrig, der Hunger konnte nicht gestillt werden, und so verschlang er den zweiten Fisch. Wieder nach sieben Jahren wurde der vierte Fisch sehr hungrig, und konnte den Hunger nicht beherrschen, also verspeiste er den dritten Fisch.

So ging es fort, dass nach jedem siebten Jahr jeder Fisch, einer nach dem anderen, so hungrig wurde, dass einer nach dem anderen, den jeweils kleineren Fisch fraß. Dadurch blieb schließlich der Siebte Fisch allein in den Wasserfluten übrig und hatte niemand mehr, mit dem er sich tummeln konnte, und außer Wasser gab es für Ihn nichts zu fressen. So lebte dieser Große Fisch von Wasser, um Seinen Durst zu stillen, hatte aber nichts, um seinen Hunger zu befriedigen.

Nach sieben Jahren fühlte sich aber dieser Riesige Fisch sehr hungrig und sehr einsam, weil er die ganze Zeit allein war und niemand hatte, mit dem er spielen konnte. Je mehr der Hunger ihn plagte, desto einsamer fühlte Er sich. Er hatte genug von der Einsamkeit und das Leben hatte keinen Reiz mehr für Ihn. Der Große Fisch konnte seinen Hunger nicht mehr beherrschen, und, angewidert vom Leben, aß Er sich Selbst.

Da gab es keine Fische mehr. Es waren keine Fische mehr im Ozean, aber der Ozean war, wie er war. Der Ozean war, wie er war - von Anfang an, und der Fisch, der sich selbst aß, gewann das Bewusstsein, der Ozean zu sein, "Ich bin kein Fisch, Ich bin der Ozean."

Der Unbewusste Ozean ist voller Fische - hungrige und durstige, die sich gegenseitig attackieren und auffressen, aber für diesen Fisch, der zum Bewussten Ozean wurde, war kein einziger Fisch übrig geblieben. Für solche, die hungrig und durstig sind, die attackieren und fressen, gibt es ein Ende - dieses Ende ist der Ozean.

Der Ozean hat weder Hunger noch Durst, und in Ihm sind keine Fische. Er ist, wie Er war, fortdauernd, gleichbleibend. Der Unbewusste Ozean mit unzähligen Fischen heißt Ishwar, und der Bewusste Ozean ohne Fische heißt Paramatma. Der letzte Fisch, der sich Selbst aß und verschwand und zum ganzen Ozean wurde, war der Erste Fisch, der ins Wasser zurückkam, als der Fisch, welcher der Ozean Selbst ist.

Dieser Fisch, der in die Gewässer zurückkehrt, wandelt sich zum Fisch, doch Er ist, was er immer IST, kein Fisch, sondern der Ozean. Als dieser Fisch zum ersten Mal wiederkam in die Gewässer der Schöpfung wurde Er der Matsya Vishnu Avatar genannt, der Fisch, DER der Ozean IST. Der Avatar ist dieser Ozeanische Fisch-Mensch.

Meher Baba und Jesus sind solche Fischmenschen. Sie markieren den Beginn und das Ende des Fischezeitalters.

27. Proklamation

Liebe Leserinnen und Leser,
zum Abschluss dieses Buches und zum Beginn des Wassermannzeitalters möchte ich ihnen noch eine grundsätzliche Botschaft überbringen, die das enthält, was mir hier und jetzt besonders am Herzen liegt und das den Grundton für dieses Buch anstimmt:

"In der Nacht der Zeit entstanden die ihnen bekannten großen Religionen; sie sind in Theologie und Organisation verschiedenartig, demonstrieren individuelle Riten und Zeremonien und wenden unterschiedliche Methoden an, um die Wahrheit im täglichen Leben praktisch umzusetzen; die jeweiligen Kirchen- bzw. Sektenvertreter werden nicht müde, auf diese - wie sie meinen - bedeutenden Unterschiede zwischen den Glaubensrichtungen hinzuweisen. Die entscheidenden, grundlegenden, die Essenz ausmachenden Wahrheiten sind jedoch in so gut wie allen religiösen Systemen im Wesentlichen gleich.

Wenn sie das erkennen und wenn es ihnen gelingt, jenen inneren *allein bedeutsamen Wahrheitskern* herauszuschälen, der auf allen Kontinenten und bei *allen Völkern derselbe* ist, dann wird daraus eine universelle, zeitlose Lehre von Liebe und Weisheit entstehen und sich gegen alle eigensinnigen, egoistischen Bestrebungen Einzelner oder von Gruppen durchsetzen; der Kampf jeder gegen jeden wird eingestellt, weil alle aus einer gemeinsamen *Erfahrung* schöpfen.

Diese Zeitlose Weisheit steckt einen weiten Rahmen ab, welcher der Individualität des Einzelnen voll Rechnung trägt. Es ist sozusagen eine gemeinsame *Anleitung für die Erdenreise und für die Rückkehr zu Gott in Liebe und Weisheit*. Sie wird die Wahrheit der Worte des Heiligen Paulus bestätigen: «Ein Herr, ein Vertrauen, eine Hingabe, ein Gott und Vater unser aller, der da ist über allen und durch alle und in euch allen.»

- Lehren über Gott vergehen in dem *Wissen* um Gott.
- Maßregelungen und Dogmen sind nicht länger notwendig.
- An die Stelle des Glaubens tritt die *Erfahrung*, die zu einer unerschütterlichen Gewissheit führt. Zweifel endet.
- Die Autorität studierter Theologen weicht der individuellen, persönlichen Wahrnehmung der Wirklichkeit.
- Der Mensch hört auf, menschliche Eigenschaften in höhere Bewusstseinsebenen hineinzuprojizieren.
- Die Macht der Kirchen über die Menschen wird durch die Macht der in den Menschen erwachten Seele verdrängt.
- Das Zeitalter der Wunder und der Streitgespräche über das Wie und Warum der Wunder mit der daraus folgenden Skepsis oder Ungläubigkeit weicht dem *Verständnis für die Naturgesetze*, die in den übermenschlichen Reichen und auf den übernatürlichen Stufen des menschlichen Entwicklungsganges herrschen.
- Naturwissenschaft und Zeitlose Weisheit der Erleuchteten kommen weit mehr als bisher zu gemeinsamen, übereinstimmenden, durch nüchterne Beobachtung gewonnenen Ergebnissen. Die Freiheit des Geistes ist unantastbar.
- *Der Mensch tritt sein göttliches Erbe an und erkennt sich selbst als Sohn des Vaters* mit allen göttlichen Merkmalen, Kräften und Fähigkeiten, die zu ihm gehören, *weil sie seine göttliche Mitgift sind.*

Dies ist das Programm für das Wassermannzeitalter, wie es der tibetische Meister Djwhal Khul sinngemäß formuliert hat.

28. Literatur

Bailey, A. A.: Initiation; Menschliche und solare Einweihung. - Lucis, Genf
Bailey, A. A.: Eine Abhandlung über die Sieben Strahlen Bd. 1-5.- Lucis, Genf
Bailey, A. A.: Die Wiederkunft Christi. - Lucis, Genf
Bailey, A. A.: Eine Abhandlung über weiße Magie. - Lucis, Genf
Bailey, A. A.: Probleme der Menschheit. - Lucis, Genf
Bhakti-Yoga: Aufsatz über Karma und Reinkarnation aus dem Internet
Berges, J.: Das heilige Boot der Mysterien. - Dr. Otfried Weise Verlag Tabula Smaragdina, Grafing
Blavatsky, H. P.: Die Geheimlehre Bd. 1-4.- Verlag J. J. Couvreur, Den Haag
Blavatsky, H. P.: Isis entschleiert Bd. 1-2.- Verlag J. J. Couvreur, Den Haag
Carrol, L. & J Tober: Die Indigo Kinder. - Koha Verlag, Burgrain
Cayce, E.: Wahrheit der Reinkarnation. - Heyne Verlag, München
D`Adamo, P. J.: 4 Blutgruppen. - Piper, München
Djwhal Khul siehe Bailey
Deschner, K.: Abermals krähte der Hahn; Eine kritische Kirchengeschichte. - btb Goldmann, München
Gershom, Yonassan: jüdische Reinkarnationen (homepage)
Große, W.: Der Reinkarnationsgedanke und seine Ablehnung durch das 5. ökumenische Konzil. - Arbeitsblätter, Grals-Verwaltung, München
Hopking, A.: Die Praxis Esoterischen Heilens. - Dr. Otfried Weise Verlag Tabula Smaragdina, Grafing
Hopkinson, T. & D.: Viel Schweigen; Meher Baba, Sein Leben und Wirken. - Sadhana Verlag, Berlin
Hotema, H.: Awaken the world within. - Mokelummne Hill, USA, Health Research Press
Kössner, C.: Das Spiegelgesetz. - Ennsthaler Verlag, Steyr

Meher Baba: Das Nichts und das Alles. - Dr. Otfried Weise Verlag Tabula Smaragdina, Grafing
Messadié, G.: Teufel, Satan, Luzifer; Universalgeschichte des Bösen.
Naiman, I.: Lunar Consciousness. - Seventh Ray Press, Cundiyo, New Mexico, USA
Naiman, I.: Kursunterlagen zur Ausbildung in "Astrolgy of Healing".
Nazariah, Abba: Essene Christianity versus Paulinity. - Internet Seite von "The Essene Church of Christ".
Ohne Autor: Das Evangelium des vollkommenen Lebens. Ein ursprüngliches und vollständiges Evangelium. - Humata Verlag, Bern
Ohne Autor: Ein Kurs in Wundern. - Greuthof-Verlag
Ohne Autor: Das Neue Testament. - Einheitsübersetzung
Ohne Autor: Karma: Ausgleich in der Schule des Lebens (Internet-Seite www.bhakti-yoga.ch)
Osho alias Bhagwan Shree Rajneesh: Komm und folge mir; Jesus aber schwieg; Jesus der Menschensohn. - Alle drei aus dem Sannyas Verlag
Robbins, M. D.: Infinitization of Selfhood; A philosophical treatise consecrated to the destruction of the ego. - University of the Seven Rays Publishing House, Mariposa, USA
Schneider, M.: Apollonius von Tyana; Leben und Werk eines Eingeweihten. - Drei Eichen Verlag, Ergolding
Trasi, Nitini: Aufsatz über Advaita Vedanta aus dem Internet
Weise, D. O.: Harmonische Ernährung; Wie Sie bewusster werden und ihre persönliche, gesunde Ernährung intuitiv selbst finden. - Dr. Otfried Weise Verlag Tabula Smaragdina, Grafing
Weise, D. O.: Zur eigenen Kraft finden; Harmonisch essen und leben mit den fünf Elementen und Ayurveda. - Dr. Otfried Weise Verlag Tabula Smaragdina, Grafing
Weise, D. O.: Entschlackung, Entsäuerung, Entgiftung; Das Praxisbuch zur Körperreinigung. - Goldmann Verlag, München
Weise, D. O.: Die Sieben kosmischen Strahlen; Ein Weg zu wahrer Selbsterkenntnis. - Goldmann Verlag, München

Die Große Invokation

Das Mantram der Menschheit für das Wassermann Zeitalter

Am 17. April 1945 bei Sonnenaufgang veröffentlichte der tibetische Weisheitslehrer und spirituelle Meister Djwhal Khul durch telepathische Verbindung mit Alice A. Bailey in New York eine Anrufung, ein Mantram, ein Gebet: die Große Invokation. Dieses magische Kraftwort wurde in der Folgezeit in rd. 75 Sprachen übersetzt und wird heute von Millionen Menschen aller Religionen und Weltanschauungen auf der ganzen Erde täglich gesprochen. Es verstärkt Licht, Liebe und Kraft, um den göttlichen Entwicklungsplan, wie er aus den Schriften der Zeitlosen Weisheit, wie z. B. den Veden oder der Bibel hervorgeht, wiederherzustellen. Dieser Plan legt großen Wert auf das Bewusstseinswachstum des Menschen - wie der gesamten Schöpfung - hat also kosmische Ausmaße. Die Große Invokation lautet:

Aus dem Quell des Lichts im Denken Gottes
ströme Licht herab ins Menschendenken.
Es werde Licht auf Erden!

Aus dem Quell der Liebe im Herzen Gottes
ströme Liebe aus in alle Menschenherzen.
Möge Christus wiederkommen auf Erden!

Aus dem Zentrum, das den Willen Gottes kennt,
lenke plan-beseelte Kraft die kleinen Menschenwillen
zu dem Endziel, dem die Meister wissend dienen!

Durch das Zentrum, das wir Menschheit nennen,
entfalte sich der Plan der Liebe und des Lichtes
und siegle zu die Tür zum Übel!

Mögen Licht und Liebe und Kraft
den Plan auf Erden wieder herstellen!

Dieses Gebet hat deshalb eine so weite Verbreitung gefunden, weil sich in seinen edlen Worten keine Dogmen finden und weil allgemein anerkannte und gültige Grundwahrheiten angesprochen werden, die sich in den Weltreligionen finden. Das Wort Christus steht dabei ganz allgemein für den großen Weltenlehrer und -Retter, der von allen für die nächsten Jahre bis Jahrzehnte erwartet wird. Die Moslems nennen ihn Imam Mahdi, die Hindus Kalki Avatar, die Buddhisten Bodhisattva bzw. Maitreya Buddha.

Die ersten drei Verse sprechen von der grundlegenden Dreifaltigkeit, die sich in der Zeitlosen Weisheit als Licht (Vers Eins), Liebe (Vers Zwei) und Wille (Vers 3) darstellt. Im Christentum sprechen wir in der gleichen Reihenfolge von Heiliger Geist, Sohn und Vater, im Hinduismus von Brahma, Vishnu und Shiva, im alten Ägypten von Isis, Horus und Osiris, um nur einige Beispiele zu nennen. Eine Dreifaltigkeit finden wir auch in anderen Religionen.

Vers eins spricht davon, dass das Licht (mit allen seinen Bedeutungen) aus göttlicher Quelle strömt und dass es verstärkt das Denken der Menschheit erleuchten möge. Vers zwei zielt darauf ab, dass wir hier auf Erden ganz besonders das Liebesprinzip erlernen und anwenden sollen und dass Christus als dessen Symbol in Form des Weltenretters wieder inkarnieren möge - sei es in Person oder in den Herzen aller Menschen. Vers drei handelt von dem Zentrum, das den Willen Gottes kennt , das die Schicksale unseres Planeten lenkt und deshalb den Willen zum Handeln inspirieren möge.

Vers vier spricht von uns, der Menschheit, und zeigt uns, dass es auf uns ankommt, dass der Plan von Liebe und Licht sich auf Erden entfaltet und die Kräfte zurückgedrängt werden, die sich gegen unser Bewusstseinswachstum stellen - die Invokation nennt sie schlicht das Übel . Die Anrufung schließt mit einer kraftvollen, mantrischen Serie von Worten, die Ihre Bedeutung zusammenfasst und klar zeigt, dass zur Weiterentwicklung des menschlichen Bewusstseins außer Licht und Liebe auch Kraft, also Entschlossenheit und Durchsetzungsvermögen nötig sind. Schon Djwhal Khul deutete jedoch an, dass hinter den Worten zahlreiche Weisheiten verborgen liegen, die es zu entschleiern gilt.

Der Autor des Buches **Das heilige Boot der Mysterien** , John Berges, hat sich der Großen Invokation numerologisch genähert und aufgrund seines großen Wissensschatzes an esoterischer und historischer Literatur ganz erstaunliche Schätze gehoben. Nach ihm liegen die Geheimnisse von Ursprung, Aufgabe und Zukunft des Menschen hinter den Worten des Mantrams verborgen. Es gelingt ihm, diese bedeutsame Botschaft Schritt für Schritt gut nachvollziehbar aufzudecken. Dabei wird der Leser auf lebendige, leicht verständliche Art und Weise in die Zeitlose Weisheit eingeführt, der gemeinsamen Grundlage von Religionen, Philosophien und Wissenschaften aller Zeiten.

Der Bogen der Enthüllungen spannt sich von Lemurien über Atlantis, Ägypten, Griechenland und Indien bis in unsere Tage am Beginn des Wassermannzeitalters. Glasklar werden die Beziehungen unseres Planeten zu seinem Elternstern Sirius und die von dort stammenden Einweihungswege beschrieben. Und besonders spannend sind die Ausführungen über die hochentwickelten Wesenheiten, die Kumaras, die vom Sirius kamen und die Menschheit in ihrer Entwicklung entscheidend unterstützten indem sie uns das Denkvermögen einpflanzten. Das Zusammenspiel der in der Großen Invokation verborgenen Beziehungen sagt uns nicht nur, wer wir sind, woher wir stammen und welchen Sinn das Leben hat; es liefert uns auch einen der seltenen Einblicke in die geniale Denkweise eines Meisters wie Djwhal Khul, der die Invokation aus seiner energetischen Urform ins Englische übersetzte und dabei durch geeignete Wortwahl so konstruierte, dass die jetzt erstmals entzifferten Botschaften aufgrund der Zahlenwerte der Worte zutage treten. Dadurch erhalten wir einen Eindruck unserer eigenen zukünftigen Möglichkeiten als erleuchtete Menschen. Die Weisheit des Buches wird Sie zutiefst berühren, Ihr eigenes inneres Ahnen wird zur Gewissheit werden.

Das Buch ist reich ausgestattet mit 46 Abbildungen, 58 Tabellen und Erklärungen der Fachbegriffe.

Es ist im Dr. Otfried Weise TABULA SMARAGDINA VERLAG in Grafing erschienen und kostet 48,50 DM, 380.- ATS bzw. 36,60 SFr.
ISBN 3-9802471-8-X.

DIE SIEBEN STRAHLEN

Bd. I: Ein esoterischer Schlüssel zum Verständnis des menschlichen Wesens
Bd. II: Psychospirituelle Transformation u. die Sieben Strahlen

Dieses Werk von Michael D. Robbins ist das ausführlichste und kompetenteste Werk über die Esoterische Psychologie der Sieben Strahlen seit Veröffentlichung der zeitlosen Weisheit des tibetischen Meisters Djwhal Khul in den Büchern von Alice A. Bailey. Im Gegensatz zur modernen Psychologie, die das Anormale betont, findet sich hier ein positiver Ansatz, der die Möglichkeit eröffnet, Seele, Persönlichkeit, Verstand, Gefühl und Körper zu integrieren. Diese Energiefelder weisen sieben verschiedene, energetische Eigenschaften auf, die als Strahlen bekannt sind und die sich je nach Entwicklungsstufe des einzelnen unterschiedlich auswirken. Das Studium der Strahlen führt zu einer fundierten Antwort auf die berühmte Frage: "Wer bin ich?"

Das Buch dient Psychologen, Pädagogen, Esoterikern und allen Wahrheitssuchenden als Lehrbuch, Nachschlagewerk, Ratgeber und Grundlage zur eigenen Weiterentwicklung. Es ist ein tiefgehendes Werk, das den Leser führt und anregt. Es unterstützt damit Selbstbeobachtung, Selbstorientierung, Charakterbildung, Reinigung der Gefühle, spirituelle Erbauung, Meditation und Dienst am Mitmenschen.

Der Autor Dr. phil. Michael D. Robbins ist Präsident des Sieben Strahlen Instituts und Direktor der Universität der Sieben Strahlen. Er war Operndirektor und produzierte und moderierte Radio- und Fernsehprogramme über Astrologie und neue Dimensionen der Spiritualität. Er ist Koautor des "Persönlichen Identitätsprofils" und von verschiedenen Diplomstudiengängen, welche die Universität der Sieben Strahlen anbietet. Er ist Mitglied im Lehrkörper der Fakultät für Esoterische Psychologie und Astrologie.

Bd. I: Hardcover, 497 S., zahlreiche Tabellen;
65,- DM, 500.- ATS, 62,40 SFr
Bd. II: Steelback, 294 Seiten DINA 4, Tabellen und Glossar
75,- DM, 580.- ATS, 72,- SFr
Dr. Otfried Weise TABULA SMARAGDINA Verlag,
ISBN 3-9802471-5-5 bzw. ISBN 3-9802471-6-3

DAS PERSÖNLICHE IDENTITÄTS-PROFIL

Eine einmalige, verlässliche Methode zur Verbesserung Ihres Eigenverständnisses

Das Persönliche Identitäts-Profil (PIP) ist ein wissenschaftlicher, psychologischer Test auf der Grundlage der Esoterischen Psychologie der Sieben Strahlen. Er hilft Ihnen bei der exakten Bestimmung Ihrer persönlichen Strahlenausstattung und ermöglicht es Ihnen, fundierte Aussagen über Ihren Charakter und Ihr Seelenpotential zu machen. Der Test ist in englischer oder deutscher Sprache erhältlich.

Wenn Sie einen PIP bestellen, senden wir Ihnen:
- einen Fragebogen, den Sie ausfüllen und zurückschicken.

Danach erhalten Sie von uns:
- ein farbiges Säulendiagramm mit Ihren Strahlen-Anteilen
- fünf informative Diagramme und Tabellen mit einer tiefgreifenden Analyse Ihrer Antworten
- Ihre ganzheitliche persönliche Wachstumsformel, basierend auf den Prinzipien der Esoterischen Psychologie und Astrologie. Diese liefert Ihnen bedeutsame Informationen über Ihren Charakter und zeigt Ihnen einen Weg zum spirituellen Wachstum.
- ein über 100 Seiten starkes Interpretationsbuch (Deutsch oder Englisch), das Ihnen hilft, Ihre einmalige Individualität aufgrund Der Sieben Strahlen u. der Esoterischen Astrologie zu verstehen.

Der PIP-Test ist die ideale Ergänzung zum Studium der Esoterischen Psychologie der Sieben Strahlen. Er wurde von Michael D. Robbins, Direktor der Universität der Sieben Strahlen in USA, entwickelt und ist seit vielen Jahren weltweit im Einsatz.

DIE SIEBEN KOSMISCHEN STRAHLEN

Ein Weg zu wahrer Selbsterkenntnis mit Testteil von Otfried D. Weise

Dieses Buch stellt eine Einführung in die Lehre von den Sieben Kosmischen Strahlen dar, eines der faszinierendsten Weisheitskonzepte zur wahren Selbstfindung. Diese Strahlen sind die Grundenergien, aus denen der gesamte Kosmos aufgebaut ist. Das Buch macht den Leser mit einer der ältesten Methoden der Selbsterforschung vertraut, die es dem Menschen ermöglicht, seiner wahren Berufung im Leben zu folgen. Um seine höhere Bestimmung im Leben zu finden und sich von falschen Zwängen und Begierden zu befreien, muss der Mensch sich selbst erkennen, verstehen und lieben lernen.

Otfried D. Weise weiht den Leser in das Wissen um die Bedeutung der Sieben Strahlen ein. Ausführlich erläutert er die Eigenschaften der einzelnen Strahlen sowie die ihnen zugeordneten Symbole. Ein System der Selbstbefragung sowie eine Reihe von Meditationsübungen erlaubt es dem Leser, seinen eigenen Persönlichkeits- und Seelenstrahl zu bestimmen. Für Weise steht fest: Je mehr der Mensch sich liebevoll akzeptiert, umso besser kann er seine Grundenergien zu seinem und zum Wohle anderer ausdrücken.

Goldmann, München, TB, 373 S., viele Abb. & Tab.,
16,90 DM, 123.- ATS, 8,45 Euro, ISBN 3-442-21553-6.

DER MENSCH - SPIEGELBILD DES KOSMOS

Astrologie und Selbsterkenntnis

von Alan Oken

"Es ist unsere Aufgabe, mit den auf diesem Planeten wirkenden Kräften endlich liebevoll und bewusst zusammenzuarbeiten. Astrologie zeigt uns den Weg, den einzelnen mit den planetarischen Energien in bewussten Einklang zu bringen, mit Energien, die ins Ganze eingebettet sind und die zugleich den gesamten Kosmos ausmachen."

Alan Oken, der bekannte Astrologe, Bestseller-Autor mehrerer Bücher und Kassetten und international gefeierte Seminarleiter aus Santa Fe, USA, zeigt Ihnen, wie Sie über die Astrologie zu einer deutlich vertieften Erkenntnis Ihrer selbst gelangen, damit Sie sich mit Ihrer Umwelt harmonisieren können. Oken gehört seit einem viertel Jahrhundert zur Avantgarde der Astrologen des heraufdämmernden Wassermannzeitalters. Selbsterkenntnis durch ein tieferes, eher intuitives Verstehen Ihrer eigenen Kraft und des Zeitalters, in dem wir leben, ist der erste Schritt zu Selbsterfüllung, Spiritualität und zum Dienst am Mitmenschen.

Dieses mit Diagrammen, Tabellen, Abbildungen und Beispielhoroskopen reich ausgestattete Buch ist deshalb nicht nur eine exzellente, leicht zugängliche Einführung in das weite Gebiet der psychologisch orientierten Astrologie. Oken versteht es immer wieder, den Bogen viel weiter zu spannen und den Leser über den Gefühls- und Mentalbereich hinaus mit höheren Bereichen zu verbinden und so den Boden für sein weiteres, gefeiertes Werk "Astrologie der Seele" zu bereiten, das im gleichen Verlag erschienen ist. Das Buch Der Mensch - Spiegelbild des Kosmos ist der Schlüssel zum Verständnis der Gesetze des Neuen Zeitalters.

Paperback, 450 S., Tabellen u. Abbildungen, ISBN 3-9802471-4-7
Dr. Otfried Weise TABULA SMARAGDINA Verlag, Grafing

Das Buch von Alan Oken ist - wenn Sie Glück haben - leider nurmehr antiquarisch zu erhalten. Wenden Sie sich an:
Dr. Otfried Weise, Anton-Langer-Gasse 46/2/5, 1130 Wien
Tel.: 01 804 2974, Fax: 01 961 8287
oder an EDIS, Mühlweg 2, 82054 Sauerlach, Tel.: 09104 66770

ZUR EIGENEN KRAFT FINDEN

Harmonisch leben und essen
mit den vier Elementen und Ayurveda

Dr. Otfried D. Weise

In diesem Buch eröffnet der bekannte Erfolgs-Autor von "Harmonische Ernährung", "Melone zum Frühstück" und "Die Fünf Tibeter Feinschmeckerküche" dem Leser seine Methode der persönlichen, individuellen, typgerechten harmonischen Ernährung. Diese können Sie nach Lektüre des Buches eigenständig an sich selbst und Ihren Lieben anwenden und so zu einer Ernährung finden, die genau auf jeden einzelnen zugeschnitten ist. Die seit Jahrtausenden bewährte Typengliederung des Menschen nach den vier Elementen: Luft, Feuer, Wasser und Erde und die darauf fußende Speisenauswahl nach der ebenso lange erprobten indischen, ganzheitlichen Lehre vom Leben, Ayurveda, wird auch Sie zum Erfolg führen: zu Gesundheit, Glück und Lebensfreude und zu einer Erfüllung Ihres Potentials und Ihrer individuellen Lebensaufgabe.

Das Buch ist sehr lebendig, überwiegend in Gesprächsform geschrieben und enthält zahlreiche Fallbeispiele, in denen Sie sich wiederfinden können. Eine ausführliche Anleitung, wie Sie Ihre Konstitution leicht selbst bestimmen, detaillierte Angaben zu den jeweils passenden, vollwertigen Lebensmitteln, Speisen, Gewürzen, Kräutern und zur Lebensweise helfen Ihnen, zu Ihrer eigenen Kraft zu finden.
Mit einem Vorwort von Barbara Rütting

Hardcover, 320 Seiten, 112 Info-Kästen, 50 Abb., Register
Preis: 36,- DM, 280,- ATS, 34,70 SFr;
ISBN 3-9802471-7-1
Dr. Otfried Weise TABULA SMARAGDINA Verlag, Grafing

Von diesem Buch ist eine leicht veränderte Taschenbuchausgabe beim Goldmann-Verlag in München geplant; Erscheinungsdatum voraussichtlich Mai 2002

HARMONISCHE ERNÄHRUNG

Wie Sie bewusster werden und Ihre persönliche gesunde
Ernährung intuitiv selbst finden

von Dr. Devanando Otfried Weise
unter Mitwirkung von Jenny P. Frederiksen

Dieses grundlegende Buch räumt auf mit der Illusion, man könne durch Wunderkuren gesund und schlank werden und die Medizin wäre in der Lage, alle Fehler auszugleichen, die ein unzweckmäßiger Lebensstil, speziell bezüglich Ernährung, verursacht hat.
Das Buch sagt:
- welche Ernährung Sie gesünder und leistungsfähiger macht
- wie Sie vitaler und widerständiger gegen Krankheiten werden
- wie Sie sich körperlich, gefühlsmäßig u. geistig in Form bringen
- wie Sie ausgeglichener, wacher, sensitiver u. bewusster werden
- wie Sie Ihre persönliche optimale Ernährung selbst herausfinden

Das Buch ermuntert, die Verantwortung für Ihr Leben selbst zu übernehmen, und es aus einer ganzheitlichen Sicht heraus individuell harmonisch zu gestalten. Es leitet dazu an, wie Sie bei einer Ernährungsumstellung mit Ihren Gefühlen, Wünschen, Begierden und Süchten richtig umgehen. Es zeigt, wie wichtig es ist, dass Sie sich selbst akzeptieren und lieben, auf Ihren Körper hören und Ihrer inneren Stimme folgen. Das Buch ist eine Besonderheit, weil es auch den Zusammenhang zwischen Ernährung und Spiritualität behandelt.

Mit einem Vorwort von Prof. Dr. med. Michael L. Moeller.
4. erweiterte Auflage, Hardcover, 346 Seiten,
40 zusammenfassende Info-Kästen und Register
36.- DM, 280.- ATS, 34,70 Sfr
ISBN 3-9802471-0-4

JEDER IST EINMALIG

Biochemische Konstitutionstypen des Menschen
mit Angaben zur individuellen Ernährung

von Dr. Carl E. WAGNER jr.

Dieses Buch ist eine wahre Fundgrube für jeden, der sich selbst besser kennenlernen will, der sein eigenes Potential ausschöpfen und gesünder leben möchte. Es ist ein leicht nachzuvollziehender Leitfaden für alle Lebens- und Gesundheitsberater, für Ärzte der Naturheilkunde, Heilpraktiker, Therapeuten, Lehrer, Personalberater, Berufsberater, Verkaufstrainer, für alle, die sich für menschliche Konstitutions-Typen und Temperamente, für Hand-, Gesichts- und Körperanalyse interessieren. Das Buch ist für all jene von besonderem Interesse, die sich mit den Schüsslersalzen befassen.

Wagners Einteilung der menschlichen Konstitutionen basiert auf der soliden Grundlage der Körperchemie, das Buch setzt aber keine chemischen Vorkenntnisse voraus. Es ist leicht und unterhaltsam zu lesen und wird Ihnen eine große Hilfe im praktischen Leben im Umgang mit Ihren Mitmenschen sein. Indem Sie sich und andere besser kennen- und verstehen lernen, werden sie leichter den richtigen Partner für Ehe, Freundschaft und Beruf finden und toleranter, ja liebevoller mit ihnen umgehen.

2. Aufl., 322 Seiten, 140 Abb. aus der Hand des Autors,
Lebensmitteltabellen und einer Anleitung zur Bestimmung
Ihrer eigenen Konstitution
Preis: 39,80 DM, 310,- ATS, 39,20 SFr.
ISBN 3-9802471-2-0
Dr. Otfried Weise TABULA SMARAGDINA Verlag,

Auslieferung über EDIS, Sauerlach
Auch erhältlich im TABULA SMARAGDINA Institut
Anton-Langer-Gasse 46/2/5, 1130 Wien, Österreich,
Tel.: 01 804 2974, Fax: 01 9618287

DAS NICHTS & DAS ALLES

MEHER BABA

Dieses Buch enthält die ursprünglichen Kernpunkte , die zehn Prozent von Meher Babas vermissten Buches aus den Jahren 1925 bis 1926 repräsentieren. Er hat sie während Seiner letzten Zurückgezogenheit in Indien 1967/68 an Bhau Kalchuri übergeben. Diese Kernpunkte enthüllen spirituelle Geheimnisse der Gnosis, Göttlichen Wissens. Meher Baba schreibt dazu selbst:

Das große Buch, das ich geschrieben habe, wird die zukünftige Bibel, Awesta und Veden sein, weil es universal von allen Kasten und Glaubensrichtungen akzeptiert werden wird ... nachdem Ich dieses große Werk beendet hatte, habe Ich aufgehört zu schreiben und deshalb besitzt es Macht - Kraft!

Die dreihundert Seiten meines Buches behandeln nur kurze Kernpunkte, und wenn sie erst einmal alle voll ausgeführt und geschrieben sind, werden sie mehrere große Bände füllen ... Mein Buch ist voller Geheimnisse, die noch kein früherer Heiliger oder Prophet jemals enthüllt hat! ....

Ihr findet meine Diskurse sehr interessant, aber sie sind nichts! Nichts, verglichen mit dem, was Ich in Meinem Buch in Meherabad geschrieben habe!

Ich habe alles tatsächlich erlebt (Nirvikalp und Sahaj Samadhi) und fühlte das Universum und alle Schöpfung aus MIR hervorkommen und sich aus MIR projizieren ..... die Schöpfung involviert, nur um sich wieder zu evolvieren! Es endet nie ... ein nie endendes Spiel!

Ich habe das alles in Meinem Buch im Einzelnen erklärt ... Sogar Wissenschaftler werden fasziniert und verwirrt sein, wenn sie die Geheimnisse erfahren, die ich erklärt habe ... denn diese Einzelheiten sind keine vagen Diskurse oder Vorträge, sondern Tatsachen, die von wissenschaftlichen Argumenten bestätigt und untermauert sind... Es wird die zukünftige Bibel sein, nicht im wörtlichen Sinn, sondern als ein Buch des Verstehens für Menschen aller Religionen.

Goldgeprägter Paperback,
343 S., 3 Fotos, 6 Abbildungen, Glossar
Preis: 48,50 DM, 380.- ATS, 36,60 Sfr., ISBN 3-9802471-9-8

ENTSCHLACKUNG, ENTSÄUERUNG, ENTGIFTUNG

Das Praxisbuch zur Körperreinigung
von Dr. Otfried D. Weise

Mit Überfluss kann der Mensch schwerer umgehen als mit Mangel, denn im Laufe der Menschheitsgeschichte konnten zwar viele Erfahrungen mit Notzeiten und Hungerperioden gesammelt werden, aber es gab wenig Gelegenheit, den Umgang mit Wohlstand und Überfluss zu lernen. Deshalb sind wir psychisch und körperlich nur ungenügend für ein Leben im Wohlstand gerüstet. Allzu leicht erliegen wir der Verführung durch denaturierte, zu fette und süße Nahrung. Der Ernährungswissenschaftler Otfried D. Weise liefert in seinem Buch eine Vielzahl von praktischen Anleitungen, den Körper von Schlacken, Schleim, Giften und Übergewicht zu befreien. Er durchleuchtet die grundlegenden Stoffwechselvorgänge, erörtert Vor- und Nachteile von Diäten und erläutert die Anforderungen an eine gesunde und dennoch genussreiche Ernährung.

Aber nicht jede Kur, nicht jeder Therapieansatz eignet sich für alle Menschen gleichermaßen. Deshalb können Sie mit Hilfe eines Fragenkatalogs Ihr individuelles, typenspezifisches Programm finden und damit den optimalen Erfolg erzielen.

Goldmann, München, TB, 342 S., viele Abb. & Tab.,
16,90 DM, 123.- ATS, 8,45 Euro,
ISBN 3-442-14188-5.

MELONE ZUM FRÜHSTÜCK

Dieses Buch zeigt Kindern (ab ca. 8 Jahren) und Jugendlichen auf unterhaltsame, spielerische Art und Weise in Form von Geschichten die Grundzüge gesunder, köstlicher Ernährung. Der Autor führt seine Leser in verschiedene, zum Teil exotische Länder. Seine "Helden" lernen dort bei abenteuerlichen Erlebnissen und im tägliche Leben die wichtigsten Tatsachen über die Wertigkeit und Bedeutung der einzelnen Lebensmittel, über deren Verdaulichkeit und Verträglichkeit, über richtige Lebensmittelkombinationen, über Zusammenhänge von Ernährung und Gesundheit und darüber, wie man zur Auswahl der jeweils passenden Speisen kommt.

Wie in seinem Erfolgsbuch "Harmonische Ernährung" stützt sich der Autor auf die seit über hundert Jahren erprobten Erfahrungen der natürlichen Ernährungslehre (Natural Hygiene). Die Geschichten machen dem Leser Appetit auf möglichst naturnahe, unverfälschte Speisen, besonders auf Obst, Gemüse, Nüsse und Samen. Das gelingt dem Autor ohne Zeigefinger.

Auch Erwachsene lesen das Buch mit Genuss und Gewinn!

Mit 43 erheiternden, beschwingten Bildern (davon 8 farbig) von Frieder Vogel.

2. Auflage, Paperback, 115 S., 32.- DM, 240.- ATS, 29,50 Sfr.
ISBN 3-9802471-1-4

DIE PRAXIS ESOTERISCHEN HEILENS

Alan Hopking

Dieses Buch ist seit seinem Erscheinen in England vor zehn Jahren ein unentbehrliches Lehr- und Praxisbuch des anspruchsvollen Esoterischen Heilens nach Alice A. Bailey geworden. Selbst in England, wo an vielen Krankenhäusern Geistheiler einen höchst willkommenen Beitrag zur Volksgesundheit leisten, wurde so etwas niemals zuvor publiziert. Der Autor Alan Hopking ist seit über drei Jahrzehnten aktiv als Heiler im Einsatz und hat seine bedeutsamsten eigenen Erfahrungen auf der Grundlage der modernen energetischen Medizin und der Zeitlosen Weisheit enthüllt, damit der Leser diese wertvollen Ergebnisse als Heiler, Heilpraktiker oder Arzt selbst umsetzen kann.

Das Buch führt den Anfänger Esoterischen Heilens von den praktischen Grundlagen bis hin zu den komplexesten Aufgaben. Es geht dabei sehr klar und einfach vor und zeigt, dass Esoterisches Heilen eine Kunst darstellt, die sich zur Zeit zur Neuen Medizin des Wassermannzeitalters entwickelt. Es geht dabei nicht um das Vertreiben von Symptomen und auch nicht um vorübergehendes Kurieren. Der anspruchsvolle Esoterische Heiler geht gezielt und zweckgerichtet vor, weil er in jedem Moment weiß, was er tut und wie und ob er überhaupt Heilen darf. Esoterisches Heilen unterscheidet sich damit grundlegend von anderen Arten energetischen Heilens.

Esoterisches Heilen ist eine Kunst und die wissenschaftliche Bezeichnung für die Verwendung des Geistes (nicht der Emotionen!) im Dienste der Intuition, zur Manipulation von Energien, um Veränderungen herbeizuführen, die der Gesamtheit nützen. Jede Krankheit ist das Ergebnis gehemmten Seelenlebens; das gilt für alle Formen in allen Naturreichen. Die Kunst des Esoterischen Heilers besteht darin, die Seele freizumachen, so dass ihr Leben durch den Organismus strömen, und der Mensch sein Potential leben kann.

TRINK WASSER, ERNÄHRE DICH BEWUSST!

Lebensmittel, Heilmittel, Informationsträger
von Franz Heininger, Hrsg.

Dieses äußerst informative Buch aus der Feder von sechs Fachleuten, sagt Ihnen auf 178 Seiten alles Wissenswerte über eine unserer wichtigsten Lebensquellen, das Trinkwasser:

- *Wasser als Informationsträger aus ganzheitlicher Sicht:* hier erfahren Sie über die Energie im Wasser und deren Bedeutung für die Qualität des Lebensmittels "Wasser"; Sie lesen, wie Wasser Informationen speichert und wie man wasser beleben und energetisch aufbereiten kann.
- *Wasserwesen Mensch:* hier lernen Sie die Wirkung von Wasser und Wasserverlust im menschlichen Körper kennen; wie wirkt Wasser als natürliches Heilmittel, welche Schadstoffe hindern es daran?
- *Wasser - Grundlage des Lebens:* hier erfahren Sie über die technischen Details der Wasserbereitstellung, -Aufbereitung und -Versorgung; wie und in welcher Qualität kommt Wasser in unsere Haushalte und mit welchen Methoden können wir das Wasser in die optimale Trinkqualität bringen; besonderes Augenmerk wird auf Destillation und Umkehrosmose gelegt.
- *Bewusste Ernährung:* auf diesen letzten über 100 Seiten berichtet Dr. Otfried D. Weise über die Grundlagen gesunden Trinkens, Essens und Lebens: über Ernährung, Ernährungsweisen, individuelle harmonische Ernährung nach den vier Elementen, bewusste Nahrungswahl und Methoden der Entschlackung und die Wirkung der Ernährung auf die Psyche.

Ennsthaler Verlag, Steyr; Paperback, 182 Seiten,
zahlreiche Abbildungen und Illustrationen
29,80 DM, 230.- ATS, 28,50 Sfr.; ISBN 3-85068-552-7

SANFTE DARMREINIGUNG ZU HAUSE

Mit Ayurveda zu neuem Wohlbefinden
von N. Eschmann und Dr. Devanando O. Weise

Die Wichtigkeit einer natürlich funktionierenden Verdauung für die Gesundheit und das Wohlbefinden des Menschen findet in der modernen westlichen Welt kaum Beachtung. Dabei ist ein intakter Darm die Grundvoraussetzung ganzheitlicher Gesundheit, wie Nicole Eschmann und Dr. Devanando Otfried Weise im vorliegenden Buch interessant und fachlich fundiert darstellen.

Als traditionelle Methode der Vorbeugung und Heilung versucht Ayurveda, den Menschen in seiner Ganzheit zu verstehen und zu behandeln. Diese alte indische Lehre bietet eine sanfte und natürliche Methode der Darmreinigung (Shank prakshalana), die problemlos zu Hause durchgeführt werden kann. Die Autoren haben sich dem vernachlässigten Thema Darmgesundheit durch Darmreinigung und ayurvedischer Ernährung kompetent und einfühlsam angenommen.

Fit fürs Leben Verlag, Paperback, 121 Seiten,
zahlreiche Abbildungen, Illustrationen und Tabellen
24,80 DM, 195 ATS, 24.- Sfr.; ISBN 3-89526-012-6

DIE FÜNF "TIBETER" FEINSCHMECKER KÜCHE

Mit 144 Rezepten auf der Basis von Trennkost und mehr ...
von Devanando Otfried Weise und Jenny Frederiksen

Leichte, vegetarische Gerichte, wohlmundend aus natürlichen Zutaten: Nicht die nur für ein extremes Klima geeignete tibetische Küche ist die Grundlage für dieses Buch der Entdeckungen. Vielmehr eine unseren mitteleuropäischen Gaumen wie auch das Auge erfreuende, gesunde Ernährung, die zwei renommierte Gourmetköche für Sie erprobt haben. Sie beruhen auf den Trennkostgrundsätzen und anderen Empfehlungen des Bestsellers "Die fünf Tibeter", auf den über 5000 Jahre alten Erfahrungen des indischen Ayurveda und auf der individuellen Harmonischen Ernährung, die Dr. Weise entdeckte und seit nunmehr fast einem Jahrzehnt seinen Klienten rät und seine Studenten lehrt.
Auf den ersten hundert Seiten geben die Autoren eine leicht nachzuvollziehende Einführung in die Grundlagen gesunder Ernährung und Speisenzubereitung. Dabei stehen Küchentechniken und Erklärungen von der Wirkungsweise von Gewürzen gleichberechtigt neben Ernährungstipps zum Ab- und Zunehmen, Speisen zur Entschlackung, Mahlzeiten für Kraft, Energie und Ausdauer, Essen für geistige Klarheit, Wachheit und Gedankenkraft, ausgewogenes, harmonisierendes Essen und gesunden Speisen zur Belohnung, zum Trost und zur Überwindung von Unsicherheit.
Danach folgt der Rezeptteil, der mit einem Einkaufsführer abschließt. Er beinhaltet: Salate und Dressings, Gemüsegerichte und Saucen, Getreidespeisen, Hülsenfrüchte, Bratlinge und Bällchen, Suppen, Pürees und Cremes, Getränke, Süßspeisen, Häppchen und Snacks
Das Buch wird von renommierten Sterne-Köchen empfohlen, in Hotels umgesetzt (weil die Gerichte aus der Praxis der Gastronomie kommen und deshalb schnell gelingen) und wurde bereits in mehrere Sprachen übersetzt - u. a. ins Holländische und ins Amerikanische.

Scherz Verlag, 275 Seiten, zahlreiche Abb. und Illustrationen
29,80 DM, 230.- ATS, 28,50 Sfr.; ISBN 3-502-25126-6

ENTSCHLACKUNG, ENTSÄUERUNG, ENTGIFTUNG

Das Praxisbuch zur Körperreinigung
von Dr. Otfried D. Weise

Dieses übersichtliche Handbuch informiert über Verdauung, Stoffwechsel und eine Ernährung, die den Körper reinigt und gesund erhält. Kompetent und praxisbezogen wird die Wirkung der einzelnen Nahrungsmittel auf den Organismus beschrieben. Aber nicht jede Kur, nicht jeder Therapieansatz eignet sich für alle Menschen gleichermaßen. Deshalb können Sie mit Hilfe eines Fragenkatalogs Ihr individuelles, typenspezifisches Programm finden und damit den optimalen Erfolg erzielen. Mit Überfluss versteht der Mensch schwerer umzugehen als mit Mangel. Denn im Laufe der Menschheitsgeschichte konnten zwar viele Erfahrungen mit Notzeiten und Hungerperioden gesammelt werden, aber es gab wenig Gelegenheit, den Umgang mit Wohlstand und Überfluss zu lernen. Die Folge davon ist, dass wir psychisch und körperlich nur unzureichend für ein Leben im Wohlstand gerüstet sind. Allzu leicht erliegen wir der Verführung durch denaturierte, zu fette und süße Nahrung.

Der Ernährungswissenschaftler Otfried D. Weise liefert in seinem Buch eine Vielzahl von praktischen Anleitungen, den Körper von Schlacken, Schleim, Giften und Übergewicht zu befreien. Er durchleuchtet die grundlegenden Stoffwechselvorgänge, erörtert Vor- und Nachteile von Diäten und erläutert die Anforderungen an eine gesunde und dennoch genussreiche Ernährung.

Originalausgabe in der Reihe:
Ganzheitliches Heilen im Goldmannverlag München,
Taschenbuch, 342 S., zahlreiche Abbildungen und Tabellen,
16,90 DM, 123.- ATS, 8,45 Euro, ISBN 3-442-14188-5.

TABULA SMARAGDINA INSTITUT

Das TSI ist eine Bildungsstätte, die Beratungen, Vorträge, Seminare und Ausbildungen durchführt. Diese Aktivitäten basieren auf dem holistischen Menschenbild der Zeitlosen Weisheit, welche die Gemeinsamkeiten aller Weltanschauungen, Philosophien und Religionen betont. Sie strebt eine Synthese aus Geisteswissenschaften, Naturwissenschaften und Esoterik an. Dabei sind die Weisheitslehren von Hermes Trismegistos aus seiner Tabula Smaragdina und von Djwhal Khul das verbindende Fundament.

Folgende Themenkreise stehen im TSI im Vordergrund:
- Erforschung der tieferen Ursachen hinter den äußeren Phänomenen
- die energetische Grund-Konstitution des Menschen
- Konstitutionstypensysteme und deren Bestimmung
- Erforschung von Lebenspotential, Lebenssinn u. Lebensziel
- Meditation, Visualisation, Gruppendynamik, Transformation
- Psychologische, Medizinische und Esoterische Astrologie
- Esoterische Psychologie und die Sieben Strahlen
- konstitutionsbezogene Gesundheitsvorsorge und Lebensstil
- individuelle, typbezogene Harmonische Ernährung
- Ayurveda und Ernährung nach den vier Elementen
- Kosmobiologie (zweijährige Ausbildung!)

Der Leiter, Prof. a.D. Dr. Otfried D. Weise, war fünfzehn Jahre lang an verschiedenen deutschen Universitäten als Lehrer und Forscher tätig. Er ist Natur- und Ernährungswissenschaftler, Astrologe, Esoterischer Psychologe und spiritueller Berater sowie seit Jahren Fakultätsmitglied im Lehrkörper der UNIVERSITY OF THE SEVEN RAYS. Er ist Autor zahlreicher Bücher (siehe oben S. 265-279).

UNIVERSITY OF THE SEVEN RAYS

Die USR ist eine alternative höhere Bildungsinstitution mit Ihrem Hauptsitz in New Jersey, USA. Ihre Aufgabe ist spirituell und ihre Studienprogramme sind in erster Linie darauf ausgelegt, die spirituellen Formen des Willens, der Liebe und der aktiven Intelligenz ihrer Studenten zu stärken. Alle akademischen Lehrpläne basieren auf der Zeitlosen Weisheit, auf der die Lehren von Christus, Buddha und anderer Meister der spirituellen Hierarchie des Planeten beruhen. Der Direktor der USR ist Michael D. Robbins PhD., Autor der Bücher Die Sieben Strahlen Bd. I & II und des Werkes Infinitization of Selfhood .

Das Kernanliegen der USR ist das Verständnis von sieben spirituell bedeutsamen Energiequalitäten - daher der Name: Universität der Sieben Strahlen. Diese sieben Strahlenenergien sind die fundamentalen, alles beeinflussenden Energien im Sonnensystem. Die Studienfächer orientieren sich an den Saatgruppen des tibetischen Weisheitslehrers Djwhal Khul: esoterische Studien in

- der Wissenschaft der Kommunikation
- der Wissenschaft des Bewusstseins
- der Wissenschaft des magnetischen Heilens
- der Wissenschaft der Erziehung
- der Wissenschaft der Politik
- der Wissenschaft der Religionen
- den Grenzgebieten der Naturwissenschaften
- der Wissenschaft der Psychologie
- der Wissenschaft der Ökonomie
- der Wissenschaft der kreativen Manifestation

Viele Menschen zieht es in die eine dieser Richtungen; es mangelt jedoch häufig an der notwendigen Ausbildung, diese Aufgaben esoterisch - d. h. von den verborgenen inneren Ursachen her - mit Zuversicht und Sachverstand anzugehen. Die Diplom-Lehrgänge der USR bieten ein professionelles Trainingsprogramm, welches das Bewusstseinswachstum der Absolventen stimuliert und sie für den praktischen Dienst in der Welt vorbereitet, der auf der konkreten Anwendung der okkulten Gesetze und Prinzipien beruht, damit die vielfältigen Probleme der Menschheit einer Lösung näher gebracht werden können. Auskünfte erhalten Sie beim TABULA SMARAGDINA Institut in Wien.

Der Weg zu Liebe und Weisheit

Zweijährige Ausbildung zum Wegbegleiter durch Dr. Otfried Devanando Weise

Diese Ausbildung wendet sich unter anderem an:
- Psychologen, Astrologen, Psychotherapeuten
- Personal- und Lebensberater, Coaches, Lehrende
- alle, die Motivation und Begabung für dieses Studiengebiet aufbringen

Sinn und Zweck des Studiums:

- Selbsterkenntnis (woher, wohin, wozu): mein Platz im Kosmos und in der Menschheit
- Entdeckung des eigenen Potentials, der übergeordneten Aufgaben und des Entwicklungsstandes
- Die weitgehende Integration der Persönlichkeit durch Abbau alter Blockaden und Gewohnheiten und die Heilung vergangener Verletzungen und Traumata
- Der persönliche Umgang mit Eigenschaften wie: Opferbereitschaft, Demut, Willenskraft, Vertrauen etc.
- Sensibilisierung für höhere Energien, Ziele und Aufgaben: der richtige Einsatz von Mitgefühl
- Die Erhöhung der Bewusstheit durch Einsatz des Beobachters; die Steigerung der Intuition
- Die Entwicklung eines konstruktiven Unterscheidungsvermögens und Steigerung des Mutes zum Risiko
- Verstehen und Ausdrücken von Energien
- Die Praxis rechter menschlicher Beziehungen
- Verstehen von und Umgang mit den äußeren Gegebenheiten aus einer höheren Perspektive
- Die Öffnung für die transformierenden Energien am Beginn des Wassermannzeitalters
- Entwicklung der Fähigkeit, anderen Menschen ihr Potential entdecken zu helfen, in schwierigen Situationen Lebenshilfe und in der spirituellen Entwicklung Ermunterung geben zu können (mit Prüfung und Diplomarbeit auch Master of Science Titel der Universität der Sieben Strahlen)

Folgende Studienmethoden kommen zum Einsatz:

- Behandlung von Symbolen, Begriffen und inhaltlichen Grundlagen in Vortrag und Diskussion
- Interpretation von Darstellungen komplexer Energien
- Interpretation und Diskussion von Texten
- Mitteilung und (wenn gewünscht) Interpretation von individuellen inneren Erlebnissen
- Darstellung von Energien mit Farben und Musik
- Erleben von Energien in Bewegung, Sketchen und Ritualen
- Horoskopinterpretation, Astrostellen
- Verschiedene Arten von Meditation und Visualisation
- Spontanes Geschehen im Prozess der Gruppendynamik

Folgende Themen werden behandelt:

- Esoterische Psychologie und die Sieben Strahlen
- Esoterische Astrologie
- Esoterische Kosmologie
- Esoterische Numerologie
- Esoterisches Heilen
- Grundlagen des Weltbildes der Zeitlosen Weisheit
- Entwicklung des Bewusstseins der Menschheit
- Der Einweihungspfad
- Die Praxis eines spirituellen Lebens

Voraussetzungen

- Grundkenntnisse in psychologischer Astrologie sind hilfreich, können aber in den ersten Monaten nachgelernt werden (selbstständig oder z. B. durch Besuch einiger Abschnitte der Kosmobiologie-Ausbildung).
- Gefragt sind Lebenserfahrung, starke innere Motivation, Durchhaltevermögen und *der unbedingte Wunsch, in die Tiefe zu gehen.*
- Offenheit für tiefgreifende Veränderungen im täglichen Leben: es gilt, die inneren Ursachen hinter den äußeren Phänomenen (Symptomen) zu ergründen und danach zu handeln.

Rufen Sie an: 0043 1 804 2974. Home: www.smaragdina.at

Nur dasjenige, was Ihr aus eigener Erkenntnis und bewusster Erfahrung wisst, ist von Bedeutung!

Djwhal Khul